长里程高速公路数字化建设与管理

主编 冯学茂

副主编 王红伟 宾武 刘栋

CHANG LICHENG
GAOSU GONGLU
SHUZIHUA JIANSHE YU GUANLI

中南大學出版社
www.csupress.com.cn
·长沙·

编委会

Editorial Committee

内容简介

Introduction

本书围绕长里程高速公路数字化建设与管理，依托南湛高速的实际工程建设，从双标准管理、合同管理、财务管理、科技创新管理和运营管理等方面，分析了长里程高速公路建设管理中的难点，指出南湛高速在长里程高速公路建设管理中存在的常见问题、亮点做法和数字化应用情况，并基于调研分析总结了长里程高速公路运营管理中的数字化应用情况，最后提出了长里程高速公路数字化建设与管理的解决方案。

序一

Preface

时光荏苒，百年未有之大变局下，党中央明确提出要建设交通强国的发展战略，我国也正迎来一场前所未有的交通事业革命。高速公路的发展不仅代表我国交通事业的现代化水平，更关系到国家经济的持续繁荣和人民生活的便利。《长里程高速公路数字化建设与管理》正是这一历史背景下的重要研究成果。

与普通高速公路相比，长里程高速公路不仅意味着建设里程增加，更伴随着众多技术和管理难题。作为集设计咨询、技术研发、投资开发、施工建造、运营维护于一体的大型国有独资企业，广西北部湾投资集团有限公司（以下简称北投集团）始终坚持“强龙头、补链条、聚集群”。在北投集团“正风、协同、拓展、增效”八字方针的指导下，南湛高速紧紧抓住广西作为交通强国战略建设首批试点单位机遇，紧紧围绕“品质工程”“示范工程”“绿色施工”“平安工地”等示范创建工作，依托项目实际工程建设，充分发挥集团公司的全产业链优势，通过对项目建设过程中的常见问题和亮点做法进行研究，从安全管理、质量管理、合同管理、科创管理、财务管理及数字化建设等方面进行全面论述，提出长里程高速公路数字化建设与管理方案，并取得显著成果。

南湛高速是《广西高速公路网规划（2018—2030 年）》中“1 环 12 横 13 纵 25 联”中的“联 13 线”。项目建成后将形成广西南宁直达广东湛江的最为便捷的高速通道，对加强北部湾城市群“一核两极”——

南宁、湛江及海口之间的交通联系，打造面向东盟的国际大通道，促进广西壮族自治区与粤港澳大湾区之间的交通联系，带动区域社会经济发展，改善民生，全面建成小康社会等均具有十分重要的战略意义。作为西部陆海新通道的重要组成部分和广西“东融”的重要通道和区域枢纽，南湛高速建设指挥部联合各参建单位紧紧围绕创建“国家优质工程”建设目标，以“智联南湛 东融动脉”为建设主题，全力争创低碳建造、智慧管养型科技示范工程，在“绿色低碳节能建造”“长路线高速路网智慧化安全管控”及“公路跨越施工质量与安全提升”三大重点领域持续攻关，为项目高质量的建设“蓄势赋能”，为提升广西交通科技创新能力、助推广西交通强国建设提供了经验做法，并起到了一定的示范效应。项目在长里程高速公路数字化建设与管理工作上积累的丰富经验可供同行业参考和借鉴。

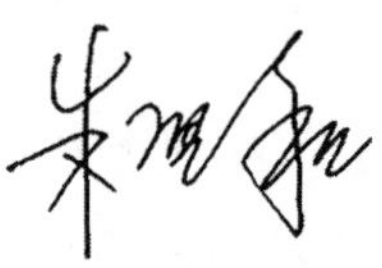

2024 年 1 月

序二

Preface

随着全球新一轮科技革命和产业变革深入发展，数字经济、人工智能等新技术、新业态已经成为促进经济社会发展的新动能。推进人工智能、物联网、大数据等新一代信息技术与交通运输深度融合发展，是推动交通运输质量变革、效率变革、动力变革的新机遇、新挑战，也是加快建设交通强国的重要任务。

广西新发展交通集团有限公司作为广西交通基础设施建设的主力军，始终以建设全国特色、可持续发展的综合交通投资建设运营商为目标，为我国交通强国建设增光添彩。本书以集团公司承建的南湛高速作为案例，通过对项目建设过程中的问题与亮点进行深入研究，提出长里程高速公路建设与管理问题解决方案。从双标准管理、合同管理、财务管理、科技创新管理、运营管理，再到数字化建设与管理问题解决方案，围绕公路的数字化、智能化建设，以需求为导向，打造数字化基石，推动精准感知、精确分析、精细管理、高效服务等能力的提升。每一方面的探讨都是我们在实际工程中积累的宝贵经验，也是我们努力追求卓越的见证。数字化时代的来临，要求我们在管理模式、技术手段等方面迈上新台阶。本书提出的数字化建设与管理解决方案，将为集团公司在未来的发展中提供指导与帮助，使我们能够更好地适应时代变革，勇追行业浪潮。

希望通过本书的出版，能够与广大专家学者分享经验，携手推动我国长里程高速公路的建设和管理水平再上新台阶，为广西交通事业蓬勃发展，为交通强国建设贡献力量。

2024 年 1 月

序三

Preface

近年来，我国交通运输部先后印发了《数字交通发展规划纲要》《交通强国建设纲要》《国家综合立体交通网规划纲要》等政策文件，针对全面推进交通运输基础设施和运载装备全要素、全周期的数字化、构建数字化采集体系、网络化传输体系及智能化应用体系提出了纲领要义。基于国家交通运输规划顶层设计的引领，公路基础设施的数字化、信息化、智慧化建设正式上升为国家战略。

《长里程高速公路数字化建设与管理》一书以南湛高速为研究对象，围绕长里程高速公路数字化建设与管理问题开展深入研究，提出切实可行的解决方案。以数字化建设为解题要义，集成“安全、质量、合同、科创、财务”“五位一体”管理经验体系，为广西新发展交通集团有限公司在长里程高速公路的建设管理领域工作提供了宝贵经验。面对交通强国建设的时代机遇，数字化建设是交通行业发展的未来趋势。本书中的数字化建设与管理问题解决方案，为集团公司未来发展探索了可行模式。结合本书研究成果，集团公司将进一步加强管理创新，争取在交通建设领域取得更大突破。

七十载沧桑巨变，弹指一挥间。伴随着新中国成长，交通运输事业产生了翻天覆地的巨变，如今公路成网、铁路密布、高铁飞驰、巨轮远航、飞机翱翔，天堑变通途。我国基础交通设计建设已经迈入新时代，但新时代有新使命，新技术有新问题，新建设有新难关，面对新时代交通强国对数字化交通建设的任务需求，从业者应当积极探索，响应落实，久久为功，善作善成。希望通过本书出版，能够为我国长里程高速公路的管理、设计、施工、咨询及研究工作的技术人员建言献策，促进我国长里程高速公路的数字化建设和管理水平的全面提升，为我国交通强国建设贡献新发展力量。

2024年1月

前言

Foreword

当前世界正经历百年未有之大变局，为应对纷繁复杂的国际局势，党中央提出要建设交通强国的发展战略。《交通强国建设纲要》和《国家综合立体交通网规划纲要》的实施，标志着我国交通运输事业仍处于基础设施快速发展、服务水平持续提高的黄金时期。高速公路作为交通建设过程中主要的基础设施之一，其重要性不言而喻。

近年来，随着我国交通建设的不断发展，高速公路的建设规模也不断扩大，这给高速公路的建设和管理带来诸多挑战。《长里程高速公路数字化建设与管理》一书依托南湛高速工程建设实际，开展长里程高速公路数字化建设与管理研究。本书围绕长里程高速公路建设难点，结合南湛高速建设管理过程中的常见问题、亮点做法和数字化应用情况，从双标准管理、合同管理、财务管理、科技创新管理等方面进行研究，并总结分析了运营阶段的数字化管理情况，提出了长里程高速公路数字化建设与管理问题解决方案，取得了丰硕的研究成果。相关成果具有较高的学术价值和工程实践意义，我相信本书的出版将对我国长里程高速公路勘察、设计、施工、咨询及研究等提供帮助。

与普通高速公路等道路相比，长里程高速公路不仅意味着建设里程的增加，还伴随着许多技术和管理难题，存在诸多不确定性与复杂性，且一直处于不断的发展中。长里程高速公路面临的一系列重难点问题亟待突破，新理论与新技术还需要在实践中不断积累、验证并加以完善，希望本书的出版能对推动长里程高速公路建设和管理的研究发展做出积极贡献。

冯学茂

2024 年 1 月

目录

Contents

第 1 章

绪　论

1.1　研究背景与意义

1.1.1　研究背景

高速公路基础设施建设作为我国国民经济发展的重要命脉，在各个地区发挥着重要作用。自 2007 年来，我国交通运输部实施了 20 多项科技示范工程，涵盖公路、港口的“绿色交通科技示范工程”“智慧交通科技示范工程”“品质交通科技示范工程”“旅游公路科技示范工程”等项目。高速公路建设科技示范工程已成为我国发挥科技引领和支撑作用、带动交通建设整体科技含量提升的重要途径及交通运输科技创新工作的一张“名片”，是推进科技成果应用和开放共享的重要抓手和载体。交通运输部自 2018 年起组织实施交通运输行业重点科技项目清单管理，2018—2022 年，清单项目申报数量及入选数量稳步增长，累计已有 1333 个项目被列入清单，引导各渠道社会资金 67.77 亿元投入科技研发，有效调动了行业各类创新主体的积极性，切实加强了对行业科技资源的统筹引导，有力支撑了交通运输部科技创新等规划任务的落实。科技创新和数字化建设在高速公路建设中已越来越受到重视。在新形势下，南宁—湛江高速公路南宁至博白那卜段(以下简称南湛高速)启动绿色低碳安全智慧服务型高速公路建设和长里程高速公路数字化建设与管理，总结广西乃至全国高速公路建设经验，先行先试，起到应有的示范作用。

2021 年，交通运输部发布了《数字交通“十四五”发展规划》，明确推进数字公路建设的主要任务及总体目标，要利用数字化对公路全链条、全领域、全要素进行重塑、改造和提升，通过公路数字化，提升公路交通行业管理效能。国务院 2021 年印发的《“十四五”数字经济发展规划》和 2023 年印发的《数字中国建设整体布局规划》都提到了加快数字技术创新应用，推动数字技术和实体经济深度融合。2022 年 11 月，广西北部湾投资集团有限公司(以下简称北投集团)印发《广西北部湾投资集团有限公司数字业务发展规划》，提出产业数字化重点领域的首要任务是开展“综合交通数字化”，总体目标是打造北投集团覆盖规划、设计、建设、运营、养护、安全、大数据应用等交通全过程的数字化应用，整合交通产业链数据，打造“建管养运服”一体化数字管理信息平台，将勘察设计、施工建设、养护管理等环节的基础数据接入平台，实现全链条数据灵活调用，提高运营管理和服务水平。公路设计、施工阶段的三维数字化应用在国内已较为普遍，而养护运营阶段的案例相对较少，由于技术和管理因素限制，尚未见“打通”整个“建管养运服”的案例。基于长里程高速公路项目武宣—来宾—合山—忻城高速公路(以下简称武忻高速)、铁山港至凭祥高速公路东兴至凭祥段(以下简称东凭高速)、南湛高速建设实际，以及来宾高速公路运营分公司、灵山高速公路运营分公司在长里程高速公路运营阶段进行的数字化建设研究，目前仅南湛高速完成了设计施工一体化 BIM 技术应用，形成了全线和重要工点的基础数据资产，并且可以进一步深挖数据价值，为后期养护运营业务提供支撑，实现数据“可溯源”。北投集团的全产业链优势有助于将“建管养运服”一体化的“链条”真正打通，在区内甚至国内形成示范。

基于此发展背景，针对长里程高速公路的数字化建设与管理，通过深入调研新形势下其国内外发展现状，从双标准管理、合同管理、财务管理、科技创新管理、运营阶段数字化管理等方面出发，结合南湛高速的建设实际，分析了南湛高速建设管理的常见问题和亮点做法，总结了南湛高速建设管理的数字化应用情况，提出了长里程高速公路数字化建设与管理的解决方案。

1.1.2 研究意义

1. 服务国家交通强国建设试点方案

2017 年 10 月，习近平总书记在党的十九大报告中指出建设交通强国。2019 年 9 月，中共中央、国务院印发《交通强国建设纲要》。2021 年 2 月，中共中央、国务院印发《国家综合立体交通网规划纲要》。2022 年 10 月，习近平总书记在党的二十大报告中指出加快建设交通强国。

广西壮族自治区作为国家交通强国建设试点之一，承担着国家在西南区域铁路、公路基础设施建设的先锋和领航作用。为贯彻《交通强国建设纲要》，广西壮族自治区党委、政府于 2020 年 4 月 19 日正式印发《广西贯彻落实〈交通强国建设纲要〉实施方案》。该方案旨在构建安全、便捷、高效、绿色、经济的现代化综合交通体系，建成人民满意、保障有力、国内先进的交通强区，提出打造多层次国际化枢纽、推动国际运输便利化、推进智慧交通发展、提升科技兴安水平等方面的意见。南湛高速是《广西高速公路网规划(2018—2030 年)》中“联 13”重要组成部分，由广西第一批交通强区建设试点单位——广西北部湾投资集团有限公司投资建设，作为广西连接大湾区和海南经济自贸区的经贸通道，项目的高水平建设对落实广西交通强国试点任务至关重要。南湛高速将聚焦“交通强国”的建设需求，以绿色、智慧、安全科技手段促进广西公路交通行业更好发展，全面引领广西乃至全国交通建设质量水平，助力落实广西“交通强国”试点任务建设。

2. 助力“双碳”目标下的交通行业战略升级

2021 年 3 月 5 日，国务院政府工作报告指出，扎实做好“碳达峰、碳中和”各项工作，制定 2030 年前碳排放达峰行动方案，优化产业结构和能源结构，大力发展超低排放、资源循环利用、传统能源清洁高效利用等绿色低碳技术，推动绿色制造加速发展，在制造业领域打造出更多的绿色示范工程。同年 3 月 29 日，李小鹏部长主持召开交通运输部部务会议，落实碳达峰工作，会议强调交通是碳排放的重要领域之一，推动交通建设及运输领域做好“碳达峰、碳中和”相关工作，是加速行业绿色低碳转型、推动交通运输高质量发展的重要抓手，是加快建设交通强国的重要内容。

南湛高速将依托广西北部湾投资集团有限公司交通全产业链技术优势，集成现有先进成熟技术，围绕环境友好型公共基础设施建设及评价、节能及资源再利用技术，开展绿色低碳建造示范技术应用及研发，旨在树立绿色建造示范，促进广西交通低碳转型，为国家及行业“碳达峰、碳中和”战略提供广西实践平台。

3. 促进“五网建设三年大会战”实施

2020 年，广西壮族自治区人民政府启动实施加快推进基础设施补短板“五网”项目建设三年大会战。2020—2022 年，广西壮族自治区将围绕基础设施建设，聚焦关键领域和薄弱环节，在西部陆海新通道、全面对接粤港澳大湾区、中国(广西)自由贸易试验区、面向东盟的金融开放门户、中国-东盟信息港等重大战略采取超常规举措，强化项目精准调度和要素保障，强力推进一批“五网”基础设施项目建设。广西壮族自治区交通运输厅以重大项目为抓手，强力推进交通基础设施建设，力争到 2022 年，初步形成各种运输方式布局合理、结构优化、便捷通畅、互联互通的现代化综合交通体系，有效支撑全区经济社会高质量发展。

南湛高速低碳建造智慧管养型建设是顺应了自治区“五网”建设的趋势，也是未来高速公路建设运营的必要趋势。项目将大力推广基于数字信息化装备及系统的基础设施建设安全管控和智慧运营的技术示范，发挥信息化和智能化赋能交通发展的作用，使交通系统具备感知、互联、分析、预测、控制等能力，以充分保障交通安全、发挥公路基础设施效能、提升交通系统运行效率和管理水平，提供通畅、便捷、高效的服务。

4. 推动广西交通科技高质量发展

交通运输部先后启动实施了多项科技示范工程，集中示范了复杂条件下的工程建设技术、生态环保技术等关键技术，均取得了良好的示范效果，但广西科技示范工程案例匮乏。南湛高速建设科技示范工程是在一定地域范围内实施的重要建设工程，其建设成效不仅能够带动本区域的行业进步，还可辐射到其他地域，对其他地域公路工程建设发挥示范效应，特别是对地域特征相似的区域，其辐射带动作用更为明显。

南湛高速建设科技示范工程集合应用了自治区及交通行业多项先进的交通科技成果，具有明显的系统性和集成性。项目所应用的技术既有来自区内的自有知识产权技术，也有来自国内领先科技院所支持的一流科技成果，已有立项课题产生的技术及成熟技术推广占比超 80%。工程结合自身“定位高、路线长、投资大、标准严”的特点，开展集中示范“绿色低碳节能建造、长路线高速路网智慧化安全管控、公路跨越施工质量与安全提升”等关键技术攻关，通过科技创新手段响应国家碳排放战略，提升工程建设品质，充分保障交通安全，发挥公路基础设施效能，提升交通系统运行效率和管理水平，提供通畅、便捷和高效的服务，对提升广西公路建设科技创新发展水平、促进行业转型升级具有战略性意义。

南湛高速建设科技示范工程不是简单的产品性或功能性的科技项目，而是以应用为导向的科技创新工程，以实体工程为依托的软硬件结合的科技示范工程，具有工程实用性，可为工程建设、管理、养护及服务提供实际的帮助。

5. 助推南湛高速争创“国家优质工程”

国家优质工程奖是我国工程建设领域规格最高的国家级质量奖。《国家优质工程奖评选办法》(2020 年修订版)中规定高速公路必须满足建设长度在 100 km 以上(或投资额 50 亿元以上)才可参与评选。南湛高速作为广西“十四五”期间开工和建设的高速公路单体里程较长、广西北部湾投资集团有限公司投资最大单体工程项目，创优条件优良，是广西新发展交通集团重点打造项目，也是广西少有的几个满足参选条件的工程项目。

南湛高速科技示范工程将依托广西北部湾投资集团有限公司交通全产业链技术优势，提供广西科技创新成果推广应用平台，以创精品、重示范为目标，加强成果产出，提高科技创新能力，加速实现广西交通基础设施与科技创新能力“双短板”建设，创“广西交通”品牌，为广西再添国家级优质工程，助力经济腾飞。

中国高速公路行业发展至今，行业可划分为五个阶段，分别是起步阶段、快速发展阶段、加速发展阶段、跨越式发展阶段、全面规范和高质量发展阶段。改革开放以来，经过四十多年的发展，我国公路规模已跃居世界前列，高速公路里程更是全球第一。在现有庞大规模的基础之上，全国交通网络设施优化建设已成为当前高速公路行业重点任务。2021 年 3 月，国务院印发了《中华人民共和国国民经济和社会发展第十四个五年规划和 2035 年远景目标纲要》，以西部地区为重点，加快推进高速公路待贯通路段。随着交通运输行业的不断发展，国内对长里程高速公路建设的探索也在不断进步。

6. 响应数字中国、交通强国、数字广西建设等重大战略要求

随着数字经济时代的到来，数字化、智能化正在成为交通领域发展的大趋势。2023 年 2 月，中共中央、国务院印发了《数字中国建设整体布局规划》，规划明确了数字中国建设按照“2522”的整体框架进行布局，首要任务是夯实数字中国建设基础，要整体提升应用基础设施水平，加强传统基础设施数字化、智能化改造。数字公路建设将有效夯实数字基础设施和数据资源体系“两大基础”，强化广西公路及沿线数据资源的整合开发，促进大数据、互联网、云计算等新技术与公路运输行业深度融合，构建高质量发展的广西数字化公路体系，并提高公路的运输信息化、智能化水平，积极响应数字中国、交通强国、数字广西建设等重大战略要求。

7. 提升公路建设、运营全生命周期一体化管控能力的需要

当前数字化技术已在公路建设、养护、运营、服务等各个环节分别进行了应用，但仍存在各工点和各阶段应用较为零散，无法打通全过程数据链条和数据统一汇聚，难以挖掘数字信息传递在行业管理中的价值等问题。开展数字公路全生命周期试点应用，能够从项目建设期介入，统筹规划建设和运营实施，避免后期重复投资，也是在数字交通、数字中国等战略指引下，以三维数字化结合信息技术的应用来提升行业管理效能，推动公路建管养模式从“设计、建设、运维的独立完成”向“全生命周期建设、运营、运维一体化”发展，对提升公路建设运营一体化管理水平，提高运行安全管控及信息服务能力具有重要作用。

8. 发挥数字增值服务优势，带动区域经济社会效益的需要

传统的公路服务仍存在服务管理效率低、安全隐患多、商业模式落后、公众服务水平不高、服务区引流等问题，亟待进一步突破交通产业融合发展瓶颈[1]。数字公路试点建设可以通过提供数字化信息服务和智慧化服务，以数字孪生服务区为切入点，支撑服务区不同管理业务之间的数据孪生体融合集成与交叉集成，为高速公路安全畅通提供信息化智能化管理手段，为安全管理与应急处置提供信息化支撑，为路衍经济提供平台支撑，为公众出行提供完善的信息服务，促进北投集团在物流、跨境贸易、交旅融合、有机农业等路衍经济产业的拓展与扩张，发挥数字增值服务优势，最终在推动广西经济社会发展和全方位开放格局形成方面发挥重要的作用。

9. 形成建管养一体化示范，满足推动传统公路转型发展的需求

基于广西的地域和经济特点，数字公路建设需要探索一条适宜的道路，有必要从试点项目开始形成示范，从点—线—面逐步推广应用。通过数字公路建立国内领先的建管养一体化模式，实现全生命周期全覆盖数字化管理，为实现传统公路从“分散管理”到“一体化管理”的转型提供示范，实现广西高速公路项目建管养全生命周期三维数字化集成管控，高速公路建管养一体化，推动公路从单纯“运输通道”到“智慧交通”“服务型公路”的转型升级，助力广西公路行业企业的降本增效及数字化转型，为企业及行业高质量发展赋能。

1.2　研究目的与内容

1.2.1　研究目的

以中央《交通强国建设纲要》为指导，遵循“紧扣工程特点，贴近建设需求，突出典型示范”的思路，以落实国家“碳排放”战略及“生态文明建设”要求，提高工程质量和服务水平为核心，满足交通运输行业“绿色、智慧、安全”发展目标，紧密结合项目特点难点，通过“绿色低碳节能建造、长路线高速路网智慧化安全管控、公路跨越施工质量与安全提升技术”的合理运用，重点打造南湛高速桂粤琼黄金走廊低碳建造智慧管养科技示范项目，达到以下目标：

①结合南湛高速的建设实际，分析长里程高速公路建设管理过程中存在的难题，从数字化的角度出发，提出长里程高速公路数字化建设与管理的解决方案。

②推广绿色、低碳、环保及节能技术，最大程度地降低高速公路建设对环境的碳排放压力，减小其对沿线生态环境及沿线居民影响，建设环境友好型集群基础设施。

③基于信息化、智能化手段，提高交通系统各项能力，充分保障交通安全，发挥公路效能，提升交通系统运行效率和管理水平。

④以安全技术为品质提升抓手，提高工程结构物质量及耐久性，缓解并解决高速公路常见建设通病，强化全寿命周期建养和服务一体化理念，打造品质百年工程。

⑤通过长里程高速公路数字化建设与管理的研究，加快建设高速公路投资运营一体化综

合管理优质平台，为广西新发展交通集团有限公司（新发展集团）和广西乃至全国其他在建高速公路的数字化建设与管理提供借鉴和参考，助力交通强国的建设。

南湛高速将以工程示范为导向，探索交通科技集成创新和成果转化的有效方式，推动广西交通科技创新成果的集成应用和快速转化及研发。通过示范工程的实施，总结绿色–安全–智慧公路建设的资源节约设计手段、绿色低碳节能技术、高度信息化的智慧技术组合模式等一整套可操作性强、便捷有效、效益显著、便于推广复制的操作模式，助力《广西基础设施补短板“交通网”建设三年大会战实施方案（2020—2022 年）》《数字广西交通运输创新发展三年行动计划（2020—2022 年）》和广西壮族自治区交通强国试点建设任务顺利完成，并为建成人民满意、保障有力、世界前列的交通强国目标做出积极贡献。

1.2.2 研究内容

围绕长里程高速公路数字化建设与管理的研究主题，结合长里程高速公路建设与管理的特点和南湛高速建设的实际情况，主要研究内容如下：

①长里程高速公路建设中的双标准管理。基于长里程高速公路双标准管理的难点分析，结合南湛高速的建设实际，分析南湛高速建设过程中双标准管理的常见问题，提出南湛高速建设过程中双标准管理的亮点做法，总结南湛高速建设过程中双标准管理方面的数字化应用。

②长里程高速公路建设中的合同管理。基于长里程高速公路建设中合同管理的难点分析，结合南湛高速的建设实际，分析南湛高速建设过程中合同管理的常见问题，提出南湛高速建设过程中合同管理的亮点做法，总结南湛高速建设过程中合同管理方面的数字化应用。

③长里程高速公路建设中的财务管理。基于长里程高速公路建设中财务管理的难点分析，结合南湛高速的建设实际，分析南湛高速建设过程中财务管理的常见问题，提出南湛高速建设过程中财务管理的亮点做法，总结南湛高速建设过程中财务管理方面的数字化应用。

④长里程高速公路建设中的科技创新管理。基于长里程高速公路建设中科技创新管理的难点分析，结合南湛高速的建设实际，分析南湛高速建设过程中科技创新管理的常见问题，提出南湛高速建设过程中科技创新管理的亮点做法，总结南湛高速建设过程中科技创新管理方面的数字化应用。

⑤长里程高速公路运营中的数字化管理。基于新发展集团下属——灵山高速公路运营分公司、来宾高速公路运营分公司等运营单位的调研，从养护安全、收费机电、党建宣传、财务综合等方面调研分析了运营单位现有的信息化系统应用情况及存在的问题。

⑥长里程高速公路数字化建设与管理解决方案。以南湛高速数字化建设方案为例，从南湛高速数字化建设的总体概况、全生命周期数字底座等方面对长里程高速公路数字化建设进行探索和研究，提出长里程高速公路数字化建设与管理的解决方案。

1.3　长里程高速公路发展现状

1.3.1　长里程高速公路发展历程

《公路工程技术标准》(JTG B01—2014)规定：高速公路为专供汽车分向行驶、分车道行驶，全部控制出入的多车道公路。经过 70 多年的探索和发展，目前全世界已有 80 多个国家和地区拥有高速公路，通车里程超过 23 万千米。

与我国相邻的俄罗斯、印度等国家的真正意义上的高速公路很少，多数是相当于半封闭的一级公路。德国在 1928—1932 年建设了世界上第一条高速公路：科隆到波恩的第一条高速公路[2]，其为双向 4 车道，宽度 34 m，全长 18 km，采用水泥路面；美国的高速公路通车里程最多，1957 年开始修建，现在已超过 10.6 万 km；日本是同时代高速公路发展较快的国家，其于 1957 年颁布了《高速公路干道法》，1963 年建设了名神高速公路，目前已经超过 6500 km；车道最多的高速公路是加拿大多伦多的 401 高速公路，有 16 个甚至 22 个车道[3]。

我国高速公路的建设起步比较晚[4]，从 20 世纪 70 年代开始研究建设高速公路。1978 年台湾省建设了北起基隆南至高雄的南北高速公路，全长 373 km；1984 年中国内地第一条高速公路——沈阳至大连高速公路开工建设；1988 年中国内地首条投入使用的高速公路——沪嘉高速公路建成通车；2013 年中国首条重载高速公路内蒙古准兴高速公路建成通车，全长 265 km，设计可承载 100 t 的货车；2014 年我国最长的高速公路——连霍高速建成通车，全长 4244 km。近年来，我国高速公路发展呈现稳步增长的趋势，交通运输部公布的 2022 年交通运输行业发展统计公报显示，2022 年全年完成公路固定资产投资 28527 亿元，比上年增长 9.7%，其中，高速公路完成 16262 亿元，增长 7.3%，截至 2022 年末，全国高速公路里程为 17.73 万 km，比上年末增加 0.82 万 km，国家高速公路里程为 11.99 万 km、增加 0.29 万 km，如图 1-1 所示。

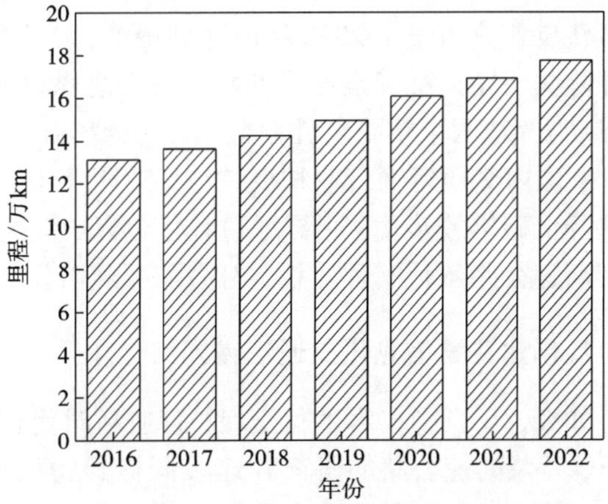

图 1-1　中国 2016—2022 年高速公路里程变化

国外发达国家高速公路的发展一般经历了以下四个阶段。

①第一阶段，发展起步期，其特点是经济总量较小，高速公路认知度低，规模不大且里程增长缓慢。

②第二阶段，快速发展期，其特点是经济加速增长，高速公路需求旺盛，通车里程迅速增长。

③第三阶段，接近饱和期，其特点是经济稳定增长，资源紧俏，高速公路通车里程增长趋缓，以提高路网质量为主。

④第四阶段，相对稳定期，其特点是经济持续增长，资源紧缺，路网规模趋于稳定，路网运行质量的提高主要依靠提高交通管理水平，智能运输系统日趋完善是其主要标志。

目前我国正处于高速公路发展的第四阶段，新一轮科技革命和产业变革深入发展，数字技术与传统行业加速融合，数据驱动的数字化基础设施、数字化精准管控、数字化精细服务成为未来经济发展转型、行业治理升级的必然方向。智慧高速公路作为交通运输领域新型基础设施的关键场景，集5G、北斗、大数据、人工智能等数字化主流技术于一体，是数字化变革、智能化变革的集中展示场地，更是未来交通服务、未来交通产业、新型经济增长动能的策源地，已成为世界交通强国争相加快部署的热点。

1.3.2 长里程高速公路建设模式

高速公路作为综合立体交通网的重要组成部分，是经济社会发展战略性和公益性的基础设施，是一个国家现代化及交通运输现代化的重要标志之一。随着时代的更迭，中国高速公路逐渐向低碳节能、数字信息智慧化的新型建设模式发展。近年来，为打造先进、信息化的新型交通运输网络，实现建设交通强国的伟大目标，国务院、国家发展改革委、交通运输部等出台了一系列相关政策，有针对性地对中国目前高速公路发展现状提出系列方针、总体规划和要求部署，将建设、管理、运营相结合，形成“全域统筹、高质建设”的建管养一体化理念，探索具有中国特色的高速公路建设模式，为中国高速公路发展指明了方向。

1. 打造绿色低碳型高速

目前，中国是全世界碳排放量最多的国家，其中，2011年达到了90亿t，2019年达到了100亿t，2019年排放量占全球碳排放量的27.9%，是同期美国排放量的2倍、欧盟排放量的3倍。交通运输业碳排放占国家碳排放总量约10%，其中公路运输占近9成，使用化石燃料为驱动的交通运输工具成为排放量的主体，也是高速公路碳排放的主要来源及减排重点。立足国家低碳发展及企业社会责任，统筹推进高速公路低碳运管，助力实现“双碳”目标，成为高速公路发展的一个关键性问题[5]。

2020年9月22日，国家主席习近平在第七十五届联合国大会一般性辩论上宣布，中国二氧化碳排放力争于2030年前达到峰值，努力争取2060年前实现碳中和。随后，《中共中央国务院关于完整准确全面贯彻新发展理念做好碳达峰碳中和工作的意见》及《2030年前碳达峰行动方案》两个重要文件相继出台，为提升交通低碳化服务水平，推动高速公路“低碳”转型[6]，国内交通运输行业积极响应“双碳”目标，倡导绿色、环保、低碳的高速公路建设方式，加快降低碳排放步伐，引导绿色技术创新，提高产业和经济的全球竞争力，持续推进绿色低碳型高速公路示范工程建设，努力兼顾经济发展和绿色转型同步进行[7-9]。

2. 创建智慧信息化交通运输网络

如今，互联网技术迅猛发展，打造新时代智慧强国成了我国发展的新态势，在该大环境之下，智慧高速公路的研究和建设同样显得极为突出和重要[10-12]。伴随着智慧高速建设步伐的不断加快，智慧高速公路建设的政策制度环境及资源条件等日益成熟，智慧高速公路已进入飞速发展的新时代[13]。近年来，随着一系列会议的召开和相应政策文件的出台，智慧型高速公路的建设已经成为了交通行业发展的一大趋向，数字化信息化与高速公路相结合，使得中国高速公路的发展更上一个台阶[14]。

2019年7月，交通运输部下发了《数字交通发展规划纲要》，强化了交通运输信息化向数字化、网络化、智能化的发展，为智慧高速公路指明了方向；2019 年 9 月，中共中央、国务院印发《交通强国建设纲要》，统筹规划推进交通强国建设目标与建设任务；2019 年 12 月，中央经济工作会议指出，要发挥投资关键作用，加快 5G 商用步伐，加强人工智能、工业互联网、物联网等新型基础设施建设，加大城际交通、物流、市政基础设施等投资力度；2020 年 2 月，国家发展改革委等十一部门印发《智能汽车创新发展战略》，把“构建先进完备的智能汽车基础设施体系”作为一项重要的战略任务；2020 年 3 月，中共中央政治局常务委员会会议再次强调，要加快 5G 网络、数据中心等新型基础设施建设进度；2020 年 8 月，交通运输部印发《交通运输部关于推动交通运输领域新型基础设施建设的指导意见》，将“智慧公路”作为主要任务之一进行推动；2020 年 11 月，国务院办公厅印发《新能源汽车产业发展规划（2021—2035 年）》，提出要“推动产业融合发展”，促进智慧能源、智能交通、新一代信息通信与新能源汽车全面深度融合；2021 年 1 月，交通运输部印发《交通运输部关于服务构建新发展格局的指导意见》，推进交通基础设施数字化建设和改造，积极发展智慧公路；2021 年 2 月，中共中央、国务院印发《国家综合立体交通网规划纲要》，推动公路路网管理和出行信息服务智能化，完善道路交通监控设备及配套网络[15]。

经过不断发展，国内目前智慧高速公路主要分两种类型，既包括新建的智慧高速公路，如延崇高速公路、京雄高速公路、杭绍甬高速公路等，也包括已通车高速公路的智慧化提升改造，如沪杭甬高速公路、广东南沙大桥等。智慧高速公路顶层设计研究也在稳步进行，智慧高速公路地方标准等制度不断完善，以更好地指导智慧高速公路规划、设计、施工及系统集成。基于目前国内智慧高速公路的发展现状及存在的问题，国内智慧高速公路将在智慧高速标准规范、手机终端信息处理载体、路侧通信单元等方面展开研究。

1.3.3　长里程高速公路建设特点

长里程高速公路的建设特点见表 1-1。

表 1-1　长里程高速公路的建设特点

序号	建设特点	具体内容
1	施工难度大	由于里程较长，沿线地形地质复杂，地形起伏大，受环境条件限制，施工用水、用电困难；运输条件不好，人员及材料进场难度大；桥梁墩柱、梁板结构形式多样化，特大桥、长隧道多，施工组织难度大；通信条件较差，施工协调难度大
2	桥隧比例高	长里程高速公路大多地形复杂，跨深沟、越高岭路段多，跨深沟路段采用普通的填方路基，即便施工阶段进行了压实处理，后期也会发生一定程度的固结沉降，软土路基上填筑的路堤，还会有软土层的沉降；越高岭路段，若采用路基方案则会降低公路线性指标或增加线路里程，为避免这类问题，在线路展布时，桥梁及隧道等结构物往往布设较多，整体桥隧比例高，工程规模大
3	沟通协调难度大	长里程高速公路沿线涉及地形地质、土地类别、土地权属关系特别复杂，人文环境迥异，征拆协调压力大，施工环境错综复杂。如何处理好建设前、中、后期的征拆协调工作，实现快速交地施工，保障项目建设的质量、安全、进度是长里程高速公路建设的特点和难点

续表1-1

序号	建设特点	具体内容
4	生态问题凸显	长里程高速公路的建设削坡，会不同程度地降低山体稳定性，林区的砍伐也会对环境造成破坏。隧道弃渣及挖方路基弃渣堆放不当可能产生人为泥石流、滑坡等灾害。在连通性较好的地下水分布区，山岭隧道成洞后可能会导致山体地下水平衡破坏，甚至影响农业生产、居民生活用水和地表植被生长，生态保护问题已成为长里程高速公路不可忽视的问题
5	工程地质条件复杂	长里程高速公路常见不良地质现象及特殊性岩土有滑坡、泥石流、危岩、崩塌、岩溶、采空区、强震及地震液化、涎流冰、湿陷性黄土、软土、膨胀性岩土、红黏土、冻土、盐渍土等，对线路稳定影响大，一般不能完全绕避，须采取相应的处治措施
6	四新技术应用多	我国长里程高速公路建设相对较少，缺乏经验，常规的施工技术往往不能有效地解决实际问题，达不到质量要求及目前提倡的环保、智能要求，因此，长里程高速公路需要采用许多新技术、新工艺、新材料、新装备进行针对性设计、个性化处理，例如高边坡的监测预警系统、桥梁工程预应力技术、隧道内的光伏照明应用等

1.4 长里程高速公路数字化建设管理发展现状

1.4.1 国外发展现状

世界各国结合新兴技术发展趋势及发展诉求，积极推进高速公路传统机电系统升级，持续开展基于多传感器融合的超视距感知、智能主动管控、车路协同[16-17]、长寿命新型道路材料等新技术研究及试点应用，着力推进智慧高速公路发展路径探索及完善[18]。

在重视交通管理信息化建设的基础上，美国开展了智慧通道(smart corridor)建设和互联车辆(connected vehicle)计划，横向拓展基于车路协同的安全驾驶辅助，通过车路数据交互直接提升车辆末端的安全驾驶水平，推进高速公路整体运行安全的跃升[19-20]。通过730万起交通事故的分析和统计，美国高速公路安全管理局(NHTSA)预测车联网系统部署能够减少近80%的车辆碰撞事故。因此，为强化高速公路运行安全，美国持续开展基于5.9 GHz短程无线通信技术的车联网产品研究，尤其是恶劣环境条件下的大载重货物运输车辆防碰撞应用，重点推进专用无线通信带宽设置、路测RSU及车载OBU设备、超视距感知协同等技术研究，当前开展车辆网联设备部署应用的州已超过50%，并在相关高速公路开展智能网联汽车测试。以怀俄明州I-80州际高速公路为例，针对重型卡车流量大、冬季暴雪大风碰撞事故高发等问题，开展车车交互、车地通信部署，当前已完成400辆车辆及75个路侧节点的布设，具体包括150辆重型卡车、100辆交通局车辆、150辆扫雪车及巡逻车[21]。

从VICS(vehicle information and communication system，道路交通信息通信系统)到ETC(electronic toll collection)、ETC2.0，日本的ETC2.0战略持续完善车辆个体实时出行数据采集及拓展，基于此的分析决策应用，赋能高速公路精细化运行控制[22-23]，见表1-2。通过车辆前装的 ETC 终端进行信息回传，能够实现全路网交通运行时空分布、拥堵区域、拥堵长度等智能分析，并利用路侧通信设备进一步监测运行环境信息，进而实现拥堵预测及路径规划、特殊车辆运行规律及轨迹追溯、动态费率调整、异常驾驶行为识别等智能出行引导及运营管理服务。推广模式上，实行 ETC 模块前装，公众仅需要办理 ETC 卡，应用流程简单便捷，目前已实现 93.1%的装配率，其中 ETC2.0 为 25.5%；设施配套上，自 2016 年正式提供 ETC2.0 服务，高速公路累计完成 1700 个路侧通信设备部署。以高速公路动态费率为例，面向城市拥堵缓解，通过接入 ETC 车辆轨迹数据分析路网通行态势，主动引导车辆绕行外环高速公路，并结合拥挤情况提供约 50%的通行费用折扣，有效疏解城市内部道路拥挤情况。同时，ETC2.0 支持高速公路运行规律分析，通过车速变化特征精准识别路网瓶颈节点，为及时有效的应急救援、基础设施优化提供指导[24-25]。

表 1-2　日本车路协同(ETC)发展概况

年份	类型	特点
1990	车辆导航系统	主要服务：提供基于 GPS 的车载导航服务 主要特点：以静态信息为主，提供图形引导界面
1996	VICS	主要服务：以图形及文字，提供实时交通信息服务，包括交通拥堵和交通管制 主要特点：支持 FM、光学通信、微波通信等三种无线通信 配套设施：需要后端平台，建立 VICS 中心
2000	ETC	主要服务：提供不停车收费服务，支持城市停车扣费及公路优惠 主要特点：装配率已经达到了 93.1%，应用极为广泛 配套设施：需要配套路侧龙门架系统
2011	ITS Spot	主要服务：提供大范围实时交通信息，路径规划支持，安全驾驶辅助 主要特点：需要配套 ITS Spot 车载仪
2016	ETC2.0	主要服务：差异化收费、气象信息、车辆跟踪等多类型应用 主要特点：首个基于 DSRC 实现的高容量双向通信车路协同系统，装配率 25.5% 配套设施：安装有 1700 个路侧通信设备

聚焦高速公路主动交通管控，欧盟注重出行需求及运行态势的智能发现，面向多国互通的基本特征，强调跨国高速公路信息系统无缝对接及可持续发展，重点打造欧洲数字交通走廊，构建了 Easyway 项目[26]。积极推进标准化 DSRC 车路通信、综合交通信息服务、新型长寿命道路材料、极端天气预警及智能诱导等研究及部署。建设应用方面，以奥地利高速公路主动管理系统为例，围绕交通流主动式引导，注重对拥堵、事故、天气等异常情况的动态监测与及时响应，基于在线可编辑的全自动控制策略库及高密度部署的可变电子情报板，开展了分车道动态限速、临时路肩使用、基于交通状态的动态绕行引导、拥堵响应处理、动态货车管理、车距保持警示、极端恶劣天气监测预警等智能应用。目前，该系统已覆盖 800 多千米高速公路，运行效果显著，实现车辆事故减少 35%、受伤公众数量减少 30%。前沿探索方面，开展内嵌 C-ITS 的智能基础设施带研究，创新性提出高速公路路内智能监测体系，不依赖传统的路侧挂靠设施，通过短程通信及 LTE 蜂窝技术融合应用，支持基于位置的车载终端

及手机端无线交互，集成交通流监测、指引体系及管控信息虚拟化、基础设施健康状态实时感知等功能，集约化理念突出。

荷兰的智能高速公路概念在2012年就被提出，其创新理念包括夜光公路、动力学漆、交互感应灯及感应优先车道等；2014年，瑞典启动了eRoad Arlanda项目，并于2018年开通了全球第一条全长2 km的电动汽车“充电公路”；英国在智慧公路的建设方面也有丰富的经验，英国公路局还与三家工程建设单位签署了智慧高速建设合同，该高速连接英国的南部与北部，总投资45亿英镑，建设周期十年，共有6家单位入围，这也是英国的第二条智慧高速[27]。

国外在高速公路的主动交通管理、车路协同技术应用、出行和物流信息共享服务等方面已经开展了大量试验验证。Mehr Negar等[28]针对车辆绕行会增加交通发散延误情况，构建了一个宏观模型，用于预测在交通分流人员出入链路时执行旁路的车辆数。Rezaei Danial等[29]为研究车道闭合对交通特性的影响，基于实地调研和宏观交通流模型，研究了多静态瓶颈车道闭合对四车道划分高速公路均匀交通流演化和波传播的影响。Mahmoud Nada等[30]构建了一个模型，来帮助实现实时预测信号交叉口的信号循环水平通过和左转运动，有助于在交叉口获得准确的交通轨迹，可用于调整自适应信号配时，提高车辆通过信号和交叉口的效率，这些研究为高速公路的数字化发展奠定了基础。

1.4.2 国内发展现状

交通运输业是国民经济中运送货物和旅客的社会生产重要支柱，是国民经济和社会发展的动脉，是经济社会发展的基础行业、先行产业。交通运输主要包括铁路、公路、水运、航空、管道五种运输方式，其中，铁路、水运、航空、管道起着“线”的作用，公路起着“面”的作用，各种运输方式之间通过公路路网联结起来，形成四通八达、遍布城乡的运输网络[31]。改革开放以来，灵活、快捷的公路运输发展迅速，目前，在综合运输体系中，公路运输客运量和货运量所占比重分别为90%以上和近80%。高速公路是经济发展的必然产物，在交通运输业中有着举足轻重的地位。在设计和建立上，高速公路采取限制出入、分向分车道行驶、汽车专用、全封闭、全立交等较高的技术标准且具备完善的交通基础设施，为汽车快速、平安、经济、舒适运行创造了条件[32]。与普通公路相比，高速公路具有行车速度快、通行能力大、运输成本低、行车安全性高、出行舒适度高等突出优势，其行车速度比普通公路高50%以上，通行能力提高了2~6倍，并可降低30%以上的燃油消耗，减少1/3的汽车尾气排放，降低1/3的交通事故率。

“十一五”时期是我国公路交通发展速度最快、发展质量最好、效率水平提升最为显著的时期。“十一五”前4年，全国累计完成公路建设投资2.93万亿元，年均增长近16%，约为“十一五”预计总投资的1.2倍，也超过了“九五”和“十五”的投资总和。在投资带动下，公路网规模不断扩大，截至2022年底，全国公路里程达535.48万km，其中高速公路17.73万km，二级及以上等级公路74.36万km。

“十一五”交通建设的一个突出成就，是高速公路骨架基本形成，构建了城市间的公路运输通道，提高了综合运输通道能力，优化了综合运输体系构造[34]。2021年，经过近15年发展，总规模3.5万km的“五纵七横”国道主干线系统提前10多年全面建成，标志着我国高速公路网骨架已基本形成。同时，“十一五”规划中提出的其他高速公路重点路线的建立也取得突破性进展。西部开发的 8 条“省际通道”基本贯穿，拉近了西部与东中部地区的距离。国家高速公路网中重点建立的“五射两纵七横”14 条线路中，已建和在建路段已达 95%以上。

按照我国全面建设社会主义现代化强国的战略部署，到 2035 年，我国的客货运输需求仍将保持 2%~3%的年均增长速度，长三角、珠三角和京津冀等东部地区的增长速度将会更高。如何防止我国东部地区交通运输对社会经济发展再次出现“瓶颈制约”，是整个交通运输行业需要面对的重大战略课题。而受限于土地供给、环保要求等刚性约束条件，我国东部地区已不可能再继续采用大规模建设高速公路的发展模式[35]。因此，建设智慧高速公路，有效提升高速公路的通行能力，成为当前和今后一个阶段我国高速公路建设的必然选择和重要方向[36]。

在我国，“智慧高速公路”这个名词源于智慧城市[37]，见表 1-3。2011 年，浙江省开展智慧城市建设试点工作[38]，将智慧高速公路建设作为 2012 年首批启动的 13 个示范试点项目之一。2014 年初，交通运输部党组提出加快推进“四个交通”发展，即综合交通、智慧交通、绿色交通、平安交通的发展，各地的智慧高速公路建设试点项目明显增多，比如，湖南和云南都是在省政府的直接要求下[39]，于 2014 年启动智慧高速公路试点工程。2017 年 2 月，国务院在《“十三五”现代综合交通运输体系发展规划》中提出加快开展智慧公路建设试点，推动路网管理、车路协同和出行信息服务的智能化，敲响了智慧高速公路建设的“发令鼓”。随后，交通运输部在 2018 年 2 月发布的《关于加快推进新一代国家交通控制网和智慧公路试点的通知》中，决定在九省市加快推进新一代国家交通控制网和智慧公路试点，其中浙江等四省市以“基础设施数字化”为重点试点方向。交通运输部于 2019 年 7 月发布的《数字交通发展规划纲要》(以下简称《纲要》)中提出，“到 2035 年，我国交通基础设施完成全要素、全周期数字化”，《纲要》的发布标志着我国智慧高速公路数字化建设有了“方法论”依据。2020 年以来，中央密集部署“新基建”，交通运输部于 2020 年 8 月印发了《交通运输部关于推动交通运输领域新型基础设施建设的指导意见》，强调以数字化、网络化和智能化为主线，推动交通基础设施数字转型、智能升级，为高速公路的数字化建设打了“强心剂”。在需求和政策的双重驱动下，高速公路的数字化转型和智能化升级势在必行。

表 1-3　我国智慧高速公路发展阶段[40]

阶段	特征	具体内容
第一阶段	高速公路数字化	3D 高精度地图、道路健康状态、天气环境状态、交通态势、行驶车辆状态……
第二阶段	高速公路网联化	光纤网络、车联网、蜂窝网、无线传感网、无线局域网、5.8 GHz……
第三阶段	高速公路智能化	车路协同、路网协调控制、应急协同、精准收费、智能养护、智慧服务区、轨迹无缝跟踪……
第四阶段	高速公路智慧化	路网全息数字化、智能车路协同、高等级自动驾驶、人车路融合、远程驾驶、天地一体控制网、智慧诱导控制、精准信息服务……

根据工程实践，不少专家学者对智慧高速公路的概念和内涵进行了研究探讨[41]。王少飞等[42]提出，智慧高速公路就是要构建以数据为核心的高速公路协同管控与创新服务体系，

利用“人的智慧思维+先进的技术手段+协同的运行机制+创新的模式”实现对高速公路管理与服务的提升，认为智慧高速公路是持续利用新理念、新技术、新机制、新模式，实现管理和服务更加智慧的高速公路。张纪升等[43]认为，智慧高速公路概念尚没有统一的定义，与传统智能交通定义相比，更加强调平台性、互联性及终端化概念。在服务功能上，智慧高速公路是一个开放共用的基础平台，主要是发挥高速公路的功能属性，集成应用先进的感知技术、传输技术、信息处理技术、控制技术等，它以安全、高效、便捷、绿色为目标，结合多样、开放的运营管理与服务模式，为人和货物的快速运输提供可靠的网络化通行服务，为车车/车路交互提供自由的通信管道服务，为应急事件提供全时可响应的应急服务，为出行者提供精细化、自主化的出行服务。

从当前我国公路建设项目的数字化发展状况来看，单项新建和改建项目工程的数字化正处于推广发展阶段，涉及全过程数字化应用的公路项目较少，表 1-4 为国内在建设管理和养护运营阶段开展数字化及智慧化应用的部分项目概况表。

表 1-4　国内在建设管理和养护运营阶段开展数字化及智慧化应用的部分项目概况表

项目名称	主要工作内容	费用
成都至宜宾高速公路工程数字高速公路系统	对机电系统基础设施进行智能化转型升级，建设了不低于 10 km 试验段的适应自动驾驶的增强车路协同平台，布设了覆盖试验段全程的高密度高精度前端感知软硬件、新一代适应 5G 的网络传输平台、适应自动驾驶的云控服务平台等	7.7 亿元
峨眉至汉源高速公路智慧高速系统建设项目	除传统机电工程三大系统以外，还包括对机电系统基础设施进行智能化转型升级，全线 122 km 对接自动驾驶的增强车路协同平台，布设了覆盖全线隧道、桥梁、高边坡场景的高密度高精度前端感知软硬件和对接自动驾驶的云控服务平台等	16.5 亿元
成都第二绕城高速智慧高速公路建设专项工程	机电系统升级改造，包括交通运行状态感知设施、车辆数据采集设施、雾天公路行车安全诱导系统等	1.219 亿元
邛名高速平安智慧高速公路建设项目	主要包括全线安装视频监控、主线卡口、匝道卡口、LED 情报板、雾天诱导系统，完成监控设备提档升级和信息化集成，建设成温邛高速分中心平安智慧高速公路软件平台	8.5 亿元
新疆乌尉公路包数字化应用与服务	主要包括新疆乌尉公路包 PPP 项目 BIM 技术应用与服务、建设管理平台的开发与应用、运营平台的开发与应用等	3017 万元
贵州省都匀至安顺公路工程建设项目数字化应用服务	主要包括全线模型创建和总体展示，基于 BIM 模型的建设管理平台研发、施工 BIM 技术应用，搭建建设项目展示终端平台等	2301.68 万元
深圳至中山跨海通道全寿命周期数字化技术应用与咨询服务	主要包括 BIM 技术在设计、施工和运营等全寿命周期过程中的标准编制与统筹、技术应用咨询、协同管理平台及管理平台的接口开发，BIM 技术及成果体验区、软硬件设施采购及网络架设等	2760.13 万元

续表1-4

项目名称	主要工作内容	费用
沙吴高速智慧交通示范项目	主要包括智能化感知网构建，全生命周期高精度多模态空间数据工程用于采集地上地下一体、层次化、实景化的公路三维场景数据，车路协同数据互联与云管控平台工程用于交通多源数据的接入、管理与融合，并集成构建沙吴高速公路的数字孪生平台，集监测、调度、管控、应急、服务一体等	超 2 亿元

2017 年 9 月，江西宁都至定南高速公路智慧高速项目投入试运行，这条智慧高速公路的特点可以被总结为“智行”和“智感”。2018 年 3 月，交通运输部发出通知，决定在北京、河北、吉林、江苏、浙江、福建、江西、河南、广东 9 省市推进新一代国家交通控制网和智慧公路试点，将基础设施数字化、路运一体化车路协同、北斗高精度定位综合应用、基于大数据的路网综合管理、“互联网+”路网综合服务、新一代国家交通控制网 6 个方向作为重点。

杭绍甬智慧高速公路 174 km 的投资总金额高达 707 亿元，平均每千米建设费用超过 4 亿元。杭绍甬智慧高速公路构建了“三网合一”(高速公路网、感知通信控制网、绿色能源网)智能基础设施与“云边端”协同云控平台(由端设备、边子系统、云子系统组成，具有自下而上逐级数据处理与管控指令传递逻辑架构的高速公路云控制系统)组成的智慧高速公路体系。通过全线部署全要素感知设施和车路协同设施、全覆盖的无线通信网络、高精定位系统，定制高精地图系统等，提升智慧高速公路感知控制能力[44]。

此外，杭绍甬智慧高速公路提供了智慧高速公路可实现的创新服务[45]：①车路协同安全预警服务。在合流区、分流区、弯道、上下坡道等区域，通过部署的视频、雷达、车路协同等路侧通信设备，实时感知交通运行状态、交通气象等信息，并在本地边缘计算节点完成安全预警和控制决策服务。②车道级交通控制服务。杭绍甬智慧高速公路全线，基于高精度定位、高精地图、全覆盖的传感及通信，实现车道车速管控、危险状态下的车道级车辆运行管控，以及自动驾驶专用车道管控服务等。③自由流收费服务。根据《国务院办公厅关于印发深化收费公路制度改革取消高速公路省界收费站实施方案的通知》要求，建设收费子系统、ETC 门架系统、收费车道等系统，实现主线自由流收费。④货车编队行驶服务。在杭绍甬智慧高速公路上修建专用于自动驾驶汽车的智能车道，建立自动驾驶车路协同传感通信控制系统，加密视频监控点，在自动驾驶专用道沿途纵向(间距 0.03~0.05 km)布设照明设施，结合货车编队控制策略，实现卡车编队运行服务。⑤准全天候通行服务。基于沿途全线覆盖的传感通信控制网，在易出现团雾和路面结冰路段增加布设路面状态检测器、气象传感器等感知设备；在高速公路沿线中央分隔带及路侧设置智能诱导装置，根据现场能见度和雨雪等气象条件，调控智能诱导灯状态，以诱导车辆安全行驶。⑥交通应急指挥调度与处置服务。发生突发事件时，管理者通过先进的感知系统及时发现事故，通过视频监控等方式及时观察事故现场，基于现场情况和路网运行演变态势，实时判定事故等级并进行事件处理，基于知识决策进入精细化服务推送场景，提供相关交通诱导服务[46]。

在交通强国战略指导下，作为新一代智能网联交通系统在高速公路应用的重要落脚点，智慧高速公路已成为我国交通运输行业在“十四五”以后的很长一段时期内的重要攻关方向之一。Xiaoyu Guo 等[47]利用华盛顿州的高速公路安全信息系统(HSIS)数据讨论了道路交通事故之间的关联，HSIS 数据能够确定车辆运行速度、道路设计要素和交通量对碰撞结果的影响关系。Zheng Ge 等[48]研究短时交通流预测问题，而准确的短时交通流预测有利于进行及时的交通管理并快速作出反应，他提倡深机器学习方法，并提出了一种新的集成模型——ALLSCP，该模型充分考虑了交通条件的时空特性。Jing Zhang 等[49]利用车对车（V2V）和车对基础设施（V2I）通信技术进行通信的连通车辆，构建了考虑驾驶员对前方车辆未来运动反应的修正智能微观模型，能够有效预防交通拥堵。数字化、网联化、智能化、智慧化是以“全路网感知、全方位服务、全天候通行、全过程管控、全数字运营”为总目标的智慧高速公路的四个重要特征及发展阶段，数字化作为智慧高速发展的第一个阶段，也是实现“总目标”的前置条件，综上来看，目前我国已在该阶段高速发展[50]。

沙吴智慧高速公路项目是广西首个智慧交通示范项目[51-52]，全长 28.5 km，项目主要构建了智能化感知网，在重点路段实现全天候、多要素的状态感知，全生命周期高精度多模态空间数据工程用于采集地上地下一体、层次化、实景化的公路三维场景数据，车路协同数据互联与云管控平台工程用于交通多源数据的接入、管理与融合，并集成构建沙吴高速公路的数字孪生平台，集监测、调度、管控、应急、服务一体，实现智能监测与预警、分车道管控、实时交通诱导和路网协同调度等功能，如图 1-2 所示。该项目布设 26 处通信 5G 宏站、6 处北斗高精度基站及相关外场感知设备，建设智慧高速云控平台。该项目概算总投资为 53.2 亿元。此外，该项目建成广西首个收费站智慧通道，在沙井收费站出口匝道处设置自由流收费门架，采取“匝道 ETC 设施预收费+出口验证”新一代收费模式，提高 ETC 交易成功率，提升车辆整体的通行速度；建成全国首条 ETC 和 C-V2X 融合的智慧高速，解决了车路协同初期终端渗透率低的难题。沙吴智慧高速公路建设专项投资超 2 亿元，其主要投资建设的车路协同系统较为超前，但距离公众化应用和商业化推广尚有较远的距离[53]。

图 1-2　南宁沙吴智慧高速公路

对高速公路区内外的发展现状进行统计分析可知，高速公路数字化及智慧化建设存在的问题[54]见表 1-5。

表 1-5　高速公路数字化及智慧化建设存在的问题

序号	类别	具体问题
1	数字化高速公路建设标准规范缺乏且不统一	我国数字化高速公路建设总体上仍处于探索阶段，尚未形成完整标准框架体系[55-60]。据国家智能交通系统工程技术研究中心统计，我国智慧高速公路涉及的相关标准约 200 项，其中已发布的国家标准 123 项、行业标准 48 项，主要集中在基础通用标准和服务标准。由于数字化高速公路建设需要的大量设施设备仍处于研究和试验阶段，尚缺乏支持新技术应用的关键新技术标准。同时，我国数字化高速公路建设普遍存在"一地一方案""一路一方案"的情况，缺乏统一的数字化高速建设标准体系框架。数据系统之间、设施设备之间的衔接、融合存在困难，难以高效互联互通
2	数字化高速公路建设成本普遍偏高	高成本是数字化高速公路建设与发展的主要制约之一。我国数字化高速公路建设与发展以试点示范为主，建设成本普遍偏高，如杭绍甬智慧高速公路平均每千米建设费用超过 4 亿元，约为一般高速公路的 4 倍、高速铁路的 2.5 倍。对存量高速公路智慧化改造整体成本每千米 4000 万～6000 万元。据统计，受成本和安装方式所限，目前全国只有不到 5%的道路实现了信息智能设备覆盖[61]。此外，数字化高速公路建成后的运营管理费用、维护费用偏高等均成为数字化高速公路难以大范围普及推广的挑战和痛点
3	数字化高速公路运营效益尚不明晰	我国数字化高速公路建设起步较晚，缺乏运营效益评估论证，且新一代信息技术赋能下的融合型设施和设备较传统交通基础设施使用寿命更短，很多仅有 3 年至 5 年，导致基于先进技术和设备的智慧高速公路短时期难以形成规模经济效益，影响数字化高速公路向规模化、产业化发展。从企业经营情况来看，近年来由于缺乏应用场景支撑，行业内一些企业未能形成可持续的盈利模式，导致投资与收益严重失衡，也引发了部门重组、信心受挫等问题[62]
4	跨部门协同治理的体制机制尚未理顺	数字化高速公路功能价值的实现需要跨行业、跨区域、跨部门协同治理。除交通主管部门外，还需要气象部门开放技术数据，公安部门完善安全通行标准，工信部门研究车辆设备前装准则等。目前，我国还缺乏多部门协同推进数字化高速公路发展的机制，规划建设运营等统筹协调力度不够，造成信息不共享、政策不完善、标准不统一等问题

1.5　长里程高速公路基础调研

围绕长里程高速公路数字化建设与管理研究主题，对广西新发展交通集团承建的里程超过 100 km 的三个高速公路在建项目——铁山港至凭祥公路东兴至凭祥段(154.6 km)、武宣—来宾—合山—忻城公路(118.7 km)、南宁—湛江高速公路南宁至博白那卜段(186.8 km)，以及两个高速公路运营管理里程较长的单位——来宾运营分公司和灵山运营分公司采用文献调研、座谈访谈、专家调查、统计分析和实地调研等方法开展调研。

1.5.1　长里程高速公路工程概况

铁山港至凭祥公路东兴至凭祥段是《广西高速公路网规划(2018—2030 年)》"1 环 12 横 13 纵 25 联"中的"横 12"的重要组成部分，同时是 9 条出边通道和 5 条出海通道的重要组成部分，也是全国目前唯一一条沿着边境线前进的高速公路。项目路线起于东兴市北侧，与钦东高速公路相接，终于凭祥市上石镇并与巴凭高速相交。项目概算投资约243.3亿元，路线全长154.6 km。全线采取双向四车道高速公路技术标准，设计速度100/120 km/h，路基宽度26/26.5 m。全线共设置桥梁81座，隧道13座，设置互通式立交10处，服务区4处，管理中心1处，收费站7处。

武宣—来宾—合山—忻城公路是《广西高速公路网规划(2018—2030年)》“1环12横13纵25联”中的“联6”线。项目起点位于武宣县二塘镇渠盏村附近接柳武高速公路，整体由东向西，经武宣县黄茆镇，兴宾区三江口产业园、高安乡、红河工业集中区、正龙乡、良塘镇，合山市岭南镇，忻城县果遂镇、新圩乡，终点位于忻城县古蓬镇板桑屯附近接宜上高速公路(规划)。项目全长约118.7 km，概算投资186.125亿元。全线设置13处互通式立交，主线上跨分离式立交15处，收费站7处，桥梁共计42座，隧道17座，服务区2处，停车区1处，设计速度100/120 km/h，路基宽度为26/26.5 m。

南宁—湛江高速公路南宁至博白那卜段是《广西高速公路网规划(2018—2030年)》“1环12横13纵25联”中“联13”线。项目路线起于南宁绕城高速公路六冲枢纽互通，整体由西向东，经南宁市邕宁区，钦州市灵山县、浦北县，玉林市博白县，终于那卜镇桂粤交界处。项目概算投资226.5亿元，主线长约186.8 km，采用双向四车道高速公路技术标准，设计速度120 km/h，路基宽度26.5 m，采用沥青混凝土路面。全线设置16处互通式立交，桥梁共计151座，隧道8座，服务区4处，管理中心4处，收费站12处。

1.5.2 长里程高速公路项目特点

调研发现，上述长里程高速公路项目具有以下几个共同的特点：

①线路长、投资规模大、战略意义大。三个项目路线长度均超过100 km，投资规模均超过150亿，其中东凭高速和南湛高速更是超过了200亿元。三个项目都是《广西高速公路网规划(2018—2030年)》“1环12横13纵25联”中的重要组成部分，对进一步完善广西高速公路网，服务广西经济发展有重要的战略意义，其中南湛高速对广西融入大湾区经济圈，加快东融经济格局构建有至关重要的意义；东凭高速更是全国唯一一条沿着边境线前进的高速公路，同时也是9条出边通道和5条出海通道的重要组成部分，对加快广西融入“一带一路”经济带起决定性意义。

②项目地形地貌复杂，不良地质及特殊性岩土多。项目沿途穿越众多山区、河流，农田、水域等，地质和地理环境复杂；沿线范围内发现大量不良地质现象，主要有滑坡、崩塌、岩溶和花岗岩球状风化体孤石等，特殊性岩土主要为软土、花岗岩残积土、膨胀性岩土、高液限土、人工填土等。

③环境敏感区(点)多，对环保投入要求比较高，环保压力大。项目沿线周边生态环境良好，植被覆盖率高，环境敏感区(点)多，涉及农保地、森林保护区、水源保护区等。项目建设对沿线社会环境、生态环境、水环境和声环境都将产生较大程度的影响[63]。这就要求项目在路线方案选择、路基边坡防护、桥涵设计、取弃土场选择、绿化设计等设计阶段和工程施工、运营各环节进行深入的思考，并提出相应的对策措施[64]。

④项目结构物及交叉工程类别复杂、数量庞大，施工组织要求高，信息化、智能化要求高。项目桥梁、隧道、涵洞等结构物非常多，涉路、涉铁、涉河等互通、立交等交叉工程类别

多、数量大。这些因素决定了项目施工安全隐患大，施工质量和进度控制难度大，施工组织要求高，信息化和智慧化要求高等工程特点。

⑤项目沿线人地关系复杂，历史纠纷多，需征用土地面积、杆线及房屋拆迁数量多，各地方政府及群众对项目的支持力度不一。长里程高速公路项目途经里程较长，往往跨越多个市县区域，涉及沿线被征收土地的群众很多。人与土地的关系比较复杂，土地的类别、权属等关系非常复杂，历史遗留问题较多，纠纷多且成因复杂，地方政府及沿线群众对项目建设的战略意义和重要性理解不彻底，导致他们对项目的认同、支持程度不一，给项目征拆协调工作带来了很大的困难，项目的用地保障比较困难。

⑥项目建设对新技术、新工艺的应用及数字化、智能化要求高。我国长里程高速公路建设相对较少，经验缺乏，常规的施工技术往往不能有效地解决实际问题，达不到质量要求及目前提倡的低碳环保、信息化要求。因此，长里程高速公路需要采用许多新技术、新工艺进行针对性设计和个性化处理，例如高边坡的监测预警系统、桥梁工程预应力技术、隧道内的光伏照明应用等。

1.5.3 长里程高速公路运营单位概况

广西新发展交通集团有限公司灵山高速公路运营分公司(以下简称灵山分公司)目前负责接管运营的高速公路共 311.6 km。公司本部分别设置了综合部、党群人力部、收费机电部、财务部、养护工程部、安全管理部、客服中心共 7 个职能部门，下设收费站 15 处，管辖服务区 7 处、停车区 2 处。后续南湛高速建成后，灵山分公司将再接管南湛高速约 187.2 km，届时灵山分公司管辖里程将超 400 km，收费站 27 处，服务区、停车区 13 处，管理资产超 450 亿元，员工超 500 人。

广西新发展交通集团有限公司来宾高速公路运营分公司位于象州县古才村象州温泉收费站出口，成立于 2022 年 11 月 10 日，是广西新发展交通集团有限公司直属单位，目前管辖路段长 211.70 km(蒙象路 63.30 km，象来路 45.87 km，来都路 102.53 km)，负责贺州至巴马高速公路(蒙山至象州段、象州至来宾段、来宾至都安段)的收费、养护、清障、应急及安全等管理工作。公司本部设置了综合部、收费机电部、养护工程部、安全管理部、财务管理部共五个部门，下设收费站 9 处，管辖服务区 3 处、停车区 2 处，隧道管理中心 3 处。

通过对上述两家运营单位的调研，发现长里程高速公路运营管理工作任务繁重，管理的范畴较广，管理难度很大，管理人员众多，依赖于传统的管理模式很难实现长里程高速公路全过程管理；在运营阶段很难衔接原项目建设阶段的信息和数据，运营阶段与建设阶段不能有效衔接和过渡，不利于高速公路全生命周期管理，很难实现项目管理扁平化，很难达到降本增效的管理要求。

1.6 南湛高速工程建设总体概况

1.6.1 南湛高速工程概况

南宁—湛江高速公路南宁至博白那卜段是《广西高速公路网规划(2018—2030 年)》中

“1 环 12 横 13 纵 25 联”中的“联 13”。项目起点位于南宁市邕宁区蒲庙镇附近，经邕宁区蒲庙镇、那楼镇，灵山县太平镇、旧州镇、三隆镇、那隆镇、伯劳镇、武利镇、文利镇，浦北县白石水镇、大成镇、张黄镇、安石镇、石埇镇，博白县菱角镇、松旺镇、双旺镇、大垌镇、那卜镇，终于那卜镇桂粤交界处。项目概算投资 226.5 亿元，主线全长 186.8 km，采用双向四车道高速公路技术标准，设计时速 120 km/h，路基宽 26.5 m，采用沥青混凝土路面；设置双旺、安石连接线 2 条，采用二级公路标准。项目全线设置六冲、那楼、镇龙、太平、旧州北、旧州、那隆南、武利、大成、张黄北、安石、菱角、松旺、松旺南、双旺、那卜等 16 处互通式立交，其中六冲、旧州北、那隆南、张黄北、松旺南为枢纽互通。项目是西部陆海新通道的重要组成部分，也是广西“东融”的重要通道和区域枢纽。项目建成通车后，将成为广西南宁市直达广东湛江市更为便捷的高速公路跨省新通道，对加强北部湾城市群“一核两极”——南宁、湛江及海口之间的交通联系，打造面向东盟的国际大通道，促进广西与粤港澳大湾区之间的交通联系，带动区域经济社会发展、推动乡村振兴战略实施等具有重要意义。

1. 线路长、投资规模大、战略意义大

项目路线全长约 186.8 km，是《广西高速公路网规划(2018—2030 年)》中“1 环 12 横 13 纵 25 联”的“联 13”线。路线起于南宁市邕宁区蒲庙镇，止于那卜镇东南与广东省交界处，途经三市(南宁、钦州、玉林)十九个乡镇，全线概算投资约 226.5 亿元，概算建安费 162.43 亿元，平均每千米造价 1.254 亿元，造价高，投资规模大，是广西北部湾投资集团有限公司“十四五”期间投资的单体里程最长的高速公路项目，承担着争创国家优质工程的重任，目前已列入广西北部湾投资集团有限公司和广西新发展交通集团有限公司“十四五”科技创新规划发展目标。

2. 地形、地貌复杂

项目区域处于桂东南钦州残余海槽和云升隆起两大地质构造单元，地形上以低山、丘陵、河流谷地等为主，总体地形较复杂，路线走廊带可划分为丘陵地貌区、低山地貌区、河谷阶地地貌区三个地貌单元。丘陵地貌区路线走廊地段受构造剥蚀、河流侵蚀堆积作用下地形被切割强烈，丘岗及冲沟相间出现。低山地貌区地表基本为砂页岩及其风化形成的黄红壤、赤红壤。河谷阶地地貌区岩性为粉质黏土、砂砾等；下伏灰岩、砂岩、花岗岩等，该地区均以路基及桥梁型式通过。

3. 水文地质条件突出

项目路线走廊带内地下水类型可分为第四系松散层孔隙潜水和基岩区裂隙水两类。第四系松散层孔隙潜水中河流阶地及河漫滩的冲积层水量较丰富，对填方工程和桥梁基础施工影响较大。基岩区裂隙水沿线地下水主要赋存于强—中风化岩带，连通性较差，富水性较贫乏，但其破碎带属良好的储水介质，富水性较好，对公路工程尤其是隧道工程影响较大。

4. 不良地质及特殊性岩土

项目沿线范围内发现大量不良地质现象，主要有滑坡、崩塌、强震区、地震液化、岩溶和花岗岩球状风化体孤石等；特殊性岩土主要为软土、花岗岩残积土、膨胀性岩土、高液限土、人工填土等。

5. 环境敏感区(点)多、环保要求高

项目沿线生态环境良好，占用的植被主要为农作物、经济林、用材林和灌草丛，主要水环境敏感点有青龙江、马峦江、虾儿江水库、沙坪河、旧州江、钦江、武利江、张黄江、文昌河、南流江、旺盛江水库、竹江、跃河等水体，以及相关村镇饮用水源保护区。

6. 交叉工程类别多、数量大

项目主要交叉工程有铁路、运河、高速公路、国省道与市政道路等地方道路。项目沿线共设置枢纽互通立交 5 处、一般互通立交 11 处，分离式立交 1 处，另与铁路交叉 2 处，分别为黎铁铁路(普速)和玉铁铁路(普速)，上跨在建平陆运河，交叉工程类别及数量较多。

7. 品质定位高、责任重

项目紧紧围绕《交通强国建设纲要》要求，遵循“紧扣工程特点，贴近建设需求，突出典型示范”的总体思路，针对工程特点难点，集中开展低影响品质施工、耐久性提升、智能化管控、全生命周期数字化赋能等领域的技术研究和示范应用，争取打造桂粤琼黄金走廊低影响高标准数字化高速示范项目，工期紧，任务重。

1.6.2　南湛高速建设难点

1. 桥隧、枢纽互通连接高速公路多，征迁压力大

南湛高速沿线便道及多处枢纽互通连接高速公路等工程占用的农田、村庄房屋用地较多，耕地及平地稀少，建设过程中征迁压力大。

2. 沿线涉及跨铁路、运河及在建、建成高速公路，安全施工要求高

南湛高速跨越(相交)建成及规划铁路 2 条，在建运河 1 条，在建及建成高速公路 9 条，市政、国省道公路 9 条，地方及低等级道路 10 条以上，油气管道交叉 6 处，35 kV 及以上高压线路迁改 18 处，施工跨越线路多，跨越档距大，安全风险高。

3. 施工进度、管控压力大，高效快速施工要求高

项目起于南宁市邕宁区蒲庙镇，终于那卜镇东南与广东省交界处，总里程 186.8 km，整体路线较长，施工周期紧张，部分路段的现场材料、设备运输调配和土石方调配难度大，施工过程中安全管控、质量管控、进度管控等压力大。

4. 沿线分布多个水源保护区，生态环保压力大

项目沿线途经多处水源保护地、河流及水稻田、村庄、高填挖路段，环境敏感点较多。高速修筑过程中需加强生态保护，注重自然和谐，实现“最大限度保护、最小限度破坏、最强力度恢复”的原生态环境保护目标，环保品质要求高，施工过程中建筑取材、排放、环保压力大。

5. 管理人员和技术人员年轻化现象普遍，施工队伍技术人员不稳定

各参建单位管理人员和技术人员年轻化是比较普遍的现象，技术、管理力量薄弱，缺乏施工经验及解决实际问题的能力，不能很好地进行人料机的科学组织和全面统筹。施工队伍技术人员不稳定，长期缺乏熟悉现场实际情况的技术人员，新到岗的技术人员对工序的关键质量、安全控制点不熟悉、把握不准确，导致项目质量控制难度增加、安全风险增大。

6. 承包人质量管控不严，监理单位暂未实现全方面监理，品质工程推进难度大

承包人通常为了赶进度或节约成本而对质量问题放松警惕，对常见的质量通病问题麻痹大意，对施工工艺及实体质量管控不严，不能严格按照施工规范进行施工。而监理单位的监理工作距全过程、全方位、全环节管理还有一定距离，部分监理人员工作主动性不强，从而导致各类质量通病的出现，使品质工程推进难度增大。

7. 现场施工组织不科学，部分管理人员管理积极性不够，项目工程进度难以推进

由于施工单位对现场施工组织不够科学合理，人员、机械设备、材料等资源配置不足，同时部分管理人员对进度管控的积极性、主动性不高，使项目的工程进度难以按照各项任务目标稳步推进。

1.6.3 南湛高速建设理念

南湛高速以创建“国家优质工程”为建设目标。南湛高速根据中共中央、国务院印发《交通强国建设纲要》及广西印发的《广西贯彻落实〈交通强国建设纲要〉实施方案》精神，全面贯彻习近平总书记对科技创新的重要论述和对广西工作一系列重要讲话、重要指示精神，紧紧抓住广西作为交通强国战略建设首批试点单位战略机遇，牢固树立创新、协调、绿色、开放、共享的新发展理念，落实“综合交通、智慧交通、绿色交通、平安交通”发展要求，充分发挥广西新发展交通集团有限公司投资建设、运营管理、路衍产业开发为一体的产业链优势，紧紧围绕“品质工程”“示范工程”“绿色施工”“平安工地”等示范创建工作，综合考虑市场环境、工程特点、工期造价、设计水平、施工技术、节能环保、综合效益等因素合理定位，大力贯彻“百年大计、质量第一”的方针，实现“开工必优、一次成优、确保部优、创国优”建设目标，力争创建国家级优质工程，引领广西高速公路建设新发展。

南湛高速以“4321”为建设理念。“4321”中的“4”指扎实推进 4 个严格(严格进度管控、严格施工标准化及安全生产标准化“双标”建设、严格合同管理、严格党风廉政建设)；“3”指着力落实 3 个重视(重视沟通协调、重视科技创新、重视宣传报道)；“2”指全力抓好 2 个注重(注重人才培养、注重队伍建设)；“1”指坚决贯彻 1 个落实(落实上级工作部署)。

1. 坚持以“4 个严格”筑牢项目高质量建设“压舱石”

(1)严格进度管控，抓好“切入点”不松劲

路通则财通，高速公路是经济发展的大动脉，高速公路早一日建成通车，沿线人民群众就早一日享受出行的便利，沿线地区就早一日搭上经济发展的快车。然而，受点多线长面广、管理链条狭长，气温多变、水泥钢材供应不足等诸多因素的影响，项目建设面临的困难

层出不穷。

结合项目实际，指挥部分别提出“半幅贯通”“完成全部建设任务”等年度目标，通过制定相应实施方案及路线图，加大对各项资源保障和计划完成情况的检查力度，系统编制全线年季月度及控制性工程专项进度计划，实行进度滞后预警机制等举措，持续加快项目建设，稳步推进各分项工程建设，超额完成 2021 年、2022 年的年度责任目标任务。

在精细化进度管控的基础上，指挥部秉持系统观念，统筹建立新发展交通集团首个建管养一体化办公室，坚持“全域统筹 高质建设”的方针理念，强化建章立制，抓牢责任落实。召开协调会议，明确各项目标。构建科技体系，打造智慧平台，为项目建设、管理和养护的无缝衔接，建成高品质高速公路保驾护航。

(2)严格“双标准”建设，抓稳“落脚点”不懈怠

标准化建设是金字招牌。品质工程不是拍脑袋，而是看标准，关于这一点，南湛高速在严抓施工及安全标准化建设方面都下足了功夫。开工建设以来，指挥部严格落实“三检制”、严抓混凝土施工质量、严格隧道标准化施工管理、严格把控中间交验环节、不定期开展全线各项检查、实行每月红黑榜管理，以严管赋能施工标准化建设。全面推行拌和站储料仓和配料仓全封闭措施、大梁预制厂型钢预制台座等，扎实推进施工标准化建设。项目施工标准化建设良好，质量管理整体可控，未发生一起质量责任事故。

南湛高速是近 200 km、超 200 个施工作业点、近 9000 名参建人员的高速公路项目，项目建设者克服安全管控“点多、面广、人员杂”困难，创新推出“四化”管理模式，即以编制完善安全生产管理办法、制度构建安全体系立体化，以开展安全演练、培训、交底推动教育培训常态化，以各项日常、专项检查践行现场管控精细化，以智能安全生产管理系统、建立联络员机制助力管理载体多元化，保证了项目安全生产持续平稳，开工至今未发生安全责任事故。

(3)严格合同管理，抓牢“出发点”不改变

项目建设伊始，指挥部以合同管理为抓手，严格执行招标及合同管理等各项制度，做好全面风险防控管理，开工至今未出现任何违约或诉诸司法现象。严格按照合同约定定期、不定期对总承包单位及监理单位人员到岗、机械设备配备、项目推进等情况进行检查，提高承包人履职能力，有效发挥合同管理的约束力和推动力。以财务管理为抓手，严格按照会计准则要求对账务进行确认、计量和列报，严格加快征地拆迁补偿资料审核，严格做好税务管理，严格实行日常专人管理+季度履约检查双重模式管理农民工工资，严格做好资金计划，确保财务管理合法、合规、高效。项目资金计划完成情况较好，将偏差率控制在 5%以内。

(4)严格党风廉政建设，抓准“支撑点”不动摇

指挥部党支部对照基层党组织标准化规范化建设要求，不断提升党组织政治力和组织力，严格落实“第一议题”制度、“三会一课”制度，开好组织生活会，用好“学习强国”平台，不断增强员工的政治意识、大局意识、核心意识、看齐意识。党支部“学习强国”学习活跃度超 90%。党支部党员被广西党委宣传部评为广西“学习强国”学习积极分子。指挥部在钦州市灵山县伯劳镇盆山村联合各参建单位建立“南湛高速乡村振兴联系点”，开展形式多样的乡村振兴活动，向该村捐赠水泥砂石、农具，拆除危旧废弃房，惠及 3000 余人。此外，指挥部还开展了慰问沿线困难党员、到沿线小学开展安全知识教育、参与当地政府疫情防控等活动，扎实履行国企社会责任。疫情防控期间，项目 300 余人次参加沿线疫情防控工作，服务

群众超 20000 人次。

党支部以打造“清廉南湛”党风廉政品牌为抓手，强化落实党风廉政建设主体责任，持续深化“三方廉动”活动，抓好工程重点领域和关键环节监督，贯彻执行“三重一大”决策制度，开展“一线授廉”、廉洁提醒会、廉政党课、廉洁家访等活动，落实关键岗位人员任前廉政谈话制度，高标准打造“阳光新发展”廉政警示教育室，把警示教育列入新员工入职第一课，营造风清气正的新环境。

2. 坚持以“3 个重视”打造项目高质量建设“加速器”

(1)重视沟通协调，把牢“立足点”不停步

指挥部践行“服务型业主”理念，每星期至少有三天，由主要领导牵头，带领分管领导、部门负责人、具体联系人，一起到施工点走一走，问一问承包人在建设中遇到的疑难点，看一看还能为承包人提供哪些服务，查一查建设中还有哪方面要改进，与承包人进行有效沟通，对承包人工作中遇到的问题做到现场研究、现场解决。在南湛高速建设过程中，指挥部不仅督促各监理、承包人大力推进“双标准”建设，解决施工难题，全力当好“服务员”，也积极帮助群众搬迁、做好水系路系恢复和文明施工、修筑便民村道，全力做好群众“贴心人”，用责任和担当打造一条让人民满意的高速公路。

除外部沟通之外，指挥部也十分注重内部沟通。指挥部建立了“周月季年”沟通机制与正式、非正式相结合的沟通方式，各部门间通过周会议、半月工作会、月度会议等方式进行正式沟通，而茶话会、培训会、谈心会等灵活的沟通协调方式也增进了各部门之间的了解，促使疑难问题得到有效快速解决。

(2)重视科技创新，拓宽“突破点”不退缩

指挥部根据交通强国和数字北投建设等工作要求，积极申报和应用相关科研项目，为南湛高速建设注入科研力量。指挥部以成功申报立项的广西交通运输科技示范工程《南湛高速桂粤琼黄金走廊低碳建造智慧管养科技示范工程》为抓手，成立了科技创新领导小组和科技创新管理办公室，围绕争创“国家优质工程”建设目标，积极开展《沿海湿热地区高速公路沥青路面服役性能高精度智能仿真及主动防控云平台研发》《环保型高亮度隧道内抗滑面层修筑技术研究》等系列课题的科技攻关和成果产出。高规格、高标准打造新发展交通集团下属指挥部第一个自有智慧展厅，实现设计到施工的 BIM 数据传递和共享，构建基于“BIM+GIS”的数字孪生建设管理系统和三维多源数据监测预警平台，完成多个边坡监测设备与系统部署，开展无人机巡检数据管理平台、隧道全生命周期安全管控三维信息平台等系列技术平台的研发与应用。

项目取得了较为丰硕的成果，获得了包括广西科学技术进步二等奖、第三届全国公路微创新大赛金奖、智建“SMART BIM”大赛一等奖、全区工程设计信息模型(BIM)技术应用技能大赛二等奖、第二届信息技术服务业应用技能大赛三等奖、广西壮族自治区建设工程优质结构奖、广西壮族自治区建筑业绿色施工示范工程等在内的各类奖项和成果 30 余项。

(3)重视宣传报道，强化“增长点”不脱节

古往今来，宣传教育工作是粮草，是喉舌，是利剑，十分重要。如果宣传工作不到位，项目建设中形成的好做法、好经验就难以推广。为此，指挥部成立由指挥长+分管领导+部门负责人+宣传干事组成的融媒体宣传小组，宣传小组认真贯彻落实《中国共产党宣传工作条

例》，系统开展主题策划，依托公司 OA、微信公众号、微信视频号、主流外媒等宣传平台，通过视频、图片、文字、音频等多种宣传形式，充分展示项目在工程质量、安全管理、典型人物、党建引领、乡村振兴等方面工作亮点，全方位、多平台展示项目建设成果，讲好南湛故事，传递南湛最强音。

指挥部策划推出《双月刊》《智慧南湛》《每周一景》《提速争先》等专题报道，涵盖工程建设、安全管理、文化建设等多方面；打造《书香南湛》《南湛之声》《诗意南湛》读书专栏，建设学习型组织，有效营造良好学习氛围。指挥部宣传工作得到外界的广泛认可，红色歌曲《不忘初心》被中国文化管理协会评为“最美责任之声”代言作品，获广西国资国企红色歌曲微视频大赛优秀奖、北投集团“感恩党 跟党走”主题文艺作品比赛一等奖；微电影《筑路人的初心》获广西践行社会主义核心价值观主题微电影三等奖、广西总工会“网聚职工正能量 争做中国好网民”优秀作品二等奖等；在“学习强国”、人民网、中国新闻网、中国交通报、广西日报、广西广播电视台、广西交通报等主流媒体发稿 200 余篇。

3. 坚持以“2 个注重”注入项目高质量建设“强心剂”

(1) 注重人才培养，坚持“受力点”不偏移

自开工建设以来，指挥部高度重视人才培养，依托新发展集团“导师带徒”培养平台，深化导师传帮带制度，形成了指挥部部门负责人+指挥部分管领导+新发展集团本部部门负责人的“三导师制”新型培养路径，导师们通过制定全年导师带徒工作计划，建立科学考核评价体系，定期召开青年员工交流会等举措，深推“导师带徒”工作落地见效。通过实践，“导师带徒”工作成果显著，有力推动南湛高速高质量发展。13 位徒弟充分发挥聪明才智，获得了区运会羽毛球混合团体比赛第三名、广西高速公路建设先进个人、北投集团羽毛球男子单打第一名等荣誉 10 余项。

指挥部充分发挥“共生效应”的正能量，以绩效考核为核心，以学习教育为载体，以职称评审为导向，在建立健全业务培训机制、助推职称申报渠道畅通的同时，开展季度、年度优秀员工评选及宣传，鼓励先进、鞭策后进，引导员工在实干、实绩中进行良性竞争，不断淬炼员工真本领。指挥部累计取得专业技术职称人员 43 人，占比达 86%，其中，中高级职称 26 人，占比达 52%。

(2) 注重队伍建设，巩固“关键点”不缺位

项目建设伊始，指挥部提出“活力南湛”团队建设理念，通过建设职工健身房，成立乒乓球、羽毛球、跑步、篮球等兴趣小组，让“快乐工作 健康生活”理念深入人心。充分挖掘职工唱歌、演讲、舞蹈等爱好特长，鼓励职工积极参加各类文艺比赛，激发职工潜能，让职工在舞台上绽放光彩。职工在北投集团运动会上勇夺 2 金，演讲作品《半条被子 温暖中国》荣获北投集团红色故事大赛三等奖。

指挥部提出“书香南湛”文化品牌，强化学习型组织建设，指导项目全线成立读书小组 30 多个，陆续推出《南湛悦读坊》《南湛之声》《诗意南湛》《最美阅照》等视频、音频、图片专题栏目 30 余期；精心打造 12 家藏书近万册的职工书屋，切实推动文化知识入脑入心，让浓浓书香洒满项目施工一线，为项目争创“国优工程”汇聚强大力量。

4. 坚持以“1个落实”把牢项目高质量建设“定盘星”

自开工建设以来，指挥部紧抓广西作为交通强国战略建设首批试点单位战略机遇，结合广西层面统筹推进重大项目、西部陆海新通道的重要组成部分以及广西“东融”的重要枢纽定位，以联通西部腹地、盘活桂粤通衢为己任，不断提高政治站位，坚决贯彻落实广西党委、政府，广西交通运输厅、北投集团等上级单位决策部署和工作要求，紧紧围绕创建“国家优质工程”建设目标，秉持“智联南湛 东融动脉”建设主题，坚持“4321”建设理念，攻坚突破、稳中提质，圆满完成各年度建设目标任务。

2021年是中国共产党成立100周年，也是南湛高速的开局之年。开年伊始，指挥部积极响应广西“起步就要提速、开局就要争先”工作要求，全力奋战一季度，攻坚二季度，全体参建人员齐心协力、勇于担当，于上半年基本完成全线两万余亩征地任务，为全线大干快上提供了良好的施工环境。2021年下半年，面对钢材等材料供应不足的影响，指挥部多方协调、灵活组织，拼搏三季度、冲刺四季度，超额完成年度55亿元投资任务，平陆运河旧州特大桥、下庵隧道、南流江大桥等全线各重难点工程得到快速推进，以优异成绩庆祝党的百年华诞。

2022年是党的二十大召开之年，也是南湛高速实现“半幅贯通”的攻坚之年。这一年，南湛高速全体建设者克服钦州市、南宁市等项目沿线疫情影响，乘势而上，早抓快干一季度、紧抓实干二季度、抢抓大干三季度、全力冲刺四季度，全体参建人员攻坚克难、奋勇争先，圆满完成年度78亿元投资任务，以实际行动迎接党的二十大胜利召开。同时，项目提高政治站位和责任担当，积极配合世纪工程平陆运河的修建。平陆运河下穿南湛高速平陆运河旧州特大桥，因平陆运河桥址处河床底标高发生重大调整，为确保特大桥安全性和可靠性，指挥部主动对接平陆运河集团，联合各参建单位积极沟通，邀请多位行业领域内的专家亲临现场指导调研，并多次召开技术研讨会、论证会，寻求解决方案，编制专项施工方案、重新倒排施工计划，相关人员各司其职，稳妥推进了大桥建设，确保平陆运河后期通航安全。

2023年是全面贯彻落实党的二十大精神的开局之年，也是南湛高速完成全部建设任务的关键之年。开年伊始，指挥部重实效、强实干、抓落实，明确提出全年“四个一”要求：锚定一个中心任务——完成项目建设目标、坚持一个建设理念——“4321”建设理念、抓好一项重点工作——争创国家优质工程、树立一个品牌——延续北投集团“五星级党支部”，踔厉奋发、勇毅前行，高质量推进桥梁、隧道、路面、房建、机电等各分项工程，为完成年度目标任务奠定了扎实基础。

第 2 章

长里程高速公路双标准管理数字化应用

2.1 概述

近些年，我国各地大力推进高速公路交通基础设施建设。高速公路通车里程数不断创新高，极大地改善了交通运输状况。在高速公路建设过程中，不仅要追求高品质、高质量、高效率，更要保障建设安全。相对于里程小于 100 km 的高速公路建设，长里程高速公路工程建设不只是体量的简单增加，管理难度更是指数级递增，项目管理模式也亟待优化，以实现项目的总体质量和安全目标。因此，如何做好长里程高速公路双标准管理(施工标准化管理和安全标准化管理)，成为长里程高速公路建设研究的一大重点。国民经济的高质量发展及交通强国建设对长里程高速公路项目需求日益增多，但类似项目的建设管理经验不足，成熟的管理办法尚未形成，且各区域地理环境的差异大及部分施工技术仍需提升，导致在施工过程中存在不同程度的质量安全问题，进而增大了长里程高速公路的建设难度、影响了长里程高速公路使用寿命、提高了长里程高速公路后期运营维护管理成本。高速公路工程建设是一项系统工程，如何提高长里程高速公路工程质量，系统分析影响长里程高速公路工程质量的主要因素？如何提高长里程高速公路安全管理系统的效益，避免事故发生以保证零死亡率？如何提升施工工艺水平，强化双标准管理模式及形成系统而有效的管理办法？这些都是高速公路建设需要探讨的永恒课题。为此，本章将结合南湛高速的建设实际，探讨长里程高速公路双标准管理工作所面临的各种困难，分析南湛高速双标准管理的常见问题和亮点做法，并总结了南湛高速在双标准管理方面的数字化应用情况，可为国内同类型的长里程高速公路双标准管理提供借鉴和参考。

2.2 长里程高速公路双标准管理难点分析

2.2.1 工程建设里程长，综合管理难度大

高速公路项目建设过程中应对各职能部门、各参建单位及所有管理人员在施工过程中应当承担的责任作出明确规定，对各级人员在双标准管理工作中的责、权、利作出规定，做到“谁主管，谁负责，谁在岗，谁负责”。而长里程高速公路因其规模大、参建人员多、劳务作业人员素质参差不齐的特点，在建设过程中常出现质量保证体系运转不顺畅、质量通病难消除、全员安全生产责任制落实不到位、未能根据各岗位工作性质细化制定岗位安全生产职责、安全生产责任制及安全生产目标考核落实不到位等情况，造成长里程高速公路全员安全生产责任落实难。

高速公路安全管理须根据《中华人民共和国安全生产法》《公路工程施工安全技术规范》和《公路水运工程安全生产监督管理办法》的要求，结合项目实际情况，及时建立完善的安全管理体系，建立健全“党政同责、一岗双责、全员参与”的安全生产责任体系，编制完善的安全生产责任制、安全生产检查制度、安全技术交底制度、安全生产教育培训制度、安全技术措施管理制度、安全应急救援预案、施工安全标准化实施细则及图集等各类安全生产管理办法、规章和制度，确保工程项目建设过程中安全管理工作有章可循、有法可依。而长里程高速公路项目往往由多个参建单位共同建设，常出现安全管理制度不健全、未根据项目实际情况编制安全管理制度、安全管理制度执行情况不佳等情况，项目管理更多偏向于经验管理。

由于我国高速公路工程安全管理较建筑业起步晚，在规范性的管理上也要落后于建筑业，再加上公路工程最初的建设项目多以道路为主，涉及存在安全事故隐患的类别相对较少，使得长期以来在工程现场形成了重生产、轻安全的情况。安全管理人员对各类安全技术标准和规范了解不足，这也直接导致了现场安全管理不到位、安全检查效果不佳，使得安全事故隐患得不到有效的抑制及消除，最终导致了安全事故的发生。

2.2.2 施工内容多元化，安全保障要求高

安全生产检查是监督、指导、及时消除安全隐患，杜绝不安全因素的方法途径和有力措施。现阶段高速公路建设逐渐向区域多元化发展，一是项目施工内容多元化，在高速公路建设过程中，须持续开展隐患排查治理工作，做到“全覆盖”“重实效”“零容忍”、不留盲区，重点排查高边坡、隧道工程、桥梁工程、爆破作业、专项施工方案、临时用电、涉村涉路施工、机械设备等多方面的安全情况；二是项目施工点多点开花，在高速公路建设过程中，往往是多点同时施工，项目全线进度不一，风险源数量多、种类多，要求项目管理人员具备全面的安全知识储备量以辨识多样化的安全隐患，应对任何可能出现的突发状况。

由于长里程高速公路项目规模大、线路长、施工难度大、复杂程度高等特点，安全隐患治理往往只能以点带面，更多依靠各参建单位自我安全管理水平的提升及安全管理措施的落实，以确保项目安全稳定的形势。在项目建设过程中，往往会因为项目安全管理人员知识储备量不足，对可能存在的安全风险辨识不到位，未能按照规范要求对不同风险等级采取相应

安全管理措施。参建单位安全隐患排查治理机制建设不完善，对建设过程中的隐患排查不全面、不彻底，而造成安全隐患发现不及时、整改不到位的情况，导致项目建设过程中可能持续存在多方面的安全隐患问题。

高速公路建设过程中，需积极开展危险源辨识和评估，加强危险源管理，及时掌握危险源及风险状态和变化趋势，并制定针对性防控措施。实行风险分级管控，严格落实各项安全防范措施，进而提升项目安全生产管理水平。在长里程高速公路安全管理过程中，常常出现安全生产风险分级管控与隐患排查治理双重机制建设不完善、对施工可能会出现的安全风险辨识不到位、对辨识的风险未严格按照规范要求进行等级划分等难题。

2.2.3　工程交叉施工多，封闭施工难度大

高速公路建设过程中往往需跨越省、市、县等多个行政区域，涉及与政府、铁路、国土、通信、部队等多个部门的协调，因而项目征拆工作量较大，征拆时间长。同时项目实施与沿线其他工程交叉制约因素较多，如与高速公路、国道等道路产生的交叉或相接，跨越既有铁路与规划铁路、既有公用设施、林业用地征迁，以及既有光缆、管线迁移等。这对高速公路建设过程中的安全管理工作是一个极大挑战。

长里程高速公路建设更是如此。一是对未完成征拆或未协调的临时用地，长里程高速公路常因征拆时间线较长，存在沿线居民在施工作业过程中因原有路线的阻断，不得不穿越施工现场，以及社会车辆贪图便捷，横穿施工现场，导致施工过程中人员杂乱；存在部分村民因用地纠纷，对项目进行阻工，导致施工过程少量不可避免的纠纷；存在未经允许擅自进入施工现场，尤其是在夜间无人管控情况下出入施工现场，导致施工过程中事故风险增加。二是对跨线施工段，原有路线车流量大、行驶速度快，且在桥梁未架设完成前，项目施工车辆需横穿线路进行作业，交通事故风险增加，而长里程高速交叉作业点较多，导致项目安全管理难度进一步增大。

2.2.4　科技创新需求大，智慧交通要求高

交通强国是以习近平同志为核心的党中央立足国情、着眼全局、面向未来作出的重大战略决策，是建设现代化经济体系的先行领域，是全面建成社会主义现代化强国的重要支撑，是新时代做好交通工作的总抓手。“创新发展、绿色发展、品质发展”已成为国家和自治区经济社会及交通基础设施建设发展的主旋律。为唱响交通强国的主旋律，新时代下的交通基础设施建设必须做好工程创新、绿色施工、品质建设，长里程高速有较大的施工体量，可实施的工程特色更多，在工程创新上有更大的压力。

现代化的高速建设要求与时俱进，为建设对百姓便捷、舒心出行的现代化高速，《交通强国建设纲要》提出大力发展智慧交通。在主体基础设施扩容的同时，要推进信息化智能化赋能交通发展，使交通系统具备感知、互联、分析、预测、控制等能力，以充分保障交通安全，发挥交通基础设施效能，提升交通系统运行效率和管理水平，为通畅的公众出行和可持续的经济发展服务。

2.2.5　工程建设使命大，工程建设要求高

长里程高速公路区位优势突出，建成通车后，将成为区域的便捷高速通道，是联通区域

主要经济城市群或经济带的“黄金”走廊，承担区域经贸交流的重要任务，对实施区域经济发展意义重大。长里程高速公路往往担负着展现区域建设实力、创建示范工程和争创国家精品工程的重大使命，工程建设要求高。

2.2.6 工程投资体量大，低碳转型任务重

随着 2021 年国家政府工作报告“碳达峰、碳中和”概念的提出，低碳建设成为新时期社会发展和经济建设的风向标，交通运输部也明确提出，积极做好碳中和及碳达峰相关工作，是加速行业绿色低碳转型，推动交通强国建设重要内容。长里程高速公路投资规模大，跨越生态敏感区多，工程投资体量大，传统建造方式的低碳转型任务重。

2.2.7 生态敏感点位广，环境保护压力大

长里程高速公路沿线途经水源保护地、河流、村庄、高填挖路段、环境敏感点较多，环保品质要求高，建筑取材、排放、施工过程等面临的环保压力大，对沿线水田、耕地等基本农田影响大。因此，注重自然和谐，践行“最大限度保护、最小程度破坏、最强力度恢复”的原生态环境保护目标至关重要。

2.2.8 项目建设工点多，质量管控难度高

长里程高速公路因路线长的特点，一般需要划分不同的施工段分别进行管理，完整的质量保证体系下的参建单位质量保证机构较多，路线长、施工任务重和施工点多等因素，易出现工程质量细节疏于把控，造成质量问题等情况，管控难度加大。长里程高速公路具有建设里程长、工程量大、互通多等特点，为保证长里程高速建设工作正常开展，需对施工组织合理规划布局。长里程高速公路跨越高速公路、二级路、铁路、河流等较多，交叉施工的安全隐患多，施工组织难度较大。长里程高速公路建设过程涉及的人力、物力需求量大，施工组织要求高。

2.3 南湛高速双标准管理常见问题

2.3.1 安全基础管理完善难度大

1. 责任制落实方面

项目全员安全生产责任制落实不到位，未严格按照各岗位工作性质制定岗位安全生产职责，未定期开展安全生产责任制及安全生产目标考核，且安全生产责任制考核及安全生产目标考核清单不齐全。

2. 风险管控辨识方面

安全生产风险分级管控与隐患排查治理双重机制建设不完善，对施工可能会出现的安全风险辨识不到位，或对辨识的风险未严格按照《公路水路行业安全生产风险辨识评估管控基

本规范(试行)》要求进行等级划分，施工现场隐患排查治理抓不住安全管控重点，检查走过场，较大及以上风险容易出现管控疏漏。

3. 制度体系方面

施工单位安全管理制度不健全，或部分制度不符合项目实际，制度无法在项目贯彻执行，项目管理更多偏向于经验管理。

4. 科技创新方面

安全管理创新性不强，偏向于“传统型”管理，安全管理信息化手段有待加强。

2.3.2　特种人员设备管理难度大

南湛高速全线 186.8 km，路线长，施工点多面广。全线分为两个标段，涉及 10 个分部、3 个监理单位，共 13 个参建单位，开工以来，高峰期全线共计投入特种设备 166 台，涉及龙门吊、架桥机、桁吊、电梯等多种特种设备，项目涉及电工、焊工、特种设备操作人员等多类特种作业人员，导致项目存在特种设备安全限位装置失效、维护保养不及时、特种设备办证慢、特种人员持证不足等问题，给项目特种设备及特种作业人员的管理带来较大挑战。

2.3.3　项目全线进度管控难度大

南湛高速项目全线 186.8 km，路线长，跨越南宁市邕宁区，钦州市灵山县、浦北县，玉林市博白县，征迁完成情况难以同步。各标段桥隧比不一，部分标段一马平川，已施工至上面层，部分标段施工难度较大，桥隧比高，施工进度相对滞后。各标段施工难度不同，导致项目全线进度不均衡，整体进度较难把控。

2.3.4　控制性工程进度管控难度大

平陆运河旧州特大桥为南湛高速控制性工程，其施工进度是影响南湛高速通车的关键所在。平陆运河旧州特大桥桥型组合为装配式小箱梁+钢管拱桥，最大墩高 38 m，平均墩高约 31 m，跨径组合（3×40+34.49）m+260 m+（2×40）m，全长 525.18 m，主桥拱肋施工采用“原位拼装+整体提升”施工工艺，是世界上一次提升长度及重量最大的钢管混凝土拱桥，如图 2-1 所示。

图 2-1　平陆运河旧州特大桥中段拱肋提升

该桥 4#、5#墩基础采用分离式沉井基础，沉井舱室内填筑轻质泡沫混凝土，因沉井下地质结构复杂，施工难度较大，如图 2-2 所示。5#沉井因距离平陆运河河床较近，原规划的平陆运河河床底标高与平陆运河最新设计资料河床底标高存在较大差异，导致 5#沉井需变更设计方案，对原有沉井进行加深，严重影响特大桥建设进度。

图 2-2　平陆运河旧州特大桥主墩沉井基础施工

2.3.5　交叉施工进度管控难度大

南湛高速跨越(相交)建成及规划铁路 2 条(黎钦铁路、玉铁铁路)，在建运河 1 条(平陆运河)，在建及建成高速公路 9 条(六景至钦州高速、大塘至浦北高速、贵港至合浦高速等)，市政、国省道公路 9 条(G242、G359、S210 等)，地方及低等级道路 10 条以上，油气管道交叉 6 处，110 kV 及以上高压线路迁改 16 处，南湛高速设置互通式立交 16 处，其中枢纽互通立交 5 处、一般互通立交 11 处。项目施工跨越线路多，跨越档距大，安全风险高，对项目的施工技术安全标准要求很高。

2.3.6　质量安全通病治理任务重

南湛高速工程建设包含路基工程、路面工程、桥涵工程、隧道工程、交叉工程、房建工程及交通工程和沿线设施(含安全设施、绿化、房建、水保、环保)等。项目建设过程中存在一些常见的质量、安全通病。

1. 现场安全通病及专业做法

现场安全通病及专业做法见表 2-1～表 2-6。对这些安全通病的成因进行分析可知，主要受以下几个方面因素影响：

①驻地及场站建设方面：由于项目沿线用地有限，项目及现场驻地选址完全遵循选址原则难度较大，加上管理人员安全意识不足，驻地及场站选址往往是“见缝插针”式，因而造成选址不合理，存在安全隐患。而因场站用地有限，未结合地形地势及标准化要求设置，进而导致场站功能区划分不合理、安全防护措施设置受限、通风条件难以满足等现象。

②路基边坡施工方面：项目管理人员及劳务作业人员对安全教育培训不重视，未将安全生产意识深植作业人心中；施工现场安全宣传形式化，未能通过文字、漫画、宣传横幅等多种形式进行安全宣传，项目安全管理人员缺乏“发现隐患、解决隐患”的意识，未及时维护现场安全防护、安全警示设施。

③桥梁涵洞施工方面：项目安全管理人员及现场劳务作业人员安全意识薄弱，尤其是现场劳务作业人员，大多凭经验作业，对桥梁涵洞等高空作业行为，抱有侥幸心理，仍延续普

通高速公路的传统做法，存在安全带会对作业造成不便、作业平台能落脚就行等缺乏安全常识的想法。对作业现场的特种设备使用不规范、安全防护措施不重视，导致桥梁涵洞作业安全的不可控。

④隧道施工方面：项目人员未能意识到隧道监控系统、进出洞登记及安全逃生通道等安全措施对隧道施工安全保障的重要性，对作业现场的安全防护措施及安全警示措施存在应付敷衍的心态，导致隧道施工安全管理难度大。

⑤临时用电方面：未能按照标准化要求的统一标准进行临时用电管理，加上项目线路长，作业点较多，项目持证电工不足，导致作业现场临时用电巡查不及时，存在走过场等现象，劳务作业人员缺乏规范用电意识，电箱接线和用电器的接入往往秉持着“怎么方便怎么来”的做法，项目用电隐患屡禁不止。

⑥房建施工方面：施工现场安全标准化落实不到位，临时用电管理较为混乱，临边防护、安全通道等措施未落实，外架作业层移动式脚手架操作平台设置不规范。

表 2–1　驻地及场站建设方面

序号	安全通病	通病照片	专业做法
1	驻地及场站选址不当		施工现场驻地和场站应选在地质良好的地段，应避开易发生滑坡、塌方、泥石流、崩塌、落石、洪水、雪崩等的危险区域，宜避让取土、弃土场地
2	拌和站功能区规划不合理		①应远离生活区、居民区，尽量设在生活区、居民区的下风向； ②住宿、办公区与作业区分开布置，人车分流； ③场地硬化，各作业区应分区明确； ④通往拌和站及作业区的施工便道，应保证混凝土运输车等施工车辆晴雨天均能顺畅通行
3	场站安全措施不到位	 	①储料罐：应设置缆风绳和防雷接地系统，上罐爬梯应设置护笼，罐顶应设置防护栏杆； ②临时油库：采用防火材料独立建造，通风良好；设置防静电装置、静电报警器；配备足够的灭火器材；库内风机、照明、开关、配电线路须防爆；远离明火点；安全操作规程； ③原料堆场：料仓应做长度刻度标记，设置堆料上限线；料仓前侧墙体设置防撞反光贴或涂反光漆

续表2-1

序号	安全通病	通病照片	专业做法
4	钢筋加工厂分区混乱		①钢筋加工厂集中布置，封闭管理，原材料堆放区、作业区、半成品区、成品区应分开或隔离； ②人车分流； ③金属加工机械的工作台应稳固可靠，防止受力倾斜； ④钢筋调直作业区域与其他作业区域应做好隔离措施，机械设备转动、传动部件须做好防护
5	预制场安全防护不足		①预制梁张拉，应在预制梁两端设置张拉挡板，数控张拉； ②预应力张拉区域应设置明显的安全标志，禁止非操作人员进入； ③梁片最多存放层数：空心板叠层不得超过3层，小箱梁和T梁叠层不得超过2层

表 2-2 路基边坡施工方面

序号	安全通病	通病照片	专业做法
1	边坡施工过程中作业人员防护不到位		①高边坡作业时，必须系好安全带，戴好安全帽，穿着防滑鞋； ②高边坡开挖要随挖随护；设专人对边坡进行观测并现场指挥安全施工，当发现土石异常滑落、开裂等情况，人员设备应立即撤离，待排除危险或边坡稳定后方可恢复施工
2	开挖过程中安全警示不足		①边坡施工严格按照自上而下分级进行的原则，开挖一级，防护一级，严禁立体交叉作业； ②坡面防护工程施工应挂设拦截式被动防护网； ③现场设警示标志，由专人负责现场警戒，无关人员不得进入施工区域；严禁上、下交叉作业；高处作业人员使用的工具应随身携带，严禁抛掷

表 2–3 桥梁涵洞施工方面

序号	安全通病	通病照片	专业做法
1	场地未平整压实、工作区域四周未设警戒区、孔洞无防护		①施工场地及行走道路应平坦坚实，钻机安设应平稳、牢固； ②钻机工作区域四周应设警戒区； ③钻机等高耸设备应按规定设置避雷装置； ④钻机电缆线接头应绑扎牢固，不得透水、漏电；电缆线不得浸泡于水、泥浆中，不得挤压电缆线及风水管路
2	基坑围挡没有全封闭		基坑应采用临边标准件进行全封闭，避免作业人员不慎落入
3	模板施工无防护		①脚手架及作业平台应搭设牢固，不得与模板及其支撑体系联结，落实好高处作业安全防护措施； ②模板工程应设置防倾覆设施，高墩且风力较大地区的墩身模板，应考虑风力影响； ③作业时应设置警戒区，张挂警示标志，禁止无关人员进入危险区； ④作业平台应设临边防护，上、下作业平台须设置专用通道
4	高空作业不系安全带		高处作业人员做好个人防护
5	脚手架未满铺		盖梁作业脚手架应满铺，不得出现孔洞

续表2-3

序号	安全通病	通病照片	专业做法
6	特种设备证书办理不全、操作人员资质不足、日常检查不及时		①现场悬挂：特种设备检验合格证、特种设备使用登记证、特种设备操作人员资格证书、安全操作规程等； ②日常检查：架桥机每日作业前，应对卷扬机、吊点、吊具、钢丝绳等部位进行检查，发现问题及时处理
7	枕木设置不规范		①架桥机枕木应码放规整，枕木之间须用码钉固定； ②枕木码放不得超过三层，码放两层及两层以上时，层间须用码钉固定
8	桥面施工防护不足		①桥面临边搭设安全护栏，固定在防撞墙预埋钢筋上； ②桥面湿接缝应采用蓝色防护隔栏进行防护； ③桥面负弯矩张拉槽口应进行防护； ④左、右幅之间应设置桥面安全通道

表 2-4　隧道施工方面

序号	安全通病	通病照片	专业做法
1	仰拱开挖长度过大		Ⅳ级及以上围岩仰拱每循环开挖长度不得大于 3 m，不得分幅施作
2	仰拱基坑积水严重		仰拱施工时及时抽排底板积水，严禁长时间浸泡

续表2-4

序号	安全通病	通病照片	专业做法
3	拱脚支撑不牢固		①钢架两侧拱脚必须放在牢固的基础上。及时施作锁脚锚杆（管），上、下断面钢架连接应平顺，螺栓连接应牢固； ②钢架在初喷混凝土后安装，应尽可能与围岩或初喷面密贴，有间隙时应采用混凝土垫块楔紧，严禁采用片石回填
4	视频监控系统欠维护，人员识别定位系统显示人数与实际进洞人数不符	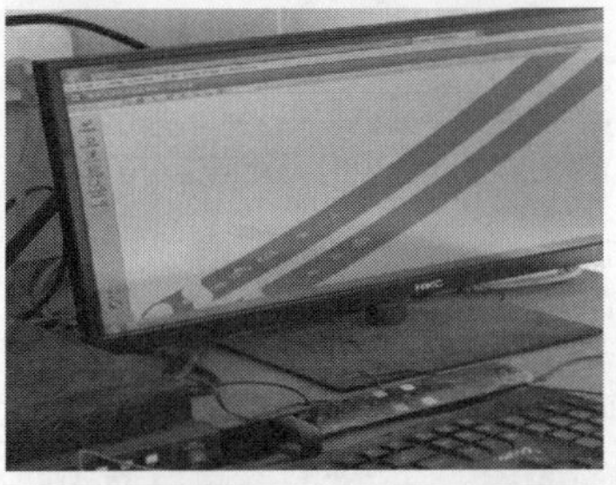	1 km 以上长隧道宜配置电子门禁系统和电子安全监控系统，其他隧道可参照使用。值班室和人车分道，实施封闭管理，隧道洞口应配置电子门禁系统、视频监控系统和人员识别定位系统，实时显示洞内的人数及信息
5	进洞人数与进洞登记表人数不符	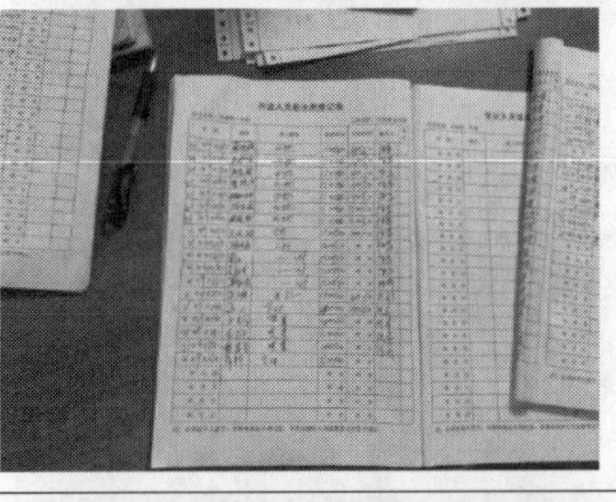	隧道洞口处必须设置值班室（监控室）及门禁系统，落实专人 24 小时值班，对进出洞人员、材料、机械设备及爆破器材进行登记管理和安全监控
6	台车标志破损未维护、更换		隧道台车应及时维护安全警示标志、防护栏、反光贴、台车轮廓灯
7	作业平台未满铺		①台车作业平台应满铺防滑钢板； ②台车作业平台不得堆放杂物

续表2-4

序号	安全通病	通病照片	专业做法
8	逃生管道 未有效拼接		①在隧道开挖掌子面至二次衬砌之间，应设置逃生通道，随着开挖进尺不断前移，逃生通道距离开挖掌子面应不大于 20 m； ②保障逃生通道的刚度、强度及抗冲击能力

表 2-5　临时用电方面

序号	安全通病	通病照片	专业做法
1	三级电箱 一闸多机		①采用三相五线制系统，配电系统应设置总配电箱、分配电箱、开关箱，实行三级配电； ②分配电箱与开关箱的距离严禁大于 30 m，开关箱应靠近用电设备，与固定用电设备水平距离不宜大于 3 m
2	未采用软线， 且连接已断开		①动力配电箱与照明配电箱宜分设，当合并设置为同一配电箱时，动力和照明应分路配电； ②配电箱、开关箱的金属箱体、金属电棒安装板及电器正常不带电的金属底座、外壳等必须通过 PE 线端子板与 PE 线做电气连接。金属箱门与金属箱体必须通过编织软铜线做电气连接
3	电缆线 拖地敷设		①电缆线路应采用埋地或架空敷设，严禁沿地面明设，并应避免机械损伤和介质腐蚀； ②埋地电缆路径应设方位标志。施工现场，电缆线路不应搭设在金属构件上
4	电箱日常巡查记录表提前填写，项目部管理人员未进行抽检	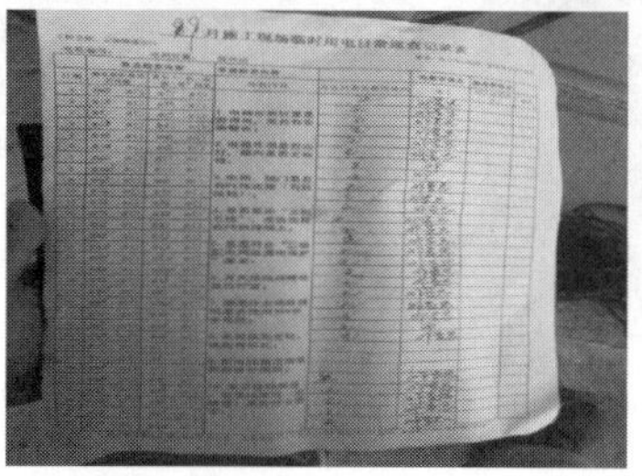	电箱应由项目持证电工进行定期检查，并如实填写电箱日常巡查记录表

表 2-6　房建施工方面

序号	安全通病	通病照片	专业做法
1	施工现场杂乱差		①施工现场实行封闭式管理，进场优先按图纸施工围墙，临时围墙和永久围墙结合； ②工地大门设置门卫室和安全通道，配备冲洗设施； ③施工现场主要道路、加工区和生活区必须进行硬化； ④建筑材料、构件、料具必须按照总平面图布置，如按照材料种类、规格码放整齐，并设置材料标识牌； ⑤施工现场设置垃圾池，按时清运施工现场垃圾
2	开关箱一闸多机		①施工现场临时用电必须采取 TN-S 系统，符合三级配电、两级保护； ②每台设备必须有各自的专用开关箱，严禁用同一个开关箱直接控制 2 台及 2 台以上的用电设备(含插座)，即符合“一机一闸一箱一漏”规范要求
3	临边防护不到位		①基坑临边、楼层周边、楼体侧边、阳台边、屋面周边等五临边，应按照要求设置不低于 1.2 m 高的防护栏杆，在栏杆底部设置 200 mm 高挡脚板，且自上而下用安全立网封闭； ②斜屋面坡度大于 1∶2.2 时，防护栏杆高度不小于 1.5 m； ③宜采用定型化、工具式防护栏杆
4	未按要求搭设安全通道		①安全防护棚搭设长度按《高处作业分级》(GB/T 3608—2008)规定的可能坠落范围半径来具体确定； ②防护棚顶棚应采用双层防护，下层铺设压型钢板，上层铺设木跳板，间距为 700 mm，翻边不低于 200 mm； ③防护棚进口两侧宜搭设钢管立柱，在安全通道防护棚进口处应张挂安全警示标志牌和安全宣传标语

续表2-6

序号	安全通病	通病照片	专业做法
5	外架作业层未满铺脚手板		①外架作业层应铺满、铺稳、铺实脚手板，脚手板离墙的距离不应大于 150 mm； ②脚手板应采用钢筋网片脚手板，铺设时四个角应用直径不小于 1.2 mm 的镀锌钢丝固定在纵向水平杆上； ③外脚手架首层、作业层及中间每隔一层(不超过 6 m)要满铺钢网片脚手板，并设置水平兜网进行封底
6	移动式操作平台设置不规范		①移动式操作平台设置应符合规范要求，平台面积不应超过 10 m^2，高度不应大于 5 m； ②平台底部轮子与平台连接应牢固、可靠，轮子应带制动装置； ③操作平台四周应设高度不小于 1.2 m 防护栏杆，并应设置供人上、下的扶梯

2. 现场质量通病及专业做法

现场质量通病及专业做法见表 2-7~表 2-11，对这些质量通病的成因进行分析可知，主要受以下几个方面因素影响：

①隐蔽工程问题：在对高速公路施工进行评估、监督检查时，往往只注重对工程表面质量的勘察，而忽略了其中的隐蔽工程，这些隐蔽工程存在的质量隐患，即使是一个很小的缺陷也可能影响整个工程的质量，从而给工程带来许多质量问题。如工程施工中小零件的质量问题就可能导致钢材焊接不牢固，在使用中受到长时间的磨损就会松动从而产生安全事故。

②施工技术问题：一方面随着社会经济水平的提高及科学技术的发展，我国高速公路施工的技术水平也有了很大的提升，出现了许多新型施工技术，但新技术没有及时形成统一的技术标准；另一方面在公路工程施工中一些主要的通用技术，比如防水技术、真空压浆和加固技术等在使用时需要一定的技巧，还得满足一定的条件，如果施工人员无法掌握技术要领，未按规范来操作，也会带来技术问题。

③施工原材料问题：现阶段在高速公路工程上出现的许多质量问题，比如高速公路使用寿命未能达到预期，高速公路运营养护维修费用居高不下等，很大程度上和原材料的质量有关。有的施工单位为了获得更多的经济效益，在选购原材料时会为了降低材料成本而采用不合格的建设材料，当这些不合格的材料被用在施工中便会影响工程的质量。

④施工人员问题：施工人员是高速公路工程施工的主体，他们本身的专业能力和专业素质关系着工程施工的进程和整体的质量。从当前情况来看，虽然大部分施工人员均有较为丰富的施工经验，但是在专业化程度上还有很大的提升空间。尤其许多施工人员在施工之前并没有进行过专业化的培训，其专业技能无法得到保证，进而可能会影响施工质量；而有的施工人员受教育程度较低，没有安全防范和质量意识，在施工过程中也会出现责任心不强和态

度不端正等问题。因此，想要提高施工质量，就应该加强人员专业培训，一方面强化他们的专业技能，另一方面向他们阐述施工质量的重要性，规范他们的施工步骤，增强他们的工匠意识。

表 2–7　路基填筑

序号	质量通病	通病照片	专业做法
1	路基边坡被冲刷		①采用水稳定性好的路基填料进行路基填筑； ②削坡后应及时施作边坡防护工程； ③设临时急流槽和临时拦水带； ④及时对冲刷部位进行修整
2	压实层表面松散、起皮		①确保压实层土的含水量与最佳含水量偏差值在规定范围内； ②适当洒水后重新进行拌和碾压； ③左、右幅错开施工，避免施工过程中遭受重车碾压
3	路基表面网状裂缝		①采用合格的填料，或采取掺灰处理； ②选用符合规范要求的土料填筑路基，确保压实土层的含水量接近最佳含水量； ③加强养护，避免表面水分过分损失； ④认真进行施工组织安排
4	路基边缘压实度不够		①路基按设计要求超宽填筑； ②控制碾压工艺，压路机一定要行驶到路基边缘

表 2-8　桥梁工程

序号	质量通病	通病照片	专业做法
1	混凝土构件出现裂纹、裂缝	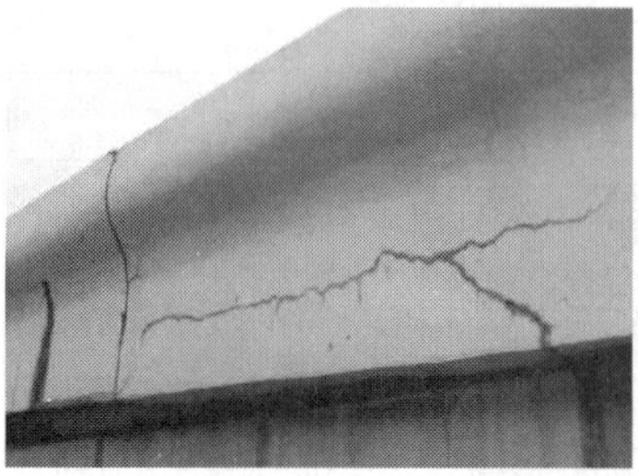	①采用安定性合格的水泥； ②大体积混凝土应优选矿渣水泥、粉煤灰水泥等低水化热水泥； ③优化配合比：改善集料级配、降低水灰比，掺加粉煤灰等混合材料、掺加缓凝剂； ④采用遮阳凉棚等降温措施以降低混凝土水化热、推迟水化热峰值出现时间； ⑤及时养护； ⑥同一结构物的不同位置温差应在设计允许范围内； ⑦基础与支架应有较好的强度、刚度、稳定性并采取预压措施
2	混凝土构件出现冷缝	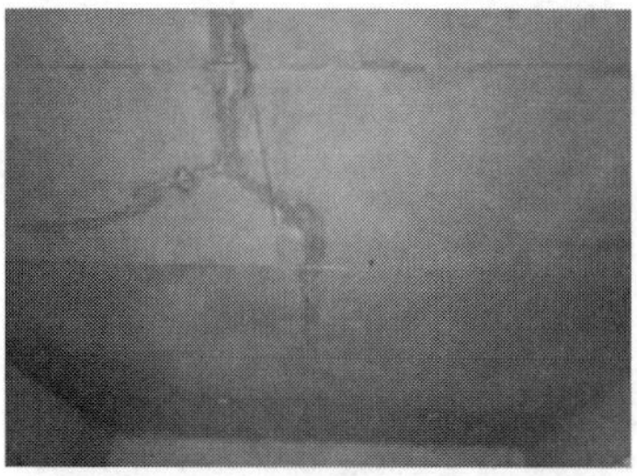	①大构件混凝土分层浇筑时间较长，应增加搅拌能力； ②掺入缓凝型减水剂； ③改善浇筑工艺以确保分层浇筑的间断时间小于上层混凝土的初凝时间
3	混凝土离析	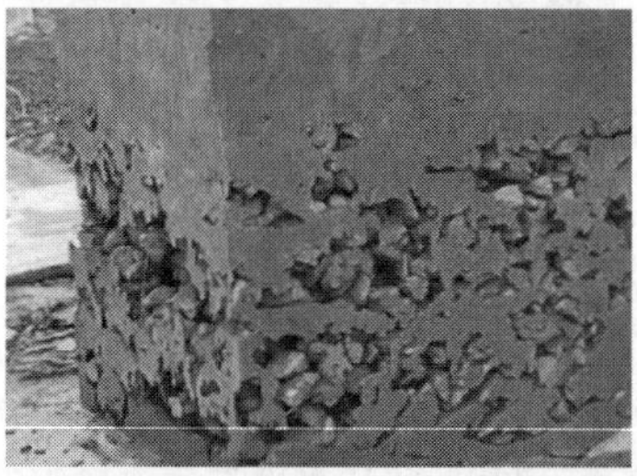	①采用级配合格的集料； ②混凝土自由倾落高度超过 2 m 时，应设置串筒、溜槽或振动溜槽等设施，且串筒出料口下面的混凝土堆积高度不得超过 1 m； ③振捣时，混凝土停止下沉、不再冒出气泡、表面呈现平坦、泛浆即可，不得超振
4	混凝土表面有蜂窝、麻面、气孔	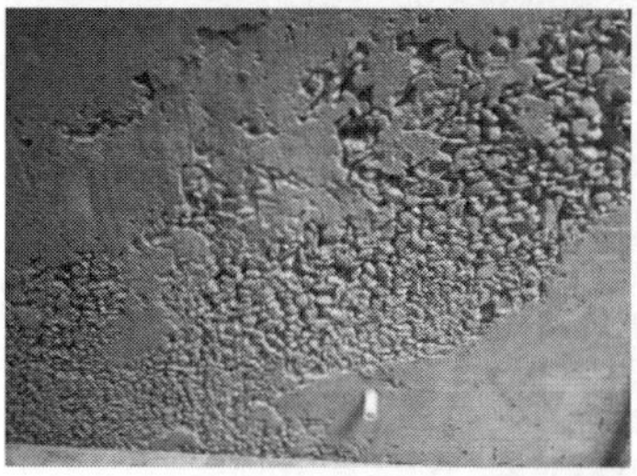	①混凝土浇筑过程中插入式振动器的移动间距不应超过其作用半径的 1.5 倍，与侧模应保持 5~10 cm 的间距，插入下层混凝土 5~10 cm； ②表面振动器移位应能覆盖已振实部分； ③控制混凝土分层浇筑厚度，对于使用插入式及附着式振动器的部位，混凝土厚度不宜超过 350 mm； ④模板拼接紧密，并加止水带，防止漏浆
5	混凝土施工缝处理质量差	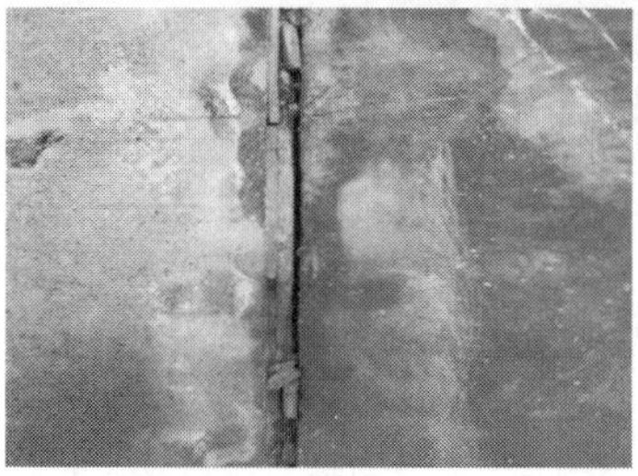	①设施工缝部位的现浇混凝土强度达到 2.5 MPa 后进行凿毛，并清除混凝土表面杂物； ②浇筑混凝土前确保凿毛面充分湿润、用清水冲刷干净，并避免积水

续表2-8

序号	质量通病	通病照片	专业做法
6	混凝土漏浆、表面平整度差	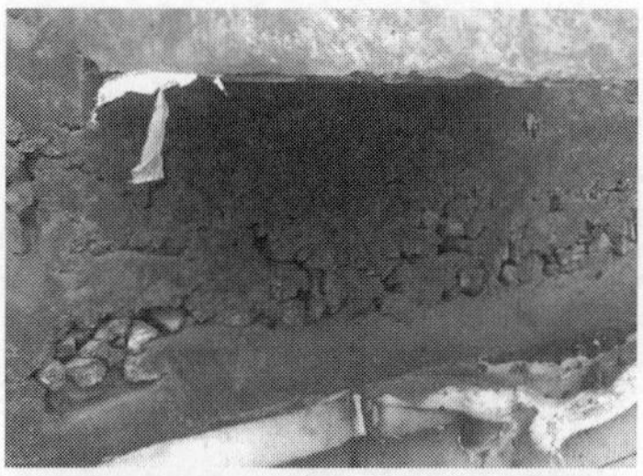	①采用平整度好、刚度符合要求的模板； ②处理好模板拼缝，采用止水带防止漏浆； ③将模板的榫槽嵌接紧密
7	混凝土构件表面有泌水现象、色差大	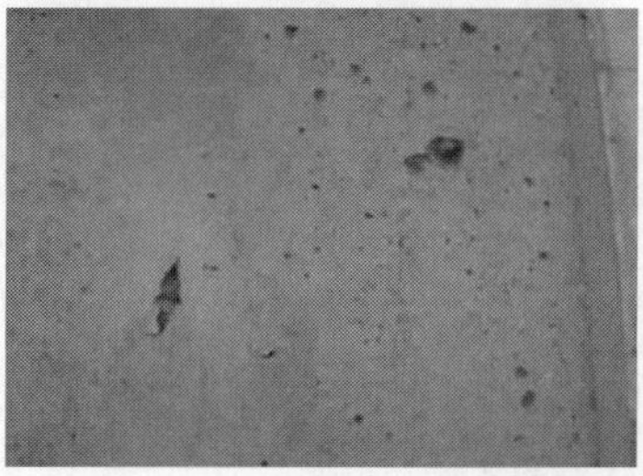	①应确保砂、石料具有良好的级配； ②采用泌水率小的水泥； ③加强施工工艺控制，不过振、漏振； ④加强混凝土浇筑过程中的前、后场控制，确保采用的集料属于同一批材料； ⑤加强施工组织安排，控制浇筑时间

表 2-9　梁、板制作与安装

序号	质量通病	通病照片	专业做法
1	梁、板体裂缝		①应对底模或支架基础进行预压，加强基础的强度、刚度和稳定性，坚持现浇箱梁支架按设计要求预压和进行沉降测量，并应保留完整的记录； ②混凝土碎石集料的粒径应符合设计规范要求； ③保证混凝土有较好的级配； ④开展混凝土的弹性模量试验； ⑤应将控制张拉的抗压强度试块与梁同条件养护，待强度达到规定值方可张拉； ⑥波纹管位置应符合设计要求； ⑦钢绞线张拉顺序应符合设计规定； ⑧蒸汽养护应准备测温装置，控制降温速度为每小时 5~10 ℃，做好升温、恒温、降温记录； ⑨梁堆放时支点位置应对称，斜撑应设于翼板根部，不能撑于翼板外缘； ⑩梁板出坑应从一头轻吊，消除底模表面间真空后再双点起吊
2	梁体混凝土出现空洞	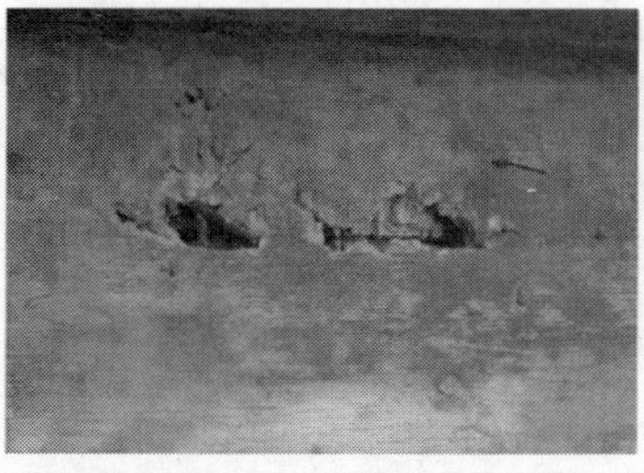	①优化混凝土配合比，增加混凝土和易性； ②采用插入式振捣棒和附着式振动器配合加强振捣； ③改进浇筑工艺，严格控制分层浇筑振捣厚度

续表2-9

序号	质量通病	通病照片	专业做法
3	板梁铰接缝未按规范进行凿毛	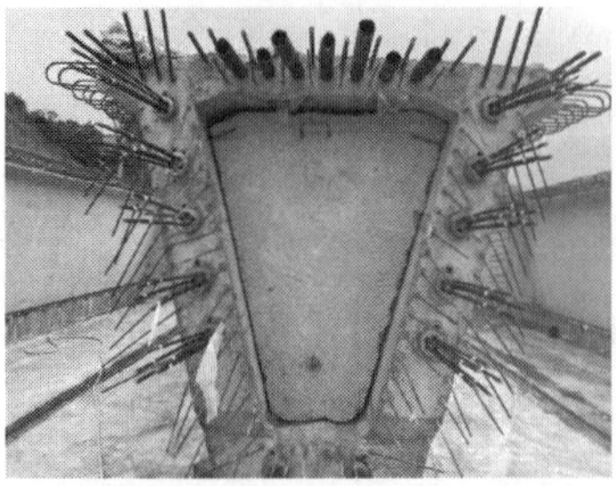	应对板梁铰接缝凿毛足够重视，待板梁混凝土达到一定强度后进行凿毛，以确保铰接缝连接质量符合要求
4	板梁支座脱空		①板梁安装之前应做好测量工作；调整支座到规定高程； ②严格控制梁底楔形块高度； ③预制板梁底板应平整，无翘曲
5	板梁支座偏位较大		①做到准确放样； ②采用不同的基准线校核
6	支座垫块不平整		①采用水平尺检查； ②采用钢板和高强度砂浆找平
7	桥头跳车		①选用合适的压实机具，确保台背回填压实度达到要求； ②保证足够的台前预压长度； ③连续进行沉降观测，保证桥头沉降速率在规定范围后再进行路面施工； ④确保桥头软基处理深度符合要求，严格控制软基处理质量； ⑤在台背画回填层厚度线，确保回填层厚度在规定范围内； ⑥采用透水性材料进行三背回填

表 2-10　隧道工程

序号	质量通病	通病照片	专业做法
1	易塌方地段在进洞前忽视做仰坡防护		①进洞前按洞口设计里程、高度刷坡，使边坡稳定； ②做好洞顶截水沟； ③临时防护应视地质情况、施工季节、施工方法等情况，采取喷、锚、挂网等措施
2	衬砌中防水层在铺设中有破损、折曲现象	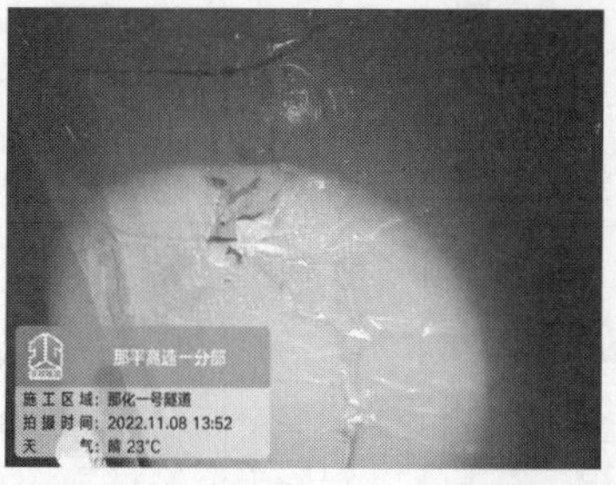	①防水层铺设前，喷混凝土层表面不得有锚杆或钢筋断头外露； ②防水层按环状铺设，并视材质采取相应接缝处理； ③防水层的接头处应擦净，塑料防水层应用材质相同的焊条焊接； ④采用无纺布做滤层时，防水板与无纺布应密切叠合，整体铺挂； ⑤开挖和衬砌作业不得损坏防水层，当发现层面有损坏时应及时修补； ⑥防水层铺设长度应根据衬砌长度确定
3	注浆时压力控制不良，影响注浆效果		①注浆压力应为 0.5～1.0 MPa。必要时可在孔口处设置止浆塞； ②止浆塞应能承受规定的最大注浆压力或水压

表 2-11　涵洞及防护

序号	质量通病	通病照片	专业做法
1	结构构件裂缝、裂纹		①优化混凝土配合比； ②加强早期养护； ③八字墙基础和涵洞基础一起浇筑，避免泡水软化地基； ④涵洞基础处理彻底，严禁泡水，避免因地基承载力不足引起沉降不均匀

续表2-11

序号	质量通病	通病照片	专业做法
2	结构物表面出现冷缝		①确保混凝土及时连续供应； ②改善浇筑工艺以确保混凝土浇筑间断时间小于上层混凝土的初凝时间
3	施工缝表面混凝土松散		①预留施工缝应平整规则，无崩边； ②浇筑混凝土前应洒水湿润施工缝； ③进行二次收浆确保混凝土面平整密实
4	混凝土表面蜂窝、麻面	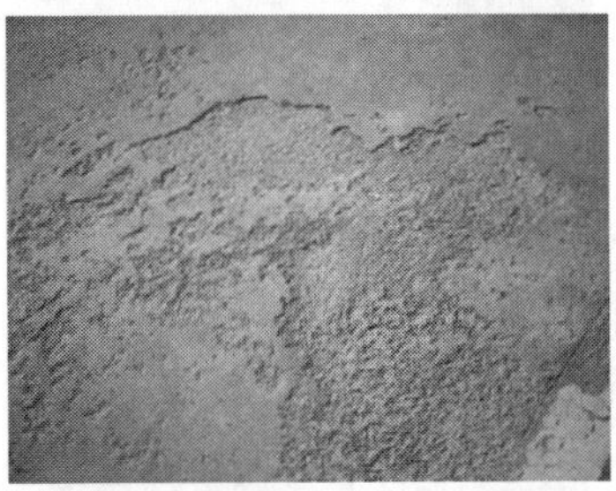	①确保良好的集料级配； ②混凝土浇筑过程中插入式振动器的移动间距不应超过其作用半径的1.5倍，与侧模应保持5～10 cm的间距，插入下层混凝土5～10 cm； ③表面振动器移位应能覆盖已振实部分； ④使用优质脱模剂，拆模时间随气温变化及时调整
5	混凝土表面不平整	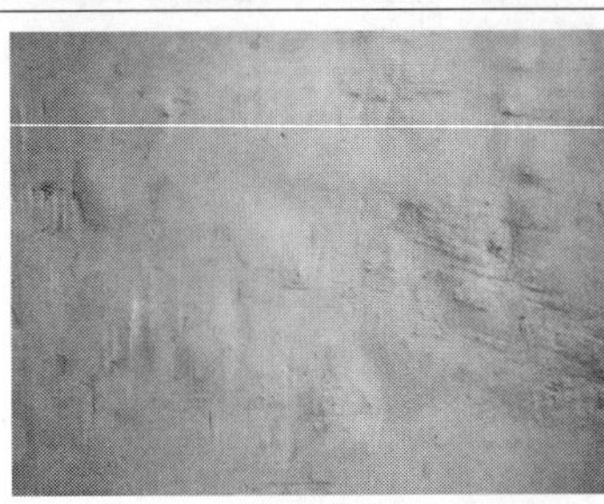	落实模板准入制度，采用平整度好、刚度和厚度符合要求的模板，将不符合要求的模板清除出场
6	拉杆钢筋未处理，拉杆孔漏浆	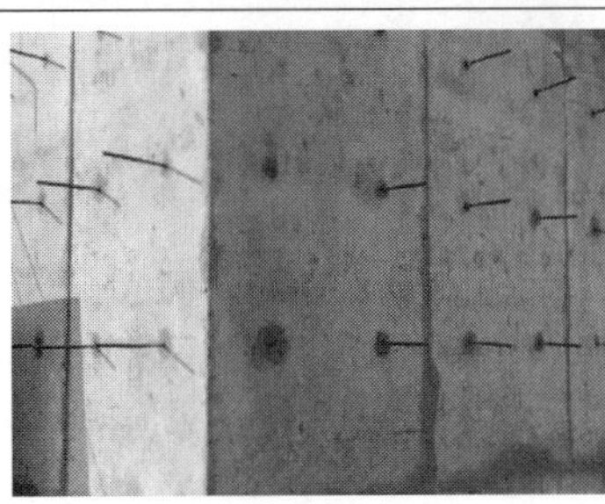	①拉杆应及时切除，采用防锈漆或环氧砂浆封闭避免锈蚀； ②拉杆孔套PVC管后再穿拉杆，在PVC与模板间隙用泡沫胶进行封堵避免漏浆，抽出拉杆后对拉杆孔压浆封闭

续表2-11

序号	质量通病	通病照片	专业做法
7	混凝土 表面漏浆		①模板进场后进行预拼，并在拼缝处设止水带避免漏浆； ②模板的榫槽嵌接应紧密
8	混凝土跑模		①模板的榫槽嵌接应紧密； ②选择刚度好的模板； ③应对模板拉杆及加固措施进行受力计算以确保稳固
9	排水边沟 排水不畅		①按实际排水情况设置边沟纵坡长度和坡度； ②及时清理边沟中的杂物，保持边沟排水通畅； ③边沟沟底要砌筑平顺，防止局部凹陷
10	草籽植被 不均匀		①采用机械喷播，防止漏喷； ②选择优质草种； ③播籽后要及时进行养护； ④喷播草籽后及时覆盖，避免被雨水冲刷
11	土工网垫与坡 面连接不密贴		①铺网垫前将坡面整平； ②铺网垫前将坡面杂物清理干净； ③铺设后及时用锚钉固定

续表2-11

序号	质量通病	通病照片	专业做法
12	土工网垫剥落		①按设计要求和实际需要布设锚钉； ②保证有足够的搭接长度

2.4 南湛高速双标准管理亮点做法

南湛高速指挥部以习近平新时代中国特色社会主义思想为指导，全面学习贯彻党的二十大精神，围绕创建“国优工程”建设目标，秉持“智联南湛·东融动脉”建设主题，坚持“4321”建设理念，开展系列科研攻关，全力争创低碳建造、智慧管养、绿色安全科技示范工程，竭力探索适合本地的长里程高速公路建设经验，为提升广西交通科技创新能力和助推广西交通强国示范建设提供经验做法，起到示范效应。

2.4.1 以学习考试促进高质量团队建设

1. 落实双标准化建设

为加强管理人员素质建设，培养和锻炼一支具备现代工程管理能力、专业技能优秀、职业道德良好的工程管理团队，南湛高速指挥部组织各参建单位进行“施工标准化和安全标准化”宣贯学习，并在日常工作巡查中结合《广西新发展交通集团有限公司高速公路施工标准化技术指南》和项目实际情况，充分运用施工标准化和安全标准化管理手段，对分部分项工程在施工过程中出现的安全、质量隐患问题及时提出整改措施，并要求总监办进行督促落实，持续跟进，直至安全、质量隐患问题彻底得到解决。

2. 以考促学开展标准化考试

为持续落实标准化建设，提高各总监办、各承包人管理人员专业技术水平，指挥部开展了针对各总监办、各分部管理人员的“施工标准化和安全标准化”考试。以考促学、以学促查、以查促改，促进标准化建设理念深入每一位参建者心中，加力推进安全文明标准化建设，稳步提升项目建设质量，切实为建设“品质南湛”保驾护航。从开工至2023年10月，南湛高速累计开展标准化考试5次，参考人数达823人次。

2.4.2 以首件制和考评促进双标准化建设

1. 严格落实首件工程制

为加强项目工程的质量管理，确保工程施工的内在质量和外在质量，有效治理公路工程常见质量通病，确保施工安全，南湛高速指挥部要求承包人严格执行指挥部下发的《南宁—湛江高速公路南宁至博白那卜段建设指挥部首件工程认可制实施细则》。“首件工程认可制”按照“预防为主，先导试点，全线推广”的原则，对首件工程的各项工艺、技术和质量指标进行综合评价，确定最佳工艺，建立首件工程样板示范，引领后续同类工程的标准化施工，预防和纠正后续批量生产中可能产生的质量问题，提高功效，确保质量。项目被评定为 2023 年第一批广西壮族自治区建设工程优质结构奖，如图 2-3 所示。

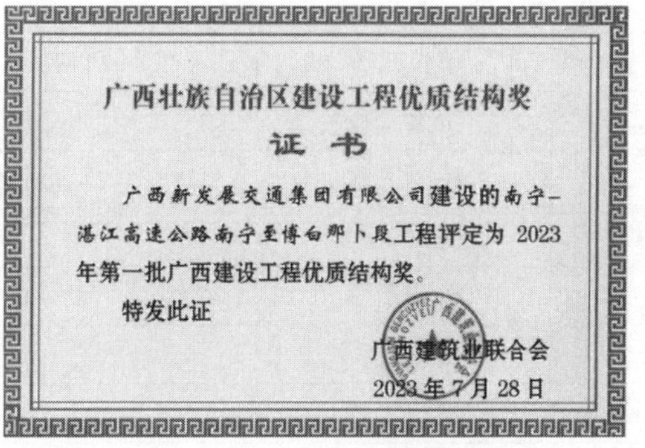
广西壮族自治区建设工程优质结构奖

证书

广西新发展交通集团有限公司建设的南宁—湛江高速公路南宁至博白那卜段工程评定为 2023 年第一批广西建设工程优质结构奖。

特发此证

广西建筑业联合会

2023 年 7 月 28 日

图 2-3　南湛高速建设项目获评广西建设工程优质结构奖

截至 2023 年 10 月，南湛高速项目全线累计完成首件工程 63 类 274 项，各单位工程严格落实“首件工程认可制”，在指挥部和总监办对首件总结进行审核、完成首件工程的认可后方可进行大规模推广。南湛高速各单位工程首件完成数量见表 2-12。

表 2-12　南湛高速各单位工程首件完成数量表

序号	单位工程	实行“首件工程认可制”的工程范围	已完成首件工程汇总/项
1	路基工程	路基填方△(填土)	8
2	路基工程	路基填方△(填石)	4
3	路基工程	软基处理	8
4	路基工程	结构物台背回填△	7
5	路基工程	涵洞盖板	1
6	路基工程	不同压实标准及不同填料的路基填筑	1
7	小型构造物工程	圆管涵	8
8	小型构造物工程	盖板涵	7
9	小型构造物工程	盖板涵预制与安装	1
10	小型构造物工程	通道△	8
11	小型构造物工程	箱涵△	1
12	小型构造物工程	倒虹吸	1
13	桥梁工程	基础△(桩基)	9
14	桥梁工程	基础△(扩大基础)	4
15	桥梁工程	墩△(圆墩)	8
16	桥梁工程	墩△(方墩)	4
17	桥梁工程	盖梁	6
18	桥梁工程	墩台身△	7
19	桥梁工程	梁板预制△(箱梁)	14

续表2-12

序号	单位工程	实行“首件工程认可制”的工程范围	已完成首件工程汇总/项
20	桥梁工程	上部结构现浇△(支架施工)	5
21	桥梁工程	桥面铺装及凿毛	8
22	桥梁工程	防撞护栏△	6
23	桥梁工程	梁板与支座安装△	10
24	桥梁工程	桥梁承台	1
25	隧道工程	洞口边仰坡防护	3
26	隧道工程	洞门和翼墙浇筑	2
27	隧道工程	洞身开挖	3
28	隧道工程	喷射混凝土支护△	3
29	隧道工程	混凝土衬砌△	3
30	隧道工程	防水层	2
31	隧道工程	电缆沟槽	3
32	路面工程	垫层	8
33	路面工程	底基层	8
34	路面工程	基层△	8
35	路面工程	功能层	4
36	路面工程	沥青混凝土下面层△	5
37	路面工程	沥青混凝土中面层△	5
38	路面工程	沥青混凝土上面层△	1
39	路面工程	中分带	1
40	防护工程	挡墙	7
41	防护工程	护坡△	6
42	防护工程	锚杆格梁	1
43	防护工程	预应力锚杆和锚索	1
44	排水工程	边沟	8
45	排水工程	排水沟	8
46	排水工程	截水沟	7
47	排水工程	渗沟	4
48	排水工程	盲沟	1
49	绿化工程	喷播绿化	8
50	绿化工程	树木栽植	4
51	交通工程	防撞护栏	7
52	交通工程	标志	4

续表2-12

序号	单位工程	实行“首件工程认可制”的工程范围	已完成首件工程汇总/项
53	交通工程	防眩板	1
54	房建工程	基础工程	2
55	房建工程	主体工程	1
56	房建工程	装饰工程	1
57	房建工程	混凝土工程	1
58	房建工程	模板工程	1
59	房建工程	砌体工程	1
60	房建工程	钢筋工程	1
61	房建工程	抹灰工程	1
62	机电工程	电缆埋设	1
63	机电工程	设备安装	1
合计			274

△:关键工程。

2. 开展专项评比

南湛高速指挥部为提升项目施工质量水平，营造比学赶超良好竞争氛围，根据项目实际情况，分别开展了路基工程、桥梁工程、隧道工程、涵洞通道、路面工程等质量目标专项评比考核，对质量目标考核进行打分评比，对评选出的优秀进行表彰并对获得表彰的承包人及监理单位发放奖金，奖金来源为合同规定的项目管理激励基金(合同总价的 1%)，明确奖金必须发放到受表彰的管理人员或劳务作业队伍，以奖促建，促进其他施工点的品质建设。

2.4.3　以“红黑榜”管理提升项目质量

为加强项目进度管控，提升项目建设质量和安全管理水平，激励先进参建单位，创建国家优质工程，南湛高速指挥部下发《工程建设“红黑榜”制度》，指挥部通过每月对承包人的产值任务完成情况及单项生产任务节点目标完成情况进行考评，在满足指挥部质量和安全生产管理目标的前提下，将完成各项任务的承包人列入红榜；将完成产值目标及各项节点目标低于 80%，或出现质量安全责任事故等的承包人列入黑榜。

月度考评中被列入黑榜的分部和总监办，指挥部将在当季度综合考评中，在综合总分的基础上扣除 1 分/月；月度考评中被列入红榜的分部和总监办，指挥部将在当季度综合考评中，在综合总分的基础上给予加 1 分/月作为奖励，但当季度投资任务完成率低于 90% 的不予加分。项目分部连续两个月度考评被列入黑榜的，予以全线通报批评并抄送施工单位法人单位，此外指挥部还将采取建议更换项目经理或约谈施工单位法人等措施；总监办连续两个月度考评被列入黑榜的，予以全线通报批评并抄送法人单位，此外指挥部还将采取建议更换总监理工程师或约谈监理单位法人等措施。

2.4.4 以先进理念助推项目双标准建设

1. 以人为本，优化设计

南湛高速本着“以人为本，公路融入自然”的设计理念，综合考虑沿线城镇发展规划、路网现状和规划、交通量等情况，确保主体工程与交通工程、沿线设施、线外附属工程、环境保护、水土保持等协调统一。项目设计路线顺应地形、地貌，合理利用山坡台地、缓地布线，避免大填大挖，尽可能少占农田，少拆迁，减轻或消除修建公路对自然景观的破坏和不良影响。路基设计高度综合考虑排灌、蓄防洪、设计洪水位、通行净空等需要，尽量避免高填深挖，减少对原地表的破坏，最大限度地减少占地。南湛高速建设项目获评 2022 年度广西壮族自治区建筑业绿色施工示范工程，如图 2-4 所示。

图 2-4 广西壮族自治区建筑业绿色施工示范工程

2. 全断面施工

南湛高速采用全断面施工理念，将全幅路基，排水工程、防护支挡工程及绿化等附属工程整体推进施工，边坡实行“开挖一级、防护一级、绿化一级”措施，不但有效确保路基和边坡稳定性，还有效避免同一横断面交叉施工污染，如图 2-5 所示。

图 2-5 全断面施工

3. 梁场永临结合

南湛高速将大梁预制场设置与永久性的主线路面结构层结合起来，以永临结合的方式建设大梁预制场。围绕“智慧、环保、成本”三大核心建设的永临结合式大梁预制场，在完成箱梁预制任务后，可将场坪局部修缮作为路面底基层永久保留，可避免后续重复施工带来的损失，对加快工程建设进度、节约场地建设和复垦费用、减少对环境的破坏等方面起到了重要作用，如图 2–6 所示。

图 2–6 永临结合施工

4. 拌和站料仓全封闭

为提高混凝土拌和质量，有效控制集料的含水率，南湛高速项目全线采用拌和站储料仓和配料仓整体全封闭措施，此外料仓全封闭还可有效控制扬尘污染，有效促进了拌和站内绿色生产，如图 2–7 所示。

图 2–7 拌和站料仓全封闭

5. 节水减污保绿化

项目全线拌和站引进砂石分离机，通过机器将清洗罐车的污水及残留混凝土中的中砂、石、水泥进行分离回收，经过滤后可再次使用。拌和站设置三级沉淀池，现场施工用水需要经过三次自然沉淀，达到循环使用的标准，提高水资源重复利用率。沿线路基表土剥离集中堆放，合理利用到后期绿化，有效保护耕植土资源，如图 2-8 所示。

(a) 砂石分离机　　(b) 剥离土堆放区

图 2-8　节水减污保绿化

6. “四新技术”等标准化施工技术应用

为提升工程品质，在采用现有技术的基础上通过资金上的支持、行动的鼓励，激发了干部职工发明创造的热情，大力开展以“小发明、小创造、小革新、小设计、小建议”为主要内容的“五小”活动，展现项目特色。项目积极推广应用了“四新技术”，强化科研与设计施工联动，开展集中攻关和“微创新”，同时引入《交通运输行业重点节能低碳技术推广目录(2021 年度)》公路领域的新技术、新工艺、新材料及新设备(简称“四新技术”)，如废旧轮胎胶粉改性沥青、公路隧道蓄能自发光应急诱导系统等，奋力打造成一条低碳绿色智慧创新的高品质公路。截至 2023 年 10 月，项目应用的具体“四新技术”累计 98 项。项目应用的新技术清单见表 2-13。

表 2-13　新技术清单

序号	类型	技术名称
1	路基工程	石质边坡绿化技术、泡沫轻质土、植被混凝土边坡绿化防护、装配式涵洞通道、36T 羊足碾压路机、“三背”回填及液压夯补强、高填方路基强夯处理工艺、填石路基大吨位羊足碾压路机碾压、移动破碎机加工碎石、土路肩及培土滑模施工、隔离栅基础预制安装、装配式涵洞通道等

续表2-13

序号	类型	技术名称
2	路面工程	排水降噪沥青路面技术、排水沥青路面及透水标线技术、大厚度水泥稳定碎石基层施工技术、沥青路面 3D 摊铺技术、隧道温拌沥青混合料技术、沥青路面摊铺信息化监控系统、滚筒加振筛水洗设备、水稳碎石振动搅拌施工工艺、桥面-隧道路面精铣刨工艺、胶轮压路机自动喷油系统等
3	桥涵工程	桥面整体化“四机”联动工艺、智能压浆、智能张拉、不锈钢复合模板、预应力孔道专用橡胶塞、恒温恒湿养护棚、预制梁钢筋加工安装标准化胎架、镦粗直螺纹套筒连接和钢筋加工检查“五件套”工具、桥面径流监控及应急处理系统、箱梁混凝土浇筑平台、移动式护栏模板拆装台车、钢筋绑扎采用钢筋定位架、翼板钢筋采用梳形板定位、高性能清水机制砂混凝土、桥面喷淋养生智能控制管理系统、钢筋笼滚焊机、梁板钢筋骨架限位器、桩基环切法破除桩头工艺、预制梁场龙门吊滑触线、盖梁钢筋整体吊装技术、光伏智能混凝土养生系统、全自动钢筋绑扎机、全自动工程洗车机、混凝土圆柱墩模架一体化成墩施工工艺、异丁基(烯)三乙氧基硅烷防腐涂装材料、高墩自动翻模、模块化盖梁操作平台、支座垫石土工布海绵塑料薄膜包裹养护法、钢绞线梳编束作业平台、预制箱梁液压整体式模板、预制梁端可滑动台座、正交异形钢桥面板 U 肋内焊技术等
4	隧道工程	液压夯进行补强夯实、清扫雾炮一体机、超声波焊接、隧道照明综合节能智能控制系统、螺杆式空压机、“四机一桥六台车”机械化施工设备、管幕超前支护体系、隧道小导管注浆自动封堵工艺、隧道合页式二衬钢端模、全自动超声波桩基成孔检测仪、自动焊网机、隧道超前小导管与锁脚锚管缩尖机、多功能冲剪机、液压闸式剪板机、隧道格栅拱架液压压花机等
5	绿色公路	耕作层土壤剥离与利用、雨水-污水收集与循环利用系统、高速公路服务区污水治理与回用设备、沥青拌和站加热系统油改气设备、梁场沉淀池、填石路基绿化、泥浆废水排放处理工艺、路面-桥面径流化学危险品智能监测及控制系统等
6	安全施工	大跨径桥梁架桥机监测系统、路面施工机械安全管理系统、安全隐患排查系统、隧道门禁及精确定位系统等
7	智能交通与信息化建设	高速公路智慧云平台管理系统、人车路协同旗舰示范、公路工程智能建造应用、鹰眼视频监控系统、工程实体实名信息溯源系统、BIM 技术、智慧工地建设综合管理平台、智能化安全管理技术、无人机成套技术、农民工工资管理信息系统、公路建设项目文档管理系统(电子档案)等
8	交安及附属工程	太阳能自动可变诱导信息智能护栏、雾天行车安全诱导及预警系统、排水沟、防撞护栏塑钢模板、排水沟-边沟滑模施工、高速公路护栏柱帽一体式轮廓标等

“四新技术”和“三微改”的应用为南湛高速创建国家优质工程打下坚实基础，为品质南湛建设做出重大贡献，以下是部分“四新技术”和“三微改”开展的情况。

(1)组合型钢地胎

项目全线预制梁场使用组合型钢地胎，可以多次重复使用，节约成本、拆除便捷、减少圬工量和建筑垃圾污染，有效提高了预制梁工厂化程度、改善了现场施工文明情况，节省了预制梁施工措施费用，如图 2-9 所示。

图 2-9　组合型钢地胎

（2）圆柱墩不锈钢模板

项目全线圆柱墩采用不锈钢模板施工，有效提高了墩柱表观线性及外观质量，不锈钢模板的耐磨、耐腐蚀、耐油等特点也为模板循环使用提供了有力保障，如图 2-10 所示。

图 2-10　圆柱墩不锈钢模板

（3）涵洞通道大模板

项目涵洞通道墙身模板采用 2 m×6 m 大模板，刚度好、拼缝少，涵洞通道墙身平整度得到极大提高，有效减少了墙身错台及漏浆等情况，如图 2-11 所示。

图 2-11　涵洞通道大模板

(4)焊接机械臂

钢筋加工厂使用焊接机械臂提高钢筋焊接质量及效率，机械臂具有热变形小、焊接速度快、无气孔、焊缝平整光滑、美观大方和焊后无须处理等优点，钢筋焊接质量有效提高，为品质工程建设打下基础，如图 2-12 所示。

(5)智能钢筋镦粗开牙一体机

项目采用智能钢筋镦粗开牙一体机加工钢筋螺纹，加工后的螺纹具有牙形饱满、尺寸精度高、机械强度高等特点，显著提高钢筋加工质量和加工效率，如图 2-13 所示。

图 2-12 焊接机械臂

图 2-13 智能钢筋镦粗开牙一体机

7. 运用信息化管理系统进行智慧化管理

(1)积极使用多媒体工具开展安全教育培训

为了提高南湛高速各参建人员的安全意识，项目积极使用多媒体工具开展全方位、多角度的安全教育培训，使教育培训更加生动、直观，而不是停留在枯燥、晦涩的文字表面，使受教育人员更加清晰地认识到各类安全隐患，更加深入了解各类安全隐患的危险性，同时也能更加细致地学习防范化解项目建设过程中的安全隐患，进而提升项目参建人员的安全意识。多媒体工具如图 2-14 所示。

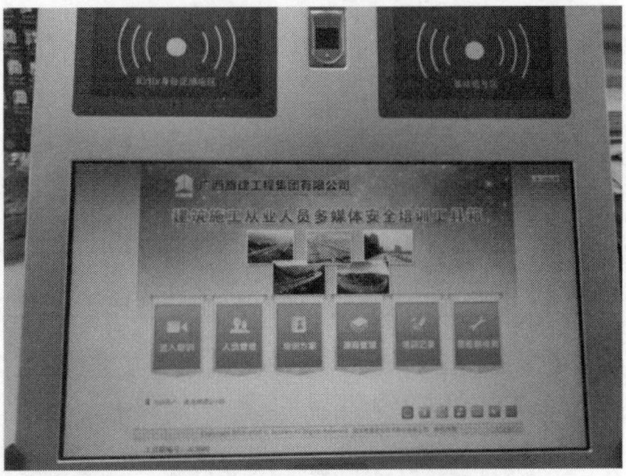

图 2-14 多媒体工具

(2)推行安全信息化管理

推行使用智能安全帽，有效实现了全程可视化管理，安全监管水平也得到了进一步提升。智能安全帽拥有静默报警、脱帽报警、跌落报警、近电预警、危险救援等智能安全预警功能，用新技术取代了人为预判危险的不靠谱，时刻给作业人员有温度的智能提醒，提高了作业人员作业时的安全系数，也加强了作业人员始终以“安全第一”为工作指南的意识。智能安全帽采用 137°超广角摄像头，能捕捉更多画面，不错过任何细节，让画面采集信息变得更高效，也解决了以往巡检需额外携带设备的不便性。验收人员对现场进行验收的每个细节，都能通过智能安全帽智能传输至后台管理系统，管理端通过后台就能对验收人员现场验收情况了如指掌。

（3）充分利用安全管理系统

为加速推进信息化项目建设，指挥部充分利用新发展集团研发的安全管理系统，以信息化手段提升项目安全管理水平，从安全保障体系、视频监控、风险管理、隐患管理、培训教育等方面进行安全管理，利用系统分析数据，通过工作流、图表统计、系统提醒等功能，实现实时掌握各参建单位的安全管理情况，促进各单位各级人员履职尽责，从而实现对安全管理的统一部署、统一要求、统一标准，降低行政成本，达到资源整合，提高工作效率；实现从检查、发放通知书、整改反馈、反馈审核、归档的闭环管理；进一步夯实安全生产管理基础，加快安全标准化建设落地，不断提高项目安全生产管理水平，如图 2-15、图 2-16 所示。

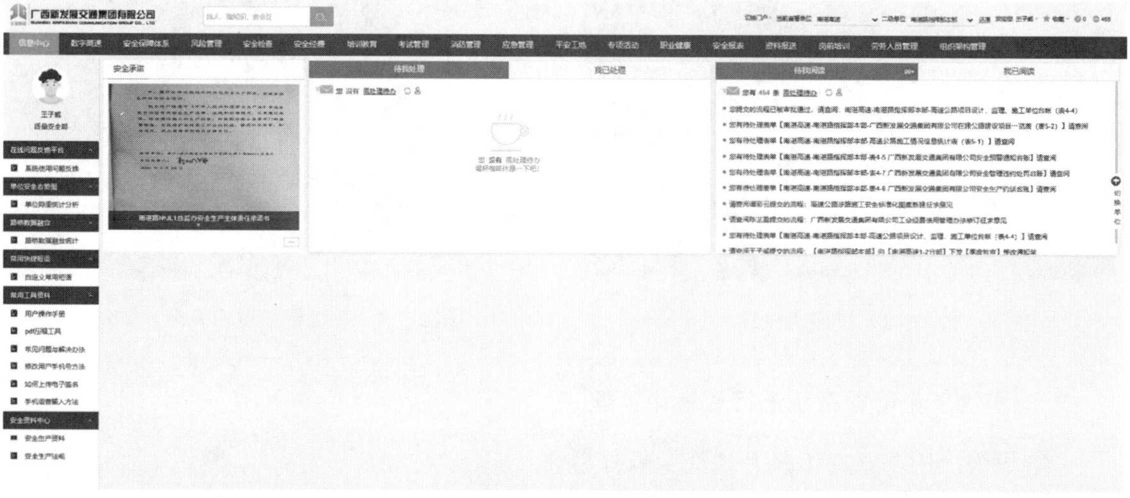

图 2-15　安全管理系统

图 2-16　作业现场视频联网

(4) 高边坡监测

在项目各大高边坡统一进行高边坡监测，如遇边坡位移、形变量过大，及时生成报告、发出预警，进一步加强安全生产管理工作，逐步推进项目全方位、全过程的安全管理，如图 2-17、图 2-18 所示。

图 2-17　高边坡监测系统页面

图 2-18　监测中的高边坡

(5) 公路工程智慧建设管理平台

南湛高速全线采用公路工程智慧建设管理平台进行工程管理，该系统集成了计量支付管理系统、质检管理系统、试验检测系统、进度管理系统，通过不同的板块进行关联，达到项目工程集成管理的目的，如图 2-19~图 2-22 所示。

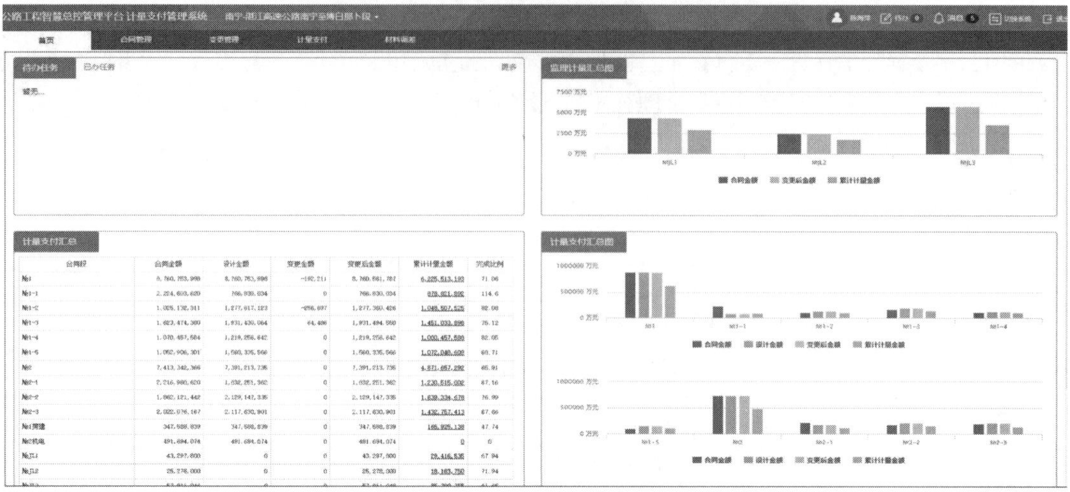

图 2-19　计量支付管理系统

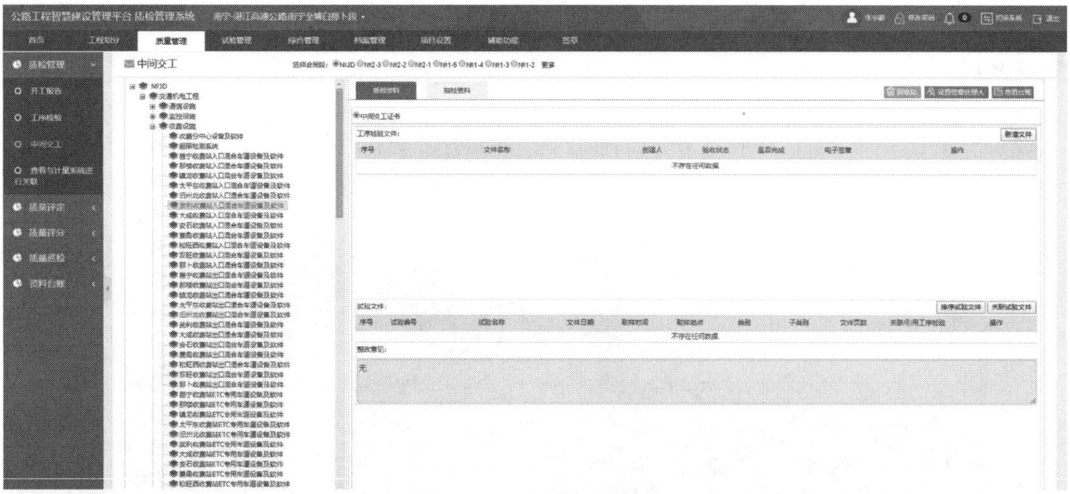

图 2-20　质检管理系统

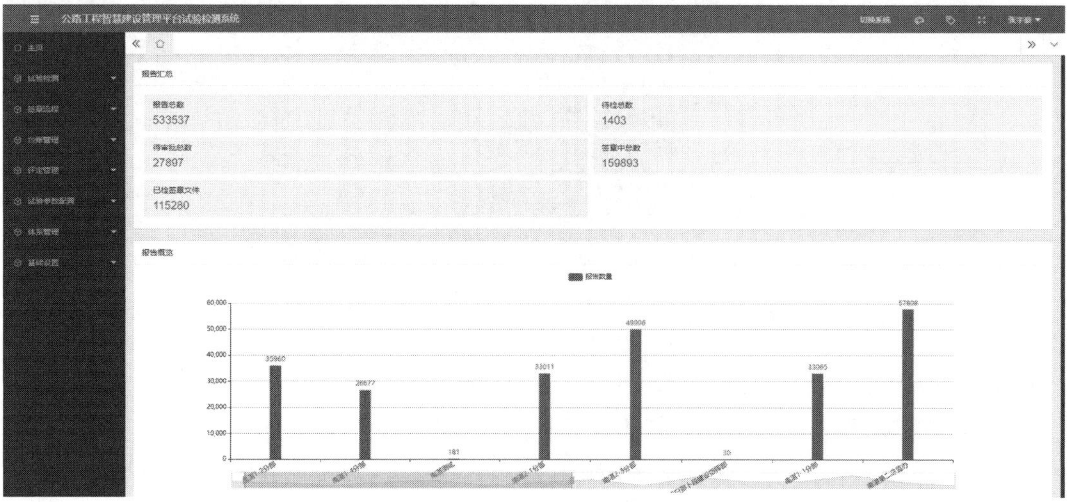

图 2-21　试验检测系统

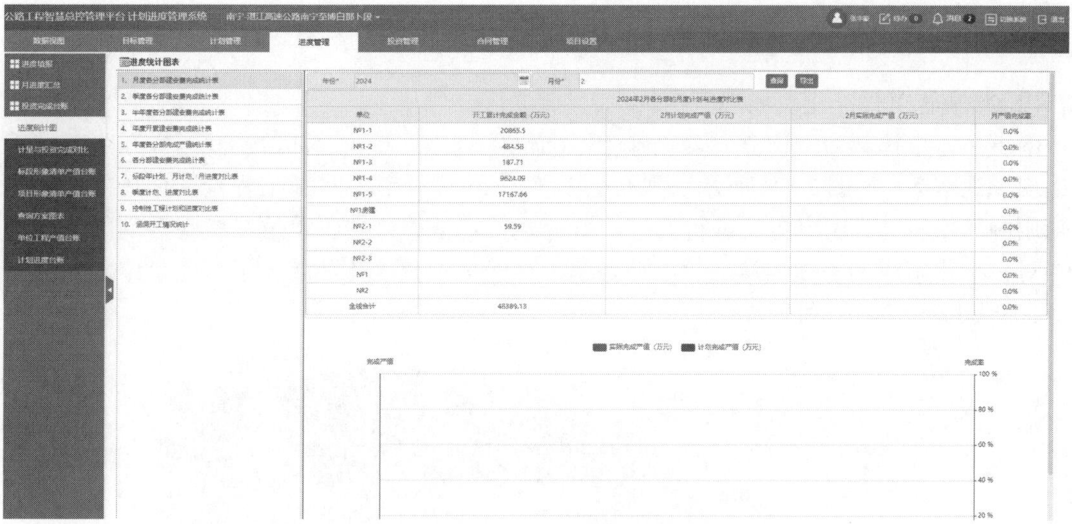

图 2-22　进度管理系统

(6)北投高速公路建设管理平台

南湛高速使用北投高速公路建设管理平台中的无人机航拍进度视频模块，每个月定期将航拍视频上传至系统，通过全线的进度视频可直观查看项目现场施工进度，便于项目管理人员有针对性地进行工程管理，如图 2-23 所示。

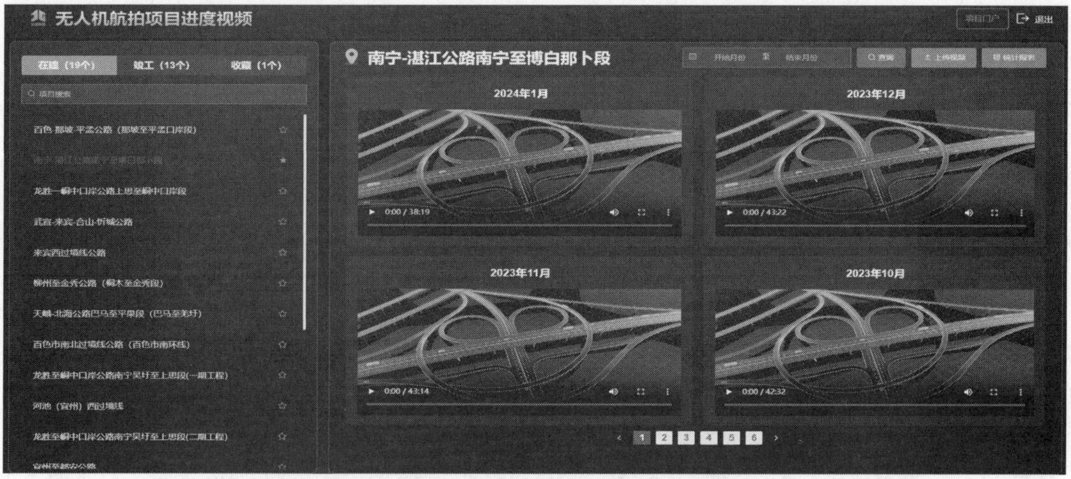

图 2-23　无人机航拍进度视频界面

2.4.5　以先进经验促进项目双标准建设

南湛高速为建设品质高速，项目全线开展先进经验学习，通过开展先进施工经验观摩会促进各参建单位共同进步，打造品质南湛；开展各项培训增强管理人员的管理意识和管理水平，有效提高现场管理品质。

1. 开展先进施工经验观摩会

(1)路基施工标准化现场观摩会

南湛高速指挥部为贯彻落实安全施工标准化，在南湛 1-2 分部镇龙互通举办路基施工标准化现场观摩会，如图 2-24 所示。观摩会上 1-2 分部分享了路基工程全断面施工、路基填筑采用画网格法、填挖交界处进行开挖台阶等标准做法，各参建单位在参观活动中明确了指挥部对标准化施工的重视程度，学习了路基工程的标准化施工，促进了参建单位之间的沟通交流，路基施工形象得到有效提升。

图 2-24　路基施工标准化现场观摩会

(2)大梁预制品质工程现场交流会

南湛高速指挥部组织项目全线到 1-5 分部进行大梁预制品质工程现场交流会，如图 2-25 所示。1-5 分部展示了 2#梁场的工程概况及所使用的机械设备配备，并分享了施工过程及质量控制的做法，以及运用在梁场生产过程中的微创新技术，例如门筋加工平台、滑轨式遮雨棚、移动操作平台，为其他参建单位品质梁场建设提供了参考性意见。

图 2-25　大梁预制品质工程现场交流会

（3）房建工程现场观摩会

南湛高速指挥部组织项目全线在那楼服务区施工现场开展房建工程现场观摩会，观摩会以“现场观摩+会议交流”的方式，参建单位通过实地查看、听取汇报、亲身体验等方式，全面深入了解南湛高速房建工程安全文明施工管理优秀做法、房建工程创新举措和突出亮点，协调推进解决项目建设过程中存在的难题，如图 2-26 所示。会议交流中，南湛高速№1 标房建项目负责人、第一总监办总监分别从管理总则、安全管理、样板先行、材料控制、工序控制、质量管理、进度管理等多个方面进行经验汇报，与其他参建单位共同讨论相关工程技术问题。房建工程现场观摩会的成功举行，践行了指挥部“管网先行、路面先行、永临结合”的房建建设理念，为打造全线品质房建奠定了基础。

图 2-26　房建工程现场观摩会部分样板展示

2. 组织开展安全管理培训

（1）2022 年安全生产培训

南湛高速指挥部组织开展 2022 年安全生产培训。培训邀请了广西交通运输厅安监处副处长赵振宇、柳州欧维姆工程有限公司副总工程师窦勇芝及广西交通安全研究中心安全咨询部主管廖俊锋三位专家到场授课。三位专家结合理论、经验及项目建设实际，围绕《项目应急预案体系建设》《下承式钢管混凝土系杆拱桥施工安全管理》《南湛高速生产安全事故综合应急预案》三个主题进行了宣贯，对项目的安全生产管理具有较强的指导性。

(2)平安工地建设安全生产专题培训

南湛高速指挥部组织开展平安工地建设安全生产专题培训，培训邀请了广西公路发展中心副总工程师卿树念教授到场，从安全生产基本规定、安全生产责任机制与标准化、加强公路安全生产标准化信息化建设、构建安全生产双重预防体系、平安工地建设五个方面展开授课，以助力项目平安工地建设。

(3)“夯实安全基础，助力安全发展”安全教育培训

南湛高速指挥部组织开展“夯实安全基础，助力安全发展”安全教育培训，邀请了广西应急委应急管理专家交通运输组组长耿德伟专家到场，从提升项目安全管理理念、健全安全生产体系、细化安全教育培训、提升风险管控能力、做好专项方案编制、增强两个意识等六个方面，深入浅出地诠释了安全生产工作的重要性，对项目安全基础建设提出了指导性意见。

2.4.6 以“样板引路”模式助推房建标准化建设

为提高房建工程品质，南湛高速在各服务区设置施工、安全样板展示区，对工程质量做到统一标准、事前控制，强力推行“管网先行、路面先行、永临结合”先行理念，房建建设品质卓有成效。那楼服务区房建工程样板引路如图 2-27 所示。

图 2-27　那楼服务区房建工程样板引路

2.4.7 以标准化理念促进平安工地打造

为促进项目的安全质量建设，保障安全生产条件，依据交通运输部《关于印发公路水运工程平安工地建设管理办法的通知》交安监发〔2018〕43 号、《广西壮族自治区交通运输厅关于印发广西公路水运工程平安工地建设监督管理制度的通知》桂交安监发〔2018〕124 号等文件精神，各参建单位以落实安全生产主体责任为核心，在施工过程以风险防控无死角、事故隐患零容忍、安全防护全方位为目标，推进施工现场安全文明与施工作业规范有序的有机统

一。项目落实安全生产责任，建立了项目的安全生产管理体系，实现了安全管理程序化、现场防护标准化、风险管控科学化、隐患治理常态化、应急救援规范化。南湛高速指挥部积极联合施工单位及监理单位参加广西公路铁路水运工程平安工地建设工作，于 2022 年获评平安工地典型示范项目，如图 2－28 所示。

荣誉证书

南宁-湛江高速公路南宁至博白那卜段工程项目：

在2022年广西公路铁路水运工程平安工地建设工作中表现突出，被评为2022年广西公路铁路水运工程平安工地建设典型示范项目。

特发此证，以资鼓励。

广西壮族自治区交通运输厅
二〇二三年三月

图 2–28　南湛高速指挥部获评 2022 年广西公路铁路水运工程平安工地建设典型示范项目

平安工地建设管理主要包括工程开工前的安全生产条件审核，施工过程中的平安工地建设、考核评价等。平安工地建设考核评价，包括安全生产条件核查，施工、监理、建设等从业单位考核评价两方面。安全生产条件核查，包括工程项目开工前安全生产条件核查、危险性较大的分部分项工程施工前安全生产条件核查两部分。施工单位考核评价，包括施工单位基础管理考核评价、施工单位施工现场考核评价两部分。

2.4.8　以双标准建设助推品质工程建设

在南湛高速建设过程中，为了加强项目整体双标准管理，落实双标准规定，争创品质工程，打响南湛高速品牌，努力创建“国家优质工程”，南湛高速对现场施工双标准做到层层把关，严格把控，打造了许多亮点的工程。

1. 安全标准化亮点

(1)采用一体化梯笼工艺

为了降低作业人员在墩柱施工作业过程中的风险，提高墩柱作业的安全性，项目要求桥梁墩柱采用一体化梯笼工艺，且要求梯笼各层必须满铺脚手架。一体化梯笼，还具有可根据现场施工要求进行改造，便于拆装、运输、存放的优点，如图 2–29 所示。

图 2–29　采用一体化梯笼工艺

(2)桥梁爬模施工

爬模施工是当前高耸结构物施工中较先进的施工方法，它集模板支架、施工脚手架平台于一体，利用已完成的主体结构为依托随着结构的升高而升高，省去了大量的脚手架，具有快捷、轻巧、操作简单，中线易控制，外观质量光滑，施工费用低等优点，如图 2-30 所示。爬模施工垂度、平整度、曲率易于调整及控制，可避免施工误差积累，设计合理，模板不占用施工场地，可循环倒用。

图 2-30　桥梁爬模施工

(3)桥面安全通道

桥面安全通道利于劳务作业人员于施工过程中在桥梁的左、右幅之间通行，避免劳务作业人员因通行不便而擅自翻越桥梁防撞墙，从源头遏制了人员高处坠落事故的发生，提高了项目桥面施工的安全性，如图 2-31 所示。

图 2-31　桥面安全通道

(4) 桥面负弯矩张拉槽口防护

桥面负弯矩张拉槽口防护，一是提高了桥面整体标准化程度，避免作业人员采用不同材料临时遮盖，造成桥面施工现场文明施工形象不佳的情况；二是极大提高了桥面施工的安全性，避免作业人员在施工过程中因踩空导致受伤，避免施工过程中材料不慎落入等情况，尤其可避免夜间施工过程中因光线较差导致的意外，如图 2–32 所示。

图 2–32　桥面负弯矩张拉槽口防护

(5) 高速公路涉路施工安全防护标准化

为提高项目涉路施工安全，项目下发涉路施工标准化要求，规范参建单位在涉路施工过程中的安全防护设置，要求在涉路段规范设置安全警示牌、反光导向牌，临边防护、施工告知牌等，提醒过往车辆减速慢行，降低改道、车道变窄等因素造成的交通安全事故，如图 2–33 所示。

图 2–33　高速公路涉路施工安全防护标准化

(6)临时用电穿管防护

为保障梁场临时用电安全，安全标准化要求场站临时用电穿管保护，一是防止作业过程中因电缆线裸露造成电路短路，导致用电器突然断电而造成伤害；二是防止电缆线因作业过程中，劳务人员踩踏、移动设备碾压、拖拽导致电缆线绝缘外皮破损，电缆线裸露，进而造成触电等安全隐患，如图 2-34 所示。

图 2-34　临时用电穿管防护

(7)采用双开门式二级配电箱

为保障项目建设过程中临时用电安全，项目推行双开门式二级配电箱，在电箱中多一道防护，可有效防止劳务人员因安全意识不足，私拉乱接违规使用电器，防止除持证电工以外的其他人员，为了一时方便，私自更换电路，更改用电器等行为而造成的用电伤害，如图 2-35 所示。

图 2-35　采用双开门式二级配电箱

(8)龙门吊采用液压夹轨器

南湛高速梁场龙门吊推行全自动液压夹轨器，可在特种设备停止运动或不使用的情况下自动夹紧轨道，避免大型特种设备随意滑动或因强风天气产生倾覆而造成人员伤亡或场站受损的情况，如图 2-36 所示。

图 2-36　龙门吊采用液压夹轨器

(9)安全爬梯附墙件稳定可靠，装拆方便

安全爬梯附墙件可极大增强盖梁施工梯笼的稳定性和可靠性，减少梯笼在作业过程中的晃动，或可在强风天气配合缆风绳有效避免梯笼的倾倒，提高了作业人员上、下梯笼过程中的安全性，避免了高处作业的安全隐患，如图 2-37 所示。

图 2-37　安全爬梯附墙件稳定可靠，装拆方便

(10)房建工程现场分区规划

南湛高速房建工程作业现场分区规划良好，现场门禁系统、人车分流、材料堆放区域由水马隔开，劳务人员由大门刷卡进入作业现场，避免社会无关人员随意进出现场，造成人员伤亡；施工车辆与人员进出分开，行车道与材料堆放区域分开，既避免了驾驶员因视线不佳造成人员伤亡，又避免了施工材料随意堆放造成车辆碰撞、倾覆、爆胎等现象，如图 2-38 所示。

图 2-38　房建工程现场分区规划

2. 施工标准化亮点

(1)两区三厂标准化建设

①生活区、办公区：项目驻地采用 BIM 技术建模指导现场施工，严格按照项目指挥部标准化要求进行建设，严格按照编制方案及效果图—方案评审—方案执行—验收的流程，做到项目驻地美观、舒适、大方、标准化建设，如图 2-39 所示。

图 2-39　项目办公区、生活区标准化建设

②拌和场：拌和场功能区划分明确，并使用 BIM 技术建模指导现场建设，混凝土集中拌和，统一配送，实行全封闭管理，储料仓、配料仓全封闭防雨设置，打造标准化场站建设亮点工程，如图 2-40 所示。

图 2-40　拌和场标准化建设

③预制场：梁板预制场建设围绕“工厂化、集约化、专业化”理念，按照“工厂式、庭院化”标准建设，在建设过程中，统筹规划、因地制宜，以微改造、小革新、“四新”应用为抓手，以区品质梁场为建设目的。大梁生产区采用全封闭设置，场内设置预制区、存梁区及钢筋加工棚，打造标准化场站建设亮点工程，如图 2-41 所示。

图 2-41　标准化预制场

④钢筋加工厂：项目提前谋划，合理分区，采用全封闭、标准化、工厂化集中加工钢筋，推广数控自动化生产线，统一配送，全面提升产品质量标准，并配备国内先进的数控设备，提高工作效率与质量，减小工作强度，减少钢筋损耗，降低噪声污染等，如图 2-42 所示。

图 2-42　钢筋加工厂

(2)路基工程

①全断面施工：采用“全断面”施工理念和验收制度，填筑均衡，将全幅路基，排水工程、防护支挡工程及绿化等附属工程整体推进施工，一气呵成，美观大气，如图 2-43 所示。

图 2-43　全断面施工效果

②边坡防护绿化：实行“开挖一级、防护一级、绿化一级”措施，绿意盎然，绿化存活率 100%，减少了施工交叉污染的问题，如图 2-44 所示。

图 2-44　边坡防护绿化

③路基挖方标准化：台阶开挖棱角分明，填筑压实标准化，地面坡度陡于 1∶5，设 2 m 以上宽台阶，内向做成 4%以上反坡，如图 2-45 所示。

图 2-45　路基挖方标准化

④路基填土标准化：网格化填土施工，采用推土机粗平、立标杆控制层厚，平地机精平，及时施工防排水设施，从工艺、流程、机械设备等方面统一路基填土的标准，确保路基填筑的质量，如图 2-46 所示。

图 2-46　路基填土标准化

⑤路基填石标准化：利用大吨位压路机和羊足碾压路机压实填石路基，保证压实度满足要求，如图 2-47、图 2-48 所示。

图 2-47　填石路基画方格网

图 2-48　填石路基羊足碾压路机碾压

⑥“三背”回填标准化：协同使用压路机、高速液压夯、小型夯机等不同压实机具，确保涵背回填质量。将施工工艺、流程、负责人等信息添加到二维码中，利于指导施工、方便现场管理。回填级配碎石前，进行洒水闷料，方便压实，不能采用土方、土加石等材料进行回填，如图 2-49 所示。

图 2-49　“三背”回填标准化

⑦高填方及边坡智能监测预警：项目采用智能自动化监测预警的方法对不良路基、边坡进行中长期的性能持续性监测，得到内部水分迁移、温度、湿度、土压力等的变化规律，减少建设期与后期质量问题，如图 2-50 所示。

图 2-50　智能自动化监测预警

⑧排水(边)沟组合式带肋塑料模板：使用轻便的高强度塑料模具，方便混凝土施工，脱模简单，易清洗，成型混凝土质量外观效果好，加工施工效率和进度，线型控制量良好，如图 2-51 所示。

图 2-51　组合式带肋塑料模板

(3)路面工程

①水稳及沥青路面全断面摊铺机：有效保证全断面一次成型，水稳基层及沥青路面平整度高，压实度优，大大提高了施工效率与质量，如图 2-52、图 2-53 所示。

②水泥净浆洒布车：水泥稳定碎石层间采用水泥净浆洒布车均匀喷洒，喷洒水灰比为 2∶1 的水泥净浆，洒布量为 2.5 kg/m^2，控制精度高，保证施工质量，如图 2-54 所示。

③基层养护使用可控高分子节水保湿膜：在水泥稳定碎石基层养护上，采用新型可控高

图 2-52　水稳基层全断面摊铺机

图 2-53　沥青路面全断面摊铺机

图 2-54　水泥净浆洒布车

分子节水保湿养护膜进行覆盖养护，在一个养护周期内只需进行一次洒水就能够达到养护良好的目的。相对于传统的土工布覆盖养护方法，覆盖可控高分子节水保湿膜不仅在经济效益上效果更显著，且养护效果更佳，预计可节约用水 4.6 万 t，如图 2-55 所示。

图 2-55　可控高分子节水保湿膜现场应用

(4) 桥梁工程

①钢筋加工数控标准化

a. 智能钢筋镦粗开牙一体机：加工钢筋切头均匀，螺纹牙形饱满，尺寸精度高，机械强度高，可提高工作效率和钢筋加工质量，如图 2-56、图 2-57 所示。

图 2-56　智能钢筋镦粗开牙一体机

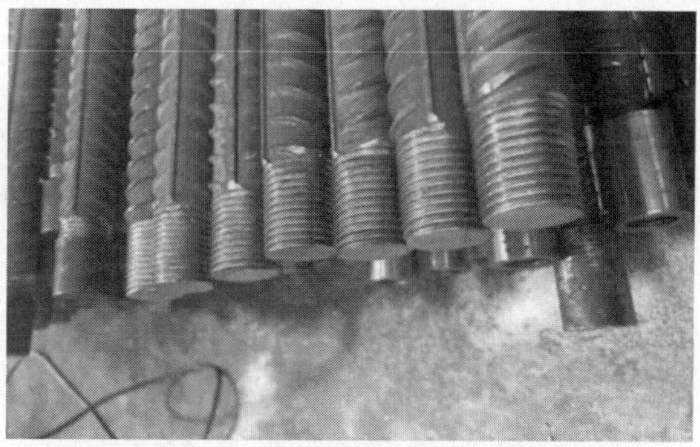

图 2-57　钢筋“开牙”平整规范

b. 数控钢筋弯曲机：相比人工弯曲，让以往烦琐的小作坊工序变成了便捷高效的流水化作业，提高了钢筋加工的精确度和效率，如图 2-58 所示。

c. 数控钢筋笼滚焊机：采用数控钢筋笼滚焊机，大幅提升作业效率，加快工程进度；精度高，箍筋拉紧无须搭接，主筋分布精确度高，箍筋间距可以均匀分布，产品质量完全达到规范要求，加工质量稳定可靠，如图 2-59 所示。

图 2-58　数控钢筋弯曲机

d. 数控钢筋弯箍机：在提高产品精度、保证质量的前提下大幅提高生产效率，减轻工人劳动强度，大大节省了人力、物力等成本，如图 2-60 所示。

图 2-59　数控钢筋笼滚焊机

图 2-60　数控钢筋弯箍机

②桩基孔口及泥浆池硬化：孔口硬化宽度为大于桩径 100 cm 以上，泥浆池放坡开挖，并进行混凝土硬化和孔口施工平台搭建，防止泥浆污染并保证成孔质量，如图 2-61、图 2-62 所示。

图 2-61　泥浆池开挖

图 2-62　泥浆池混凝土硬化

③环切法破桩头与钢筋防锈：采用环切法破桩头并使用水泥浆涂抹钢筋，保证标高一致、桩基及下部钢筋的完整性，桩头钢筋不锈蚀，确保桩台连接部位施工质量，如图 2-63 所示。

④盖梁底模简易快速拆除工艺：项目自主创新应用盖梁底模简易快速拆除工艺，解决了现有采用人工拆除底模后吊车卸落导致风险大、效率低、设备费用高等问题，获得实用新型专利、第二届工程建造微创新大赛优胜成果，如图 2-64 所示。

图 2-63　环切法破桩头

图 2-64　盖梁底模简易快速拆除工艺

⑤盖梁采用整体式大块模板：盖梁施工采用整体式大块模板进行施工，盖梁外观色泽一致、大面美观，如图 2-65 所示。

⑥新型桥梁负弯矩张拉槽口现浇施工：本装置具有能够与梁体内截面密贴，避免混凝土浇筑漏浆、漏料现象，从本质上杜绝了混凝土外观缺陷和缺陷引起的强度不足问题，如图 2-66 所示。

图 2-65　盖梁外观色泽一致、大面美观

图 2-66　新型桥梁负弯矩张拉槽口现浇施工

⑦桥面防护：桥面临边防护使用装配式护栏，桥面湿接缝防护使用防坠网和安全密目网，在施工区域设置警示标识牌，如图 2-67 所示。

⑧防撞护栏钢筋整体预埋：防撞护栏钢筋采用整体预埋工艺，施工效率高、作业安全、线形顺直，如图 2-68 所示。

图 2-67　桥面防护

图 2-68　防撞护栏钢筋整体预埋

⑨防撞护栏模板施工台车：采用防撞护栏施工台车进行模板安装，效率高、作业安全，如图 2-69 所示。

⑩悬挂式自动全断面桥面摊铺机施工：桥面铺装采用悬挂式自动全断面桥面摊铺机施工，施工效率高、铺装质量佳，能达到理想的密实和整平效果，如图 2-70 所示。

图 2-69　防撞护栏施工台车

图 2-70　悬挂式自动全断面桥面摊铺机施工

（5）隧道工程

①隧道液压式二衬台车拱脚底部加装附着式振动器，解决了二衬底部蜂窝麻面及气泡较多的问题，使用角钢卡具精确控制仰拱预埋钢筋间距，提高了施工的精度，如图 2-71、图 2-72 所示。

图 2-71　隧道液压式二衬台车微改情况

图 2-72　角钢卡具精确控制仰拱预埋钢筋间距应用效果

②隧道初喷采用机械臂湿式喷射机，安全环保，有效提升了喷射效率和工程质量，降低了施工成本和安全风险，如图 2-73 所示。

③隧道电缆沟施工采用整体式液压台车，相对传统小块模板拼装工艺，其模板安装、加固、拆模耗时短，提高了施工效率，同时整体性浇筑，确保了电缆沟结构的整体性、线条流畅性和混凝土的观感质量，如图 2-74 所示。

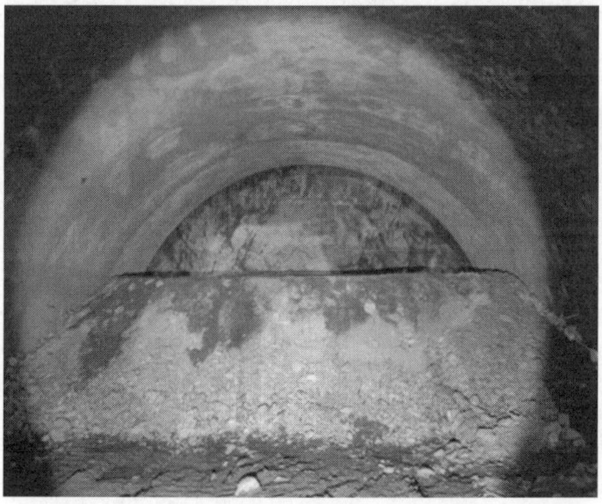

图 2-73　隧道湿喷初支饱满，平整度较好

图 2-74　隧道电缆沟施工采用整体式液压台车

(6)房建工程

①推行“管网先行、路面先行、永临结合先行”理念：项目进场后，优先开展雨污管、围墙、路面等施工工序，为主体队伍顺利进场施工提供便捷场地，分区合理材料堆放，降低了施工过程中对现场的污染，提高了现场安全文明程度，如图 2-75 所示。

图 2-75　服务区“先行三部曲”

②全封闭管理：进场后优先按设计图纸施工围墙，引进智能化门禁系统，实现施工现场全封闭管理，施工出入管理有章可循，如图 2-76 所示。

图 2-76　服务区施工现场大门及门禁

③严格落实“样板引路”制度：引进主体结构样板、楼梯样板、屋面样板、基础样板、安全防范等数十种样板展示，规范建筑工程施工工艺，快速处理质量通病，为项目安全质量提供有效技术保障，如图 2-77 所示。

(7)品质梁场

①预制梁钢筋安装标准化胎架：钢筋加工采用箱梁钢筋定位架进行定位，避免了人工定位时反复调整钢筋绑扎位置的现象，保证定位筋、波纹管安装精准度，如图 2-78 所示。

②箱梁顶板钢筋定位胎架：解决了箱梁顶板钢筋在内模上进行绑扎费时且绑扎质量无法保证的问题，大大降低了工人劳动强度，节省了人工成本，还可一次性整体吊装，操作便捷，如图 2-79 所示。

图 2-77　施工工艺样板展示区

图 2-78　箱梁钢筋定位架

图 2-79　箱梁顶板钢筋定位胎架

③滑轨式遮雨棚：钢筋绑扎区采用手动推拉滑轨式遮雨棚，解决了雨季施工时钢筋浸湿生锈的问题，如图 2-80 所示。

图 2-80　滑轨式遮雨棚

④钢筋绑扎移动工作平台：为标准化钢筋胎架配备了移动工作平台，工人可通过平台移动实现钢筋绑扎，避免人为踩踏导致钢筋变形，保障了绑扎成品的质量，提高了钢筋的加工效率，如图 2-81 所示。

图 2-81　钢筋绑扎移动工作平台

⑤ 8 mm 不锈钢模板：项目采用了全新 8 mm 不锈钢模板进行箱梁预制，达到了“镜面混凝土”效果，色泽一致、无气孔，具有较高平整度和光洁度，如图 2-82 所示。

图 2-82 不锈钢模板

⑥组合式型钢地胎：采用组合式型钢地胎，底模与侧模可协同共振，提高混凝土密实度；型钢节约率高，可替代混凝土台座，可进行二次利用，节约资源和成本，如图 2-83 所示。

图 2-83 组合式型钢地胎

⑦预制箱梁液压内模：采用液压内模系统，大大提高了机械化施工水平，加快了施工进度，保证了预制箱梁的施工质量，降低了安全风险，如图 2-84 所示。

⑧预制箱梁整体式端头模：严丝合缝，模板厚度大，刚度强，不易变形，浇筑后混凝土平整度好，保证端头及预应力锚下混凝土的整体性及密实度，如图 2-85 所示。

⑨混凝土浇筑工艺先进且标准：混凝土浇筑用斜向分段、水平分层的方法。先底板、再腹板对称、最后顶板，从一端向另一端，采用附着式振捣；浇筑顶板时，采用两次收面工艺，

图 2-84　预制箱梁液压内模

图 2-85　整体式端头模

避免表面粗糙和开裂；负弯矩张拉槽和锚下混凝土等薄弱环节，加强振捣检查，确保密实，如图 2-86、图 2-87 所示。

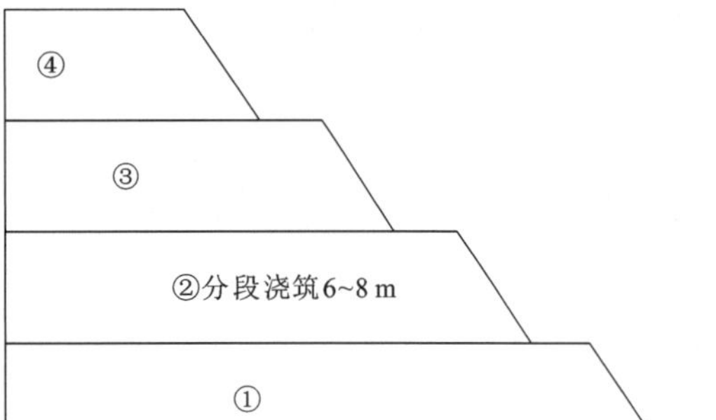

图 2-86　箱梁分层浇筑施工

图 2-87　附着式振捣器

⑩智能养护喷淋系统：预制箱梁养护采用了智能喷淋养护系统，提高了预制箱梁的养护效率，预制箱梁外观质量较好，无明显色差，色泽均一，端头无崩边崩角，保证了预制箱梁的美外和质量，如图 2-88 所示。

图 2-88　智能养护喷淋系统

⑪数控智能张拉压浆设备：采用智能张拉、压浆设备，确保精准控制张拉应力、压浆饱满密实，伸长量偏差均控制为-6%~6%以内，锚下应力抽检合格率 100%，如图 2-89 所示。

图 2-89　数控智能张拉压浆设备

⑫预制梁翼板免凿毛止浆条：预制梁浇筑时采用免凿毛止浆，代替了传统凿毛设备，解决空间有限不能采用机械凿除、人工费时费力、梁顶板湿接缝位置漏浆等问题，可多次循环使用，提高施工效率，如图 2-90 所示。

图 2-90　预制梁翼板免凿毛止浆条应用效果

2.5　南湛高速双标准管理数字化应用

长里程高速公路的建设工作中，安全、质量管理是重中之重。没有质量的项目是没有生命的，而没有安全的项目是没有灵魂的。对长里程高速公路在质量及安全管理方面进行多方面调研分析后发现，其主要存在以下几方面的难点：路线长、产业工人多且能力水平不一、人的不安全行为大幅增加，管理难度大；工程施工点多面广，交叉施工作业不可避免，施工组织要求高；施工内容多元化，安全、质量风险隐患多且杂，对安全、质量知识储备要求高；沿线生态敏感期分布广泛，环境保护压力大；路线长，施工点多，管理人员缺乏，采用传统措施现场解决问题时效性差；工程投资规模大，安全、质量管理要求严格，新工艺、新技术应用要求高。传统的管理措施和方法已经无法满足项目的建设要求，为适应项目建设管理需要，提高项目建设管理水平和效率，切实做到向管理要效益，保证项目高质量完成建设，确保提质增效要求落地，势必做到在管理中创新管理措施和方法，特别是在信息化、数字化赋能方面提出更高的要求，也只有提高信息化、数字化的管理水平才有可能解决长里程高速公路建设的难题。为此，本节针对项目建设安全、质量管理方面的信息化、数字化进行了深入的调查研究。

南湛高速在安全、质量管理方面的信息化、数字化应用方面取得了一定的成效，具体情况如下：

①充分利用安全信息系统。项目充分利用新发展集团研发的安全管理系统，以信息化手段提升项目安全管理水平，利用系统分析数据，通过工作流等功能，实时掌握各单位的安全管理情况，促进各单位各级人员履职尽责。实现对安全管理的统一部署、统一要求、统一标准，降低行政成本，提高工作效率，实现闭环管理，不断提高项目安全生产管理水平，如图 2-91 所示。

图 2-91　作业现场视频联网

②推行使用智能安全帽，有效实现全程可视化管理，安全监管水平得到提升。智能安全帽拥有静默报警等智能安全预警功能，提高了工人作业时的安全系数，加强了人员的安全意识。验收人员对现场进行验收的每个细节，都能通过智能安全帽智能传输至后台管理系统，管理端通过后台就能对验收人员现场验收情况了如指掌。

③采用隧道人员定位系统。隧道施工中采用隧道人员定位系统对隧道作业人员精准定位，有利于隧道洞口实时掌握洞内人员数量、人员动态，一是方便检查人员核对进出洞登记情况是否属实；二是如遇险情，可第一时间知道洞内受困人员数量、人员位置，有利于制定合理的应急救援方案，如图 2-92 所示。

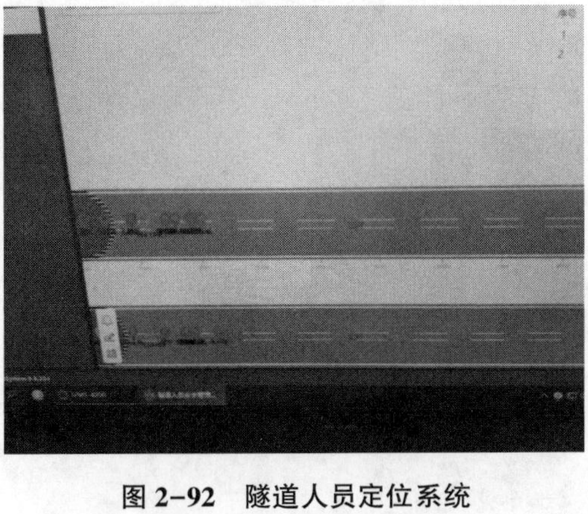

图 2-92　隧道人员定位系统

④借助 BIM 技术助力两区三场标准化建设。一是对项目驻地采用 BIM 技术建模指导施工，做到项目驻地美观、舒适、大方建设。二是使用 BIM 技术建模指导现场建设，混凝土集中拌和，统一配送，实行全封闭管理，储料仓、配料仓全封闭防雨设置，打造标准化场站建设亮点工程。三是通过专业 BIM 模型的建立及相应多媒体成果、BIM+GIS 的轻量化集成系统等，进一步打通设计到施工的 BIM 数据传递及基于 BIM 的项目建设管理应用。四是初步实现了以 BIM+GIS 技术为核心的项目空间基础地理信息等数据的整合、交换和共享。五是研发无人机巡检数据管理平台，并配置相应的硬件设备，为项目数据采集和信息化应用提供硬件支撑，如图 2-93、图 2-94 所示。

⑤采用路面施工质量监控可视化系统。以沥青路面生产全过程作为监测对象，采用软硬

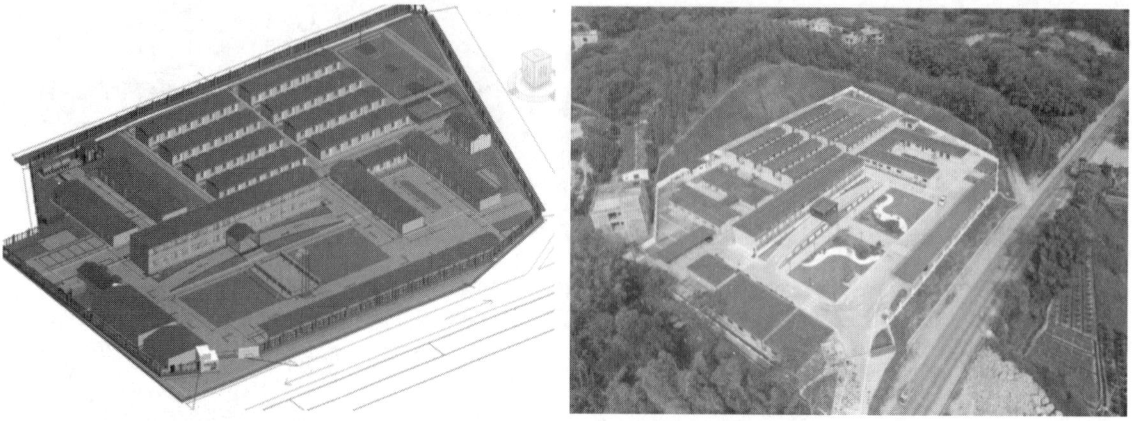

图 2-93　办公生活区 BIM 建模及现场建设效果

图 2-94　拌和站 BIM 建模及现场建设效果

件结合的手段，对混合料拌和数据、施工现场环境等影响混合料施工质量的数据进行实时采集，并通过无线网络传输技术，实现对沥青混合料的实验数据、生产数据、转运过程及施工现场数据的实时动态监测，确保质量控制精准，高效严格控制温度、摊铺厚度、碾压遍数、碾压速度等，防止超压、漏压现象，如图 2-95 所示。

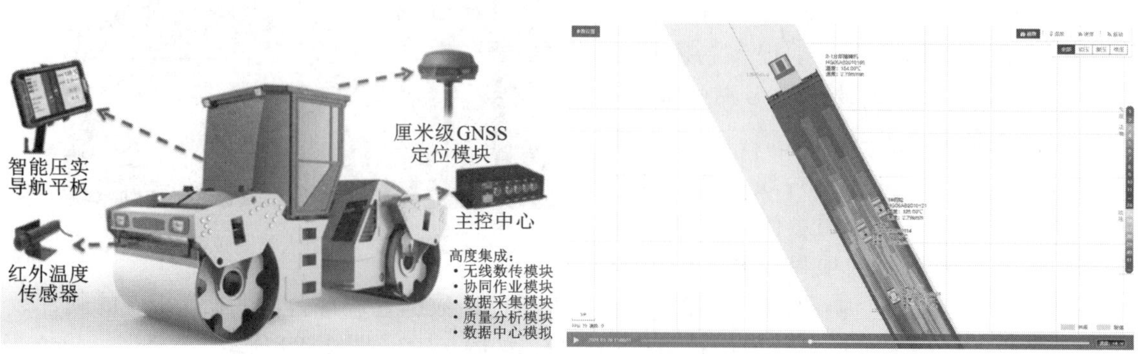

图 2-95　摊铺质量可视化

通过一系列路面实体质量管控措施，项目现已完工的沥青中下面层平整度标准差实际检测结果优于项目目标，更显著优于施工规范标准，见表 2-14。

表 2-14　路面平整度标准差

层位	施工规范标准/mm	项目目标/mm	实际检测结果/mm
上面层	≤1.2	≤0.4	待工程进度
中面层	≤1.5	≤0.6	0.5~0.6
下面层	≤1.8	≤1.0	0.9~1.0

⑥采用 BIM 技术、无人机等技术设备助力项目管控。针对长路线带来的施工进度、投资、双标准管控压力巨大，部分路段设备运输、土石方调配及征拆难度大，沿线地区在广西属于经济较为发达和人口较为密集的地区，建成后运营服务客流交通量巨大，民众对快速出行、智慧服务及交通基础设施信息化感知、效能提升要求高，采用三维数字孪生系统平台、BIM 技术、无人机技术等助力项目管控质量提升，如图 2-96、图 2-97 所示。

图 2-96　三维数字孪生系统平台

南湛高速施工跨越线路多，跨越档距大，安全风险高，对项目的施工技术安全标准要求很高。针对上述难点，项目通过对涉路施工交通组织导行、门洞搭设和支架搭设的施工模拟，明确施工工艺技术及施工安全质量注意事项，尽早发现设计缺陷，提出解决方案，提高各专业人员对图纸问题解决效率，做到事前控制，避免事后控制可能带来的质量问题、进度问题，如图 2-98 所示。

图 2-97　应用无人机设备

图 2-98　施工模拟

⑦采用公路工程智慧建设管理平台。南湛高速全线采用公路工程智慧建设管理平台进行工程管理，该系统集成了计量支付管理系统、质检管理系统、试验检测系统、计划进度管理系统，通过不同的板块进行关联，达到项目工程集成管理的目的，如图 2-99～图 2-102 所示。

⑧采用隧道建设期安全监控三维信息系统，实现隧道建设安全风险预警、实时监控、交付可追溯，提升隧道建设品质和智慧化安全监控水平。采用基于 BIM+GIS 的三维多源数据监测预警平台，建立全线边坡 BIM 模型，将监测点与 BIM 结合，实现直观展示监测成果、综合分析多源数据，如图 2-103、图 2-104 所示。

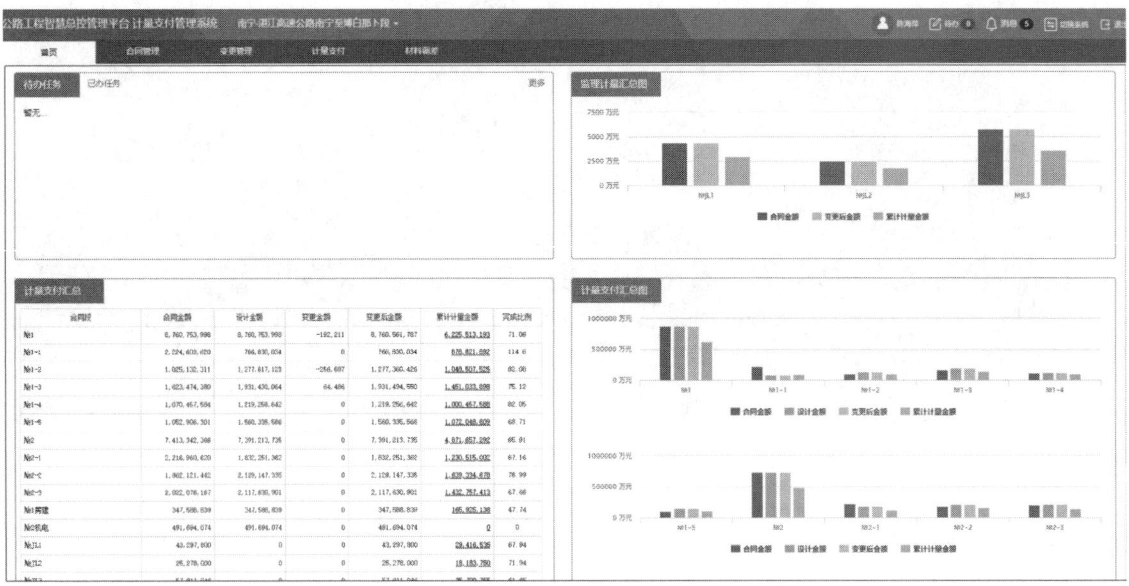

图 2-99　计量支付管理系统

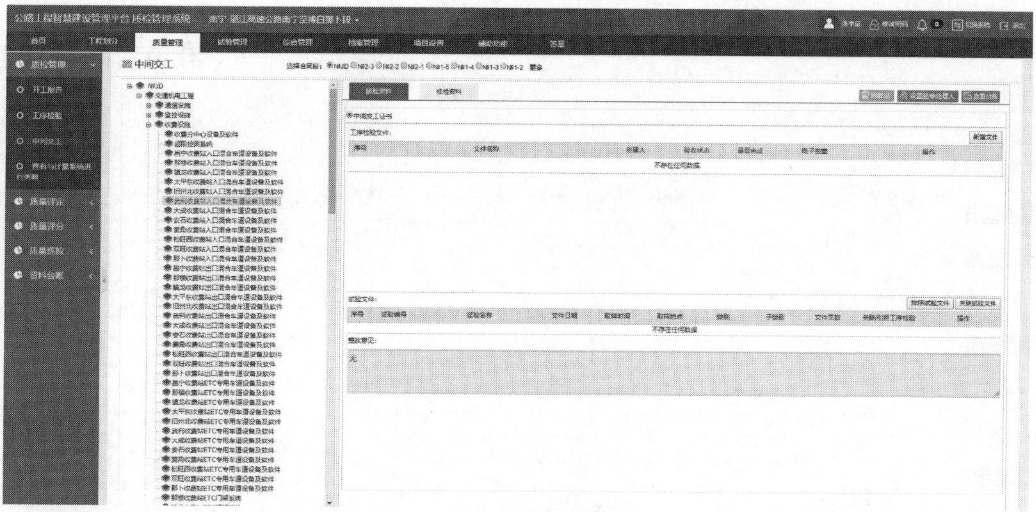

图 2-100　质检管理系统

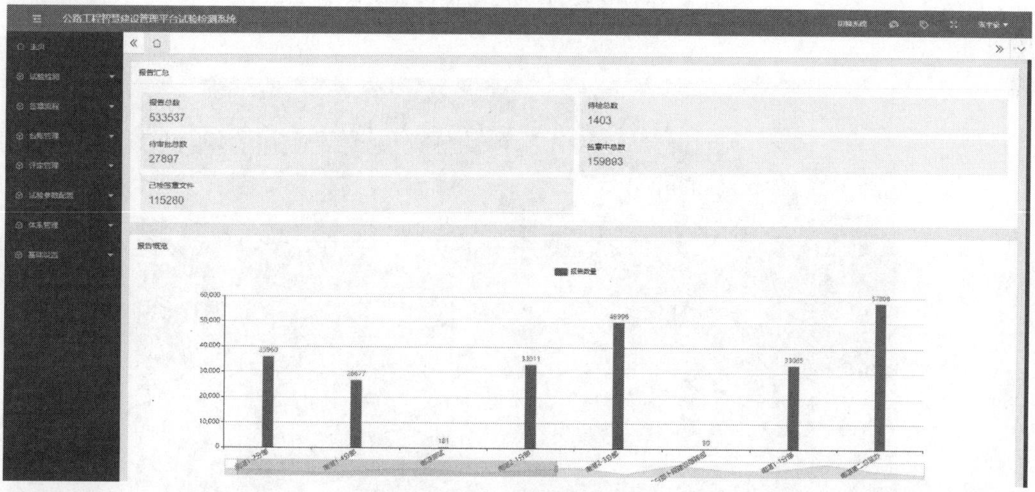

图 2-101　试验检测系统

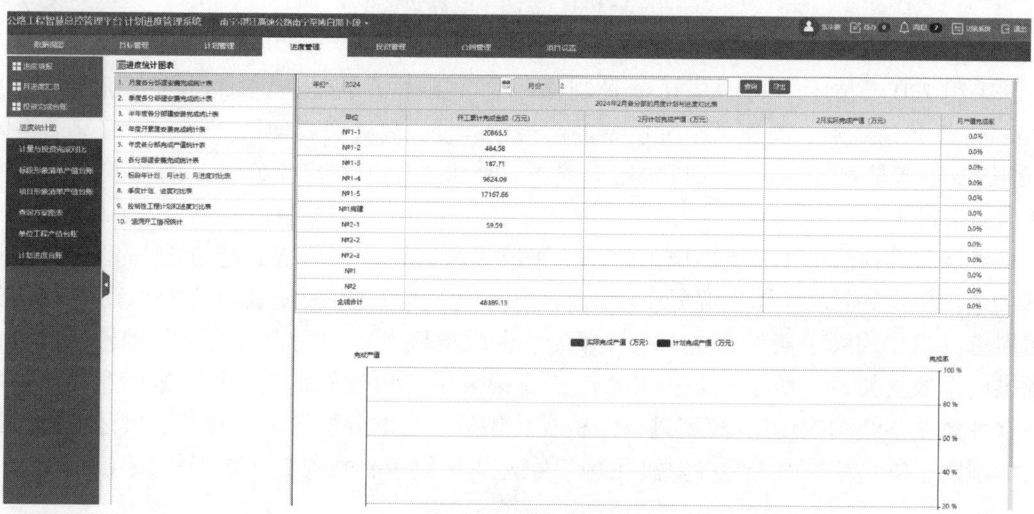

图 2-102　计划进度管理系统

图 2-103　安全监控三维信息系统页面

图 2-104　监测中的高边坡

⑨采用 720 云技术。利用 720 全景制作平台，制作了平陆运河旧州特大桥 720 云，通过 Lumion 场景渲染后，提高了三维模型的可视化程度，观看者可通过 720 云了解互通整体概况、结构参数等信息。利用无人机拍摄全景图，制作了施工纪实 720 云，使各方参建单位能够掌握施工进度。

⑩智能软件预演施工，提高施工效率。平陆运河旧州特大桥墩高超过 35 m，高空作业条件下，施工人员安全及大体积混凝土浇筑质量保障要求高、模板安装精度要求高。项目在墩身四周搭设盘扣式脚手架作为施工操作平台，主墩模板直接利用项目沉井基础施工模板，墩顶圆拱段模板支架及主墩系杆张拉平台施工支架采用三角桁架结构，并通过信息化、可视化智能软件建立各结构 MIDAS 模型进行结构受力验算、变形分析等科学计算，保证模板、支架结构的刚度、强度等各项力学参数满足施工安全质量要求，如图 2-105、图 2-106 所示。

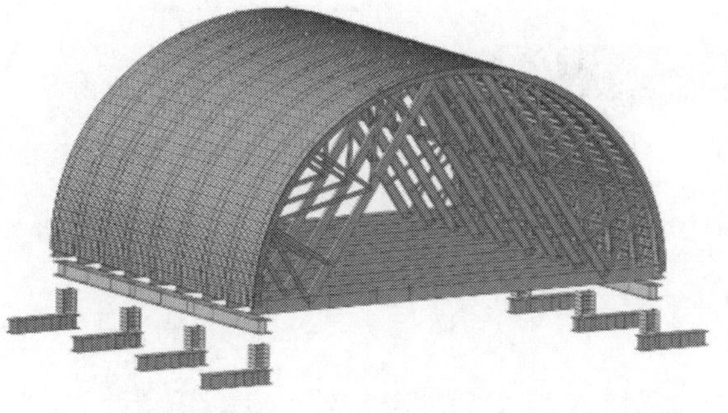

图 2-105　拱顶骨架 MIDAS 模型

图 2-106　拱顶模板采用托架安装

武忻高速安全、质量管理方面信息化、数字化应用情况的调研如下：

①使用了广西路桥工程集团有限公司自主研发的工程项目标准化管理平台。该平台由试验资料系统、质检资料系统、计量支付管理系统、进度管理系统、智慧安全管理系统、征地拆迁管理系统、工序报验与质量管控系统、工程视频监控平台、项目级 OA 等系统模块组成。该系统的优点是板块功能比较齐全，几乎涉及高速公路建设的全部板块，缺点是各板块之间不能贯通，数据无法相互套用，关联性比较差，比如，计量板块与质检、试验资料数据不贯通，如图 2-107、图 2-108 所示。

图 2-107　平台构成（九大模块支撑）示意图

②武忻高速在安全信息化、数字化应用方面则采用了与南湛高速同样的系统，没有采用广西路桥工程集团有限公司研发的工程项目标准化管理平台。据调研了解到的信息一是建设单位要求统一使用新发展集团研发的安全信息化管理系统，而施工单位则选择了自主研发的工程项目标准化管理平台，这就导致项目部在信息化管理时需要同时将同一份资料输入到两个不同的系统里，大大增加了施工管理人员的工作量；二是工程项目标准化管理平台中的不同板块之间无法兼容和联通，导致工程管理中的检查资料无法直接通过系统调用与用于安全生产管理，合同、计量、变更等板块也无法与质检板块直接相互兼容贯通，导致很多资料需要重复输入，工作量不减反增。

③武忻高速在重大结构物施工中同样采用了 BIM 技术，但 BIM 技术在施工中的指导性作用不强，大多使用了该技术的展示功能。集团内部的 BIM 技术使用情况大多和武忻高速的

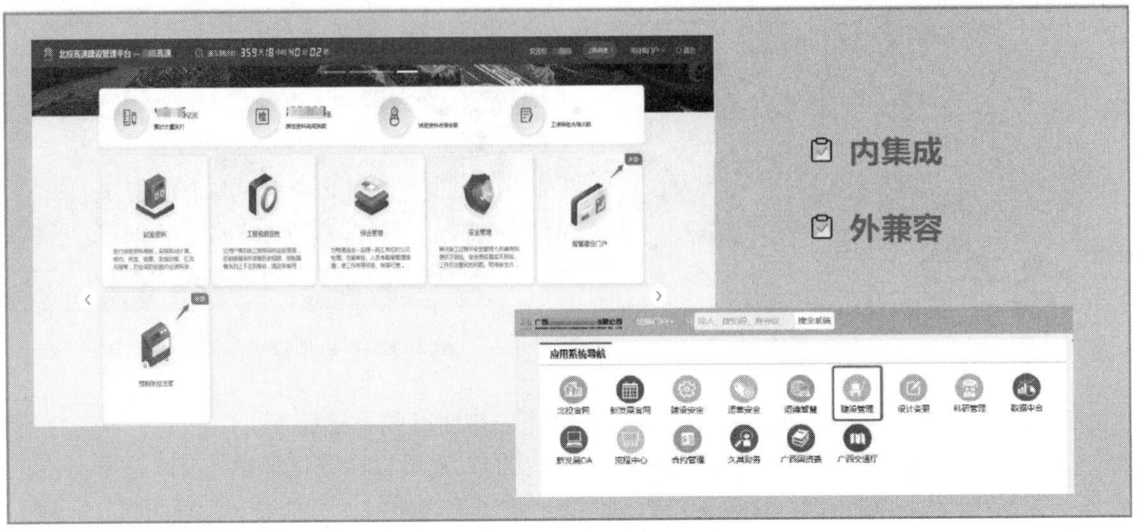

图 2-108　平台技术架构示意图

情况类似，难以实现该技术的核心功能用于指导实际施工的主要原因是，几乎每个项目在设计施工 BIM 技术方面的费用均用在做重复的基础工作，不能很好地统一起来延续在原有的基础上进一步开发新的功能，无法真正使 BIM 技术应用于指导实现高速公路设计、施工、运营等全过程阶段。目前为止，仅南湛高速将设计阶段和施工阶段的 BIM 技术进行了统筹，将设计阶段和施工阶段的 BIM 技术融合在了一起，基本实现了这两个阶段的打通，设计阶段的 BIM 技术可以较好地服务于施工阶段，帮助解决施工阶段的三维安全施工诉求，避免了“两张皮”的现象。但是目前依然无法实现打通到运营阶段的 BIM 技术。这将大大限制 BIM 技术在全生命周期的使用，失去了其中意义。

东凭高速由于尚处于筹备阶段，在安全信息化、质量信息化、数字化方面的应用尚未涉及，目前也不能确定该项目会采用哪些应用，仅希望该项目能总结前面项目在信息化、数字化方面的经验，并在此基础上取长补短，在数字化建设上获得更大提升及更好感受。

2.6　本章小结

双标准管理是长里程高速公路建设管理的核心工作。本章围绕长里程高速公路建设中的双标准管理进行研究，主要研究工作和结果结论如下：

①基于调研分析，指出长里程高速公路双标准管理的难点，主要包括工程建设里程长，综合管理难度大；施工内容多元化，安全保障要求高；工程交叉施工多，封闭施工难度大；科技创新需求大，信息化建设要求高；工程建设使命大，工程建设要求高；工程投资体量大，低碳转型任务重；生态敏感点位广，环境保护压力大；项目建设工点多，质量管控难度高。这为长里程高速公路数字化建设与管理方案的提出奠定了基础。

②结合南湛高速的建设实际情况，指出南湛高速在双标准管理方面主要存在安全基础管

理完善难度大、特种人员设备管理难度大、项目全线进度管控难度大、控制性工程进度管控难度大、交叉施工进度管控难度大和质量安全通病治理任务重等问题。这为南湛高速双标准管理亮点做法的提出奠定了基础。

③基于长里程高速公路双标准管理的难点分析，结合南湛高速双标准管理中遇到的问题，提出了南湛高速双标准管理的亮点做法，包括以学习考试促进高质量团队建设、以首件制和考评促进双标准建设、以“红黑榜”管理提升项目质量、以先进理念助推项目双标准建设、以先进经验促进项目双标准建设、以样板引路助推房建标准化建设、以标准化理念促进平安工地打造和以双标准建设助推品质工程建设等。

④总结了南湛高速双标准管理的数字化应用情况，在建设过程中采用了公路工程智慧建设管理平台等技术和装备，并对比分析了武忻高速和东凭高速在双标准管理方面的数字化应用情况，结果表明双标准管理方面的数字化应用能够节约工程建设和管理成本，缩短工程建设的工期，产生良好的经济和社会效益。

第 3 章

长里程高速公路合同管理数字化应用

3.1 概述

项目建设各方的经济往来，主要是通过合同形式进行，作为项目管理的一项重要内容，合同管理是指对合同依法进行订立、履行、变更、解除、终止以及审查、监督、控制等一系列行为的总称。其中订立、履行、变更、解除、终止是合同管理的内容，审查、监督、控制是合同管理的手段。合同管理必须是标准化、常态化的全过程动态管理，由合同立项、招标、洽谈、草拟、签订、生效开始，直至合同终止，都要纳入统一的规范管理。为此，本章将结合南湛高速的建设实际，探讨长里程高速公路合同管理工作所面临的各种困难，分析南湛高速合同管理的常见问题和亮点做法，并总结了南湛高速在合同管理方面的数字化应用情况，可为国内同类型的长里程高速公路合同管理提供借鉴和参考。

3.2 长里程高速公路合同管理难点分析

在进行高速公路建设的过程中应使合同管理变得更加规范及科学，只有切实可行地完成合同管理的工作才能够让整个工程顺利地进行。完成工程合同的管理主要就是对合同进行科学化提升，保障双方的权益能够得到合法维护，让工程项目当中的总体目标能够有效实现。以下是长里程高速公路合同管理中存在的问题及相关难点分析。

3.2.1 工程建设以包代管依然存在

项目建设中仍然存在以包代管，一包了之现象，没有对分包队伍进行有效管理，未能发挥分包的优势。就目前实际情况来说，公路建设市场需要分包，特别是部分专业性较强的专业工程无论是出于质量、安全，还是进度、费用的考虑都更适合由专业分包人完成。在不违反交通运输部及区交通厅分包管理办法相关规定的前提下，合理制订分包计划，多渠道选择分包队伍，加强分包管理，提高项目部(分部)的服务意识，通力协作，可有序推进项目建设。

3.2.2　工程设计变更管理相对滞后

公路工程本身的特点要求施工建设是采用全野外的作业方式，加上项目主线路线比较长，所以无论是其面临的气候、地质水文条件，还是社会经济环境，乃至风土人情都有很大差异。在现有的项目管理水平下，其中的任何一项因素的变化都会影响工程设计变更的发生；且根据以往的项目管理经验，工程设计变更管理的好坏，会在很大程度上影响工程结算进度。首先，充分利用集团公司建管养一体化全产业链的优势，在设计施工总承包的管理模式下，充分调动施工单位技术人员的积极性，克服设计单位人员偏少，对路线现场及沿线群众风土人情不熟悉的现状，提升设计深度，才能从源头上减少工程设计变更的发生。其次，完善适用于项目的工程设计变更管理办法，并对各参建单位进行宣贯，使其全面了解指挥部工程设计变更管理的意图及工程设计变更申报流程，以迅速、全面、系统地处理工程设计变更。

3.2.3　工程建设合同索赔较为困难

合同索赔是指一方违反合同义务造成另一方损失，损失方要求对方承担补偿或赔偿责任，原因主要是合同内容变更、合同文件有缺陷、发包人或工程师违约、第三方原因、政策法规的变更。合同索赔的重要前提条件是合同一方或双方存在违约行为和事实且存在应由对方承担的责任与风险导致的损失。它又可以分为费用索赔、工期索赔及费用工期索赔。合同当事人对合同执行过程中非己方的原因而受到的对合法权利的侵害以及由于侵害而造成的损失均可要求合同的另一方对自己的损失予以补偿或赔偿。

合同索赔的原因有以下几点：

①合同内容变更。随着新技术、新工艺的不断发展，业主对项目的要求也越来越高，使设计、施工难度不断增大，而且现场经常会发生不可预见的情况。

②合同文件(包括技术规范)有缺陷。有时合同进入实施阶段，才发现合同本身有难以弥补的缺陷，或者语言含糊，或者存在漏洞或矛盾，造成双方理解不一致。这就会造成争议，导致索赔。

③发包人或工程师违约。发包人违约主要表现在不按规定提供施工场地、材料、设备，不按时支付工程款；工程师违约主要表现在不能及时解决问题、工作失误、苛刻的检查等，造成对正常施工的干扰。

④第三方原因。与工程有关的与发包人签订或约定的第三方所发生的问题，造成对工程工期或费用的影响，也可以是索赔的起因。

⑤政策法规的变化。由于项目施工工期较长，在合同履行期间可能会出现一些相关的政策法规发生变化，直接影响合同的正常履行。

项目在合同履行中，合同各方往往会更加注重己方的效益而忽视合同条款的约定。比如承包商在竞争过程中经常会通过降低标准或依靠索赔来完成效益收入；而在施工过程中，随着我国建筑业的不断发展，市场上也产生了很多新型材料及工艺，特别是新技术的开发，发包人会提出更高的要求；由于高速公路建设属于线性工程，而且建设工期比较长，受自然灾害及地质情况的影响比较大，建设过程中极有可能会出现一些不可抗力的因素导致合同的部分内容无法正常履行而出现经济或工期上的索赔；在工程实施过程中也有可能因各方对合同条款的理解不统一而产生一些人为的因素影响合同的正确履行。出现合同索赔往往是多种因素的综合影响造成的而不是单一原因引起的，这就使得索赔变得异常困难复杂。

3.2.4　设计阶段合同管理重视度低

有些参建单位对于设计阶段的合同管理并不十分重视，把精力主要放在施工阶段。其实在实际施工过程中，设计阶段是一个非常重要的能够控制成本的环节。如果设计人员忽略整个工程成本或工程工期，那么很容易导致整个工程项目的成本提升；而设计人员如果只是对工程项目的安全性有所重视却忽视了施工过程中的可操作性，同样会造成施工难以在要求的时间内完成，甚至会造成浪费成本的问题，所以一定要做到重视设计阶段的工程合同管理工作，这也是工程得以顺利完工的根本前提。

3.2.5　工程合同管理体制机制不够健全

在参建单位进行合同管理体制建设过程中有很多参建单位并不重视，部分项目的管理机构并未设定专门的合同管理部门，这也会直接导致合同管理体制机制不够健全，缺乏科学的动态的合同管理体制机制，难以及时准确掌握合同的执行情况，缺少必要的评审及评估，因此无法确保合同管理的有效性。由于近些年市场体制的不断改革，市场竞争也会变得更加激烈，对合同的管理要求也越来越高，对合同管理人员的专业性要求也越来越高，对规范合同管理体制机制要求也比原来的高。

3.2.6　工程合同条文不够规范严谨

在高速公路建设过程中，工程合同的种类是多种多样的，合同条款也较为复杂，因此在制订合同的过程中用词应足够严谨规范，防止在合同履行过程中产生一些不必要的纠纷。在合同拟定过程中承包商应根据示范文本草拟合同条款，然后再由建设单位签署，但在实际合同谈判中，由于各方立场不同且对相关条款理解存在偏差，经常会出现最终签订的合同相关条款和原招标文件条款不相符的情况。合同缺乏严谨性及规范性，也将导致合同在履行过程中产生不良影响。

3.2.7　合同管理能力水平有待提升

由于南湛高速指挥部各部门及各参建单位职能不同，人员素质及合同管理水平存在差异，且南湛高速指挥部及各参建单位人员大多为工程技术人员，而合同管理方面人才相对短缺。受各单位合同管理重视程度影响，部分合同管理人员缺乏合同、管理、法律及具体业务方面的知识和相应的实践经验，造成合同管理人员难以进行有效管理。

3.2.8　参建各方合同履约能力偏弱

近几年，新冠疫情给经济社会发展带来较大冲击，自治区精准有序推进复工复产、多措并举加快推进“五网”项目建设。广西北部湾投资集团有限公司作为自治区“五网”建设中“交通网”建设的主力军，利用建管养一体化全产业链优势，义无反顾冲锋在前，充分体现出国企单位应有的责任担当。交通事业的蓬勃发展需要大量的工程技术人员，这导致项目参建各方工程技术人员偏年轻化、施工技术及管理经验欠缺，且缺少专业的桥梁结构、防护工程等的施工人员。综合上述因素，南湛高速参建各方合同履约能力偏弱，导致工程进度、质量要求方面的工作有待加强。

3.3　南湛高速合同管理常见问题

3.3.1　项目风险管理难度大

一般来说，公路建设规模大、投资额大，社会关注度高，接受政府部门的审计、监督的概率更大。南湛高速路线全长约 186.8 km，概算投资约 226.5 亿元，是广西北部湾投资集团有限公司目前最大的投资单体项目，被列为自治区重大建设项目之一。南湛高速指挥部从完善合同合规化管理制度入手，根据集团公司的合同合规化管理办法，编制了《南宁—湛江高速公路南宁至博白那卜段建设指挥部合同管理办法》《南宁—湛江高速公路南宁至博白那卜段建设指挥部合规管理办法》等相关合同管理制度，做到管理层次清晰，职责明确，程序规范，使合同立项、招标、签订、履行等各环节处于有效控制状态，从而做到合规化管理，规避项目风险。

3.3.2　项目沟通协调任务重

项目路线及建设时间均较长，不仅要求建设、设计、施工、监理等单位密切配合，同时也需要地方各级政府部门和施工沿线各相关单位的大力支持，及材料供应商、科研单位、沿线群众等社会各方力量的通力协作。因此，也要求适应地方各级政府部门和施工沿线相关单位、沿线群众等社会各方力量的多元化，以实现多样化管理。

3.3.3　合同履行监管强度大

项目建设合同界定了建设主体各方的基本权利与义务关系，是建设主体各方履行义务、享有权利的法律基础，同时也是正确处理项目实施过程中出现的各种争执与纠纷的法律依据。公路建设参建单位众多，关系复杂，在对外签订合同时要求使用标准合同范本，规范严谨，条款完整，合同管理要求标准化。加强合同管理标准化，促使建设主体各方按照合同约定履行义务并处理所出现的争执与纠纷，能够起到规范建设主体行为的积极作用。

1. 工程计量结算工作

针对各参建单位计量结算人员经验欠缺等问题，南湛高速指挥部组织开展计量结算、变更管理等制度的宣贯学习，进一步做好计量结算业务的培训、指导、督促工作，加快相应计量变更工作，有效提高计量率。

2. 合同履约管理

进一步落实并加强合同管理，根据合同文件及南湛高速指挥部制度加强日常的检查工作，采用指令、通报、约谈、处罚等管理手段，促进各参建单位加强合同履约意识。此外，进一步做好集团公司、指挥部出台的相关管理办法的学习及落实工作，配合相关部门出台针对性的管理细则，进一步提高合同履约、管理能力水平。

3. 加强制度建设，提高制度执行力

定期开展部门及南湛高速指挥部建设管理各环节依法管理的自查自纠、监督检查工作，尤其是项目建设管理过程中涉及的监管制度问题。结合自查自纠排查出的问题，举一反三，进一步完善部门及南湛高速指挥部相关管理制度，强化制度学习培训，提高部门员工业务管理水平和履职能力，同时提高制度执行力，形成科学规范的管理工作机制。

3.3.4 合同支付时效要求高

付款延迟、不按照合同约定方式支付或支付金额计算错误都可能导致承包商或供应商的不满，影响项目进展。南湛高速采用了以下措施，规避合同支付相关问题。

1. 制定合理的支付计划

将项目的付款安排分解到各阶段，并制定与项目进展相对应的支付计划。这可以确保承包商或供应商在完成阶段性工作后能够及时收到相应的款项。

2. 及时审核和处理发票

及时审核承包商或供应商提交的发票，确保发票的准确性。及时处理符合合同条件的发票，有助于加快合同支付进度。

3. 采用电子化金蝶信息支付系统

使用电子化支付系统，可提高支付的透明度、准确性和效率，还可以更容易地追踪支付记录。

3.4 南湛高速合同管理亮点做法

3.4.1 基于公路工程智慧建设管理平台，实现线上材料调差

按合同文件约定及时开展材料价格调差工作，利用现代科学信息技术优势，用现在使用的公路工程智慧建设管理平台计量板块调试并增加材料价格调差计算程序，替代当下费时、费力、易错、易漏的电子表格计算方式。通过智慧建设管理平台系统导入基期材料价格，关联调整周期内的计量期数，输入单位用量等数据，开展线上材料调差，保证有章可循、有据可依，做到表格统一、快速汇总。能更直观地反映调差结果，数据导出快捷且便于校核，为动态造价管理提供重要论证，有效提高工程造价准确性，助力南湛高速建设管理水平的提高。

3.4.2 基于强健领导组织机构，实现全面风险管控

南湛高速指挥部成立全面风险管理工作领导小组，由指挥长担任组长，各副指挥长担任副组长，各部门负责人担任小组成员。领导小组下设办公室，设专人落实全面风险管控工

作。建立风险数据库，建立风险识别、风险评估、风险预警、风险监控评价与整改制度，定期或不定期开展全面风险防控检查，持续进行日常风险信息收集、识别，对已识别的风险进行监控，掌握各项风险现状，及时发现和处理异常情况，实现风险管控常态化、动态化。督促各项风险防控措施落实到位，以防患于未然，为南湛高速建设保驾护航。

3.4.3　基于工程合同管理系统，实现合同动态管理

在科技高度发展的今天，信息化技术已经全面地应用于社会各个领域中，采用网络化、智能化的现代管理模式，对合同进行全生命周期管理，从而达到规范化管理目标，降低企业经营风险。鉴于传统合同管理存在的各种问题以及项目合同管理的复杂性、多元性，南湛高速指挥部深刻认识到合同管理信息化的重要性，基于广西北部湾投资集团有限公司开发的合同管理系统，有效地将集团公司和南湛高速指挥部制度管控内容和流程固化，避免人为规避制度，高效完成合同的立项、起草、签署、履约以及台账登记、统计分析、法律风险评估等工作，并随时动态监测、掌握每项合同当前的流转环节，改变合同管理以往对人力的过度依赖，显著提高合同管理的质量与效率，同时有效规避法律风险，提升依法治企能力水平，如图 3-1 所示。

图 3-1　合同管理系统

3.4.4　基于招标工作合规建设，有效规避审计风险

招标采购环节往往是最容易滋生腐败的地方，如何有效规避采购风险，是所有项目共同的目标。在南湛高速项目中，在招标采购过程中采取了一系列举措，确保了招标工作的合法合规。

1. 合法合规运作

严格遵守《中华人民共和国招标投标法》《中华人民共和国政府采购法》及相关法律法规，确保所有采购活动的合法性和合规性。

2. 严格按照管理办法操作

认真贯彻执行《广西北部湾投资集团有限公司工程建设招标管理办法（2020 年版）》《广

西北部湾投资集团有限公司工程建设项目招标方案备案管理办法》及《广西北部湾投资集团有限公司采购管理办法》等相关管理办法，并在北投电子招采平台开展招标采购工作，确保项目招标采购工作规范、有序进行，如图 3-2、图 3-3 所示。

图 3-2 招标管理系统

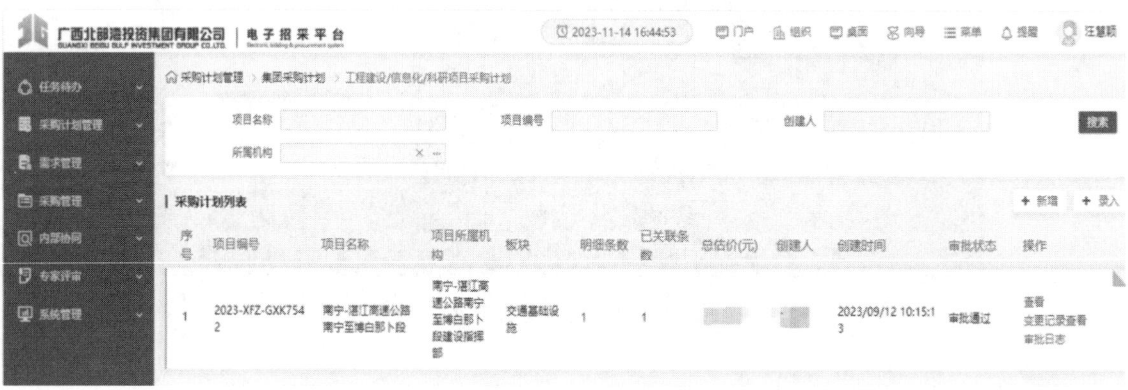

图 3-3 北投电子招采平台

3. 排查和清除潜在问题

针对可能出现的招标问题，进行了全面排查和清除。包括对可能存在的腐败、不正当竞争和违规操作等问题的深入调查，确保招标采购过程的公正和透明。

4. 依法采购

始终坚持依法采购的原则，确保在招标采购过程中不偏离法规的轨道，有效地降低了风险，保障各方的权益。

通过以上措施，南湛高速建设项目在招标采购过程中实现了阳光采购和依法采购，为项目的合法合规性提供了坚实保障。

3.5　南湛高速合同管理数字化应用

针对长里程高速公路建设管理中的合同财务管理难题，南湛高速指挥部采用以下数字化对策。

1. 合同管理的数字化对策

(1)采用合同管理系统

南湛高速指挥部在工程建设中使用了广西北部湾投资集团有限公司的合同管理系统，该系统围绕合同管理，创建了合同评审、审批、履约管理、结算支付、报表查阅等功能，实现合同审批流程化，合同格式标准化、规范化、合法化，同时有效提升了工作效率，如图 3-4 所示。

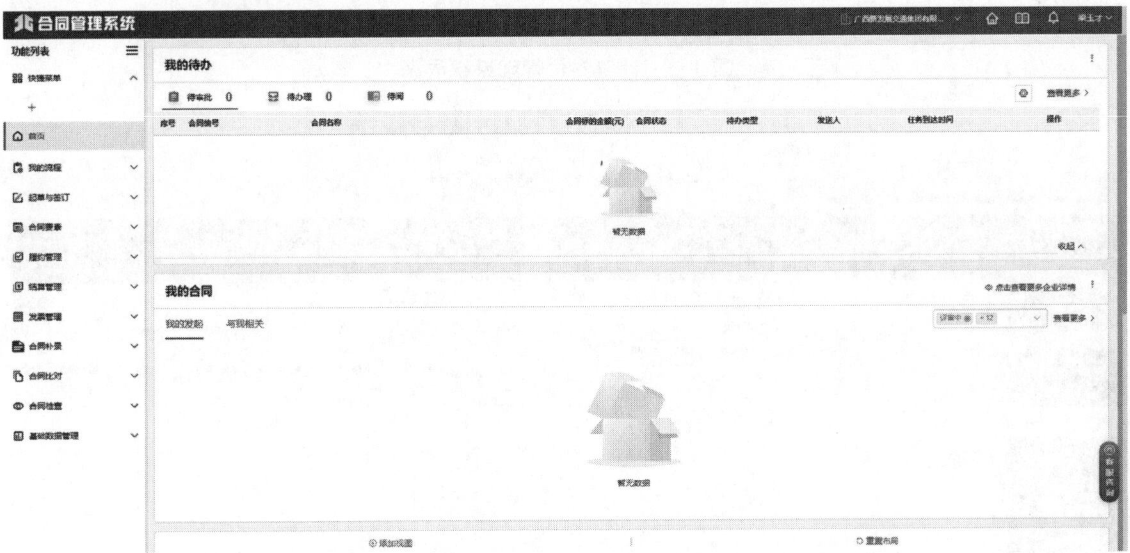

图 3-4　合同管理系统界面

合同管理系统是根据广西北部湾投资集团有限公司全产业链的要求实现合同评审、审批、履约管理、结算支付、报表查阅功能的统一，能做到实时监控集团合同执行情况，并按照集团规章制度，实现合同评审、审批流程化，合同格式标准化、规范化、合法化及合同执行透明化。

(2)采用计量支付管理系统

南湛高速指挥部在工程建设计量中使用了南宁蜂窝科技有限公司提供的计量支付管理系统，该平台集成施工进度、质检、计量于一体，以合格的工程主体为计量基础，便于提高计量率。该系统已与公司系统平台融合，公司可实时查看项目处理计量支付效率及资料的完整性，同时也保存了每一期中期计量数据，便于汇总计量台账，如图 3–5、图 3–6 所示。

计量支付管理系统是融合了施工进度、质检、计量于一体的集成系统，其以合格的工程主体为计量基础，实时提高计量率，加快计量进度，如图 3–7、图 3–8 所示。

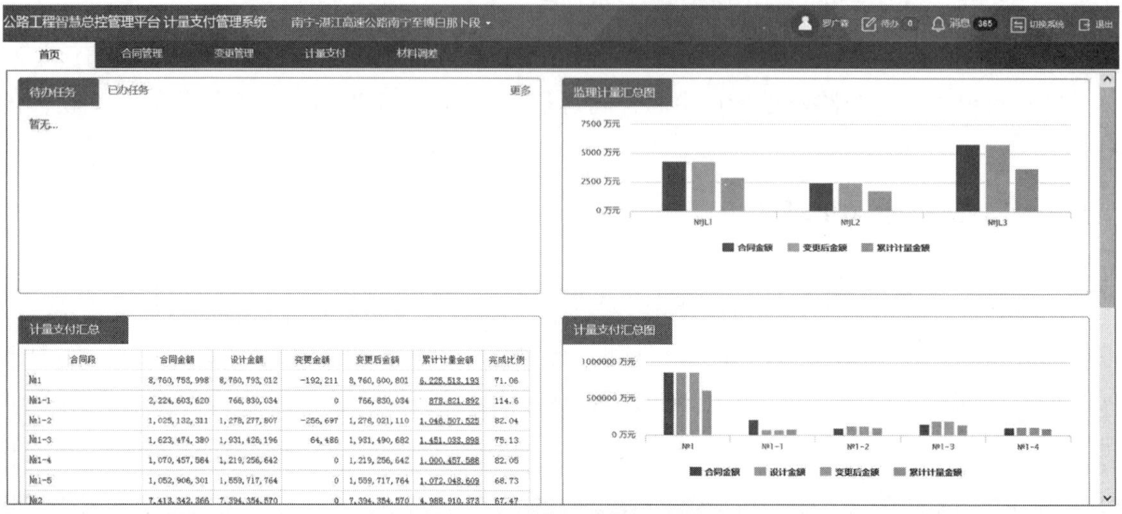

图 3–5　计量支付管理系统界面

图 3–6　计量成果形成台账

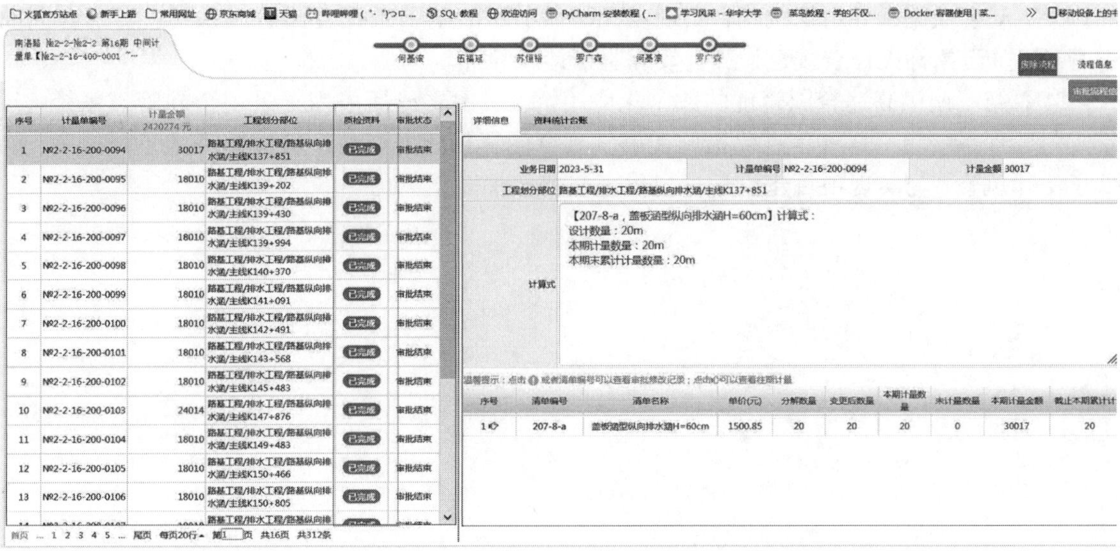

图 3–7　计量的工程部位质检资料

查看流程信息

序号	执行人	审核状态	审核意见	审核结果	开始时间	审核时间	审核历时	审核时限
1	【承包商】何基滚	已上报			2023-05-23	2023-05-23	0天	0天
2	【总监办计量室】伍福延	已审核	同意	同意	2023-05-23	2023-05-26	3天	1000天
3	【指挥部合同部】苏恒裕	已审核	同意	同意	2023-05-26	2023-05-31	5天	1000天
4	【指挥部合同部】罗广森	已审核	同意	同意	2023-05-31	2023-06-01	1天	1000天
5	【分部】何基滚	已审核	同意	同意	2023-06-01	2023-06-03	2天	1000天
6	【指挥部合同部】罗广森	流程结束	同意	同意	2023-06-03	2023-06-05	2天	1000天

图 3–8　计量的流程时效性

3.6　本章小结

合同管理是长里程高速公路建设管理的关键工作。本章围绕长里程高速公路建设中的合同管理进行研究，主要研究工作和结果结论如下：

①基于调研分析，指出长里程高速公路合同管理的难点，主要包括工程建设以包代管依然存在、工程设计变更管理相对滞后、工程建设合同索赔较为困难、设计阶段合同管理重视度低、工程合同管理体制机制不够健全、工程合同条文不够规范严谨、合同管理能力水平有待提升和参建各方合同履约能力偏弱等。这为长里程高速公路数字化建设与管理方案的提出奠定了基础。

②结合南湛高速的建设实际情况，指出南湛高速在合同管理方面主要存在项目风险管理难度大、项目沟通协调任务重、合同履行监管强度大和合同支付时效要求高等。这为南湛高速合同管理亮点做法的提出奠定了基础。

③基于长里程高速公路合同管理的难点分析，结合南湛高速合同管理中遇到的问题，提

出了南湛高速合同管理的亮点做法，主要包括基于公路工程智慧建设管理平台，实现线上材料调差；基于强健领导组织机构，实现全面风险管控；基于工程合同管理系统，实现合同动态管理；基于招标工作合规建设，有效规避审计风险等。

④总结了南湛高速合同管理的数字化应用情况，主要包括采用了采用合同管理系统、计量支付管理系统等。这些信息化措施能够实现合同管理能力和项目管控水平的不断提高，降低了法律风险，为实现项目建设目标提供了坚实的保障。

第4章

长里程高速公路财务管理数字化应用

4.1 概述

高速公路是我国重要的基础性设施。近年来，在“贷款修路，收费还贷”政策的推动下，我国高速公路建设飞速发展。但与此同时，也出现了建设资金短缺、资金链断裂等财务问题，在新形势下，加强财务管理工作对于实现高速公路建设的可持续发展具有重要意义。为此，本章将结合南湛高速的建设实际，探讨长里程高速公路财务管理工作所面临的各种困难，分析南湛高速财务管理的常见问题和亮点做法，并总结了南湛高速在财务管理方面的数字化应用情况。这可为国内同类型长里程高速公路建设中的财务管理提供借鉴和参考。

4.2 长里程高速公路建设财务管理难点分析

4.2.1 人员专业素养提升任务重

在高速公路建设工作中，财务管理人员的专业素质对财务管理效果和流程会产生一定程度的影响。在经营管理工作体制方面，高速公路建设财务管理工作主要是条块结合的方式，若是一个部分没有落实有效的监督管理，就会造成连锁反应。如果部分财务管理人员的自身素质和专业文化水平存在问题，专业素质不能和具体岗位相匹配，整体管理水平和管控能力就会出现偏差。同时，财务管理工作的要求和管理体制一直在变化，财务管理人员若是不能自我提升就会出现无法顺应新工作要求的问题，管理工作中的不足不能得到预防和处理。

4.2.2 财务工作监督管理要求严

在高速公路建设工作开展的进程中，要顺应市场经济的发展环境，也要满足自身管理发展要求。因此，财务监管的问题逐渐显现出来。究其原因，主要是由于高速公路建设部门的管理机制依旧存在不完善的问题。整体管理队伍缺乏有效且理性的监督机制，尤其是管理过程中的一些关键步骤，正是由于财务监督管理体系不能完全解决实际问题，因此，监督机制的落实也会存在异常。

在高速公路工程项目建设管理的过程中，资金量较大，周转周期也很长，任何一个财务管理环节出现问题，都会影响整个资金链的运行效果。管理部门在筹集资金的过程中，仅仅关注了资金的筹集数量和效率，却忽视了资金管理中的会计监督及核算工作，这就造成财务监督管理体系和运行功能被弱化，不能有效发挥其实际职能，进而造成财务管理工作出现缺失。对于高速公路建设项目而言，财务监督管理体系不完善就会使得整个行业的财务管理工作体系不能顺应市场变化的新需求。

4.2.3　项目资金管控风险压力大

高速公路建设管理过程的资金需求量较大，尤其是长里程高速公路的建设，资金需求更是巨大，这使得建设和管理过程都会面临较大的资金风险。高速公路项目的资金主要来自国家财政投入及银行贷款，企业本身压力较大，不仅需要支付本金，还要同时偿还数额较大的利息。多数高速公路企业通过收取通行费及路衍产业收入筹集资金，若是企业不能构建良性循环的资金链，就会导致财务管理过程和管理目标之间出现严重偏差，甚至会增加企业的实际财务风险，导致运营过程受到影响。

4.3　南湛高速建设财务管理常见问题

4.3.1　资金到位结构不合理，后期资金保障难度大

主要体现在项目专债资金来源与工程建设进度不匹配，专债资金到位时间是项目无法完全掌控的。南湛高速融资是以政府专项债券为主、市场化配套融资为辅的混合融资模式（即“债贷结合”模式）。但是根据项目已到位资金性质分析，项目资金到位结构不合理。一是根据批复的市场化配套融资，项目中政府专项债券资金占投资总额的比例约为52%，截至2023年9月30日，项目开工累计实际到位资金合计154.58亿元，政府专项债券资金累计到位19.84亿元，政府专项债券资金到位占累计到位资金的比例仅为12.83%；按照截至2023年9月30日的工程建设进度计算，政府专项债券资金应到位86.20亿元，即专项债券资金缺口为66.36亿元，这与项目进度不匹配，项目后期发债压力较大。二是由于政府专项债券资金使用管理的特殊性，政府专项债券资金只能用于工程实体建设，如支付工程计量款及征地拆迁补偿款（失地农民保险除外），不可用于支付融资利息及管理费。随着南湛高速工程建设的推进，鉴于建设过程中政府专项债券资金到位进度与项目建设进度严重不匹配的情况，后期即使政府专项债券资金到位，项目也面临着政府专项债券资金消化困难的风险。

4.3.2　项目建设资金投入大，过程财务保障要求高

南湛高速作为广西北部湾投资集团有限公司目前在建高速公路中线路最长、投资最大的

项目，全长 186. 8 km，初设批复投资总额 226. 5 亿元，资金来源构成包括政府专项债券资金、银行贷款及企业自筹等，其中政府专项债券及银行贷款占比高达 90%，建设期的政府专项债券资金及银行贷款所带来的利息还款压力及建成后还本付息的压力都很大。根据截至 2023 年 9 月 30 日广西新发展交通集团有限公司的存量项目的资金融资到位比例情况来看，有些项目的贷款资金到位已达上限，但政府专项债券资金到位率仍然偏低，那么，项目后续的资金来源十分被动，一定程度上制约了项目后期工作的有序开展。除此之外，高速公路建成之后资金的回笼速度也较慢，种种原因使得南湛高速在建设中面临着较高的财务风险。

4. 3. 3　财务管理任务强度大，预付资金冲销周期长

南湛高速作为广西北部湾投资集团有限公司在建高速公路中线路最长的项目，全长 186. 8 km，经过三县一区 19 个乡镇，项目沿线的市县及各乡镇的征拆工作管理方式以及各地民风民情的千变万化、纷繁复杂，加之各县资料整合模式不统一，既包括手工书写的原始数据表格，又包括智能软件统计的内容，既有原始表格中存在的人为统计错误，也有同一赔补内容错套标准、重复支付等错误，这就决定了南湛高速建设中的征拆工作是艰难的。尤其是征拆资金拨付到每个市县征拆办后，如何有效加快征拆资金落实到农户、加快资料的审核及归档、冲销预付的征拆资金，这无疑给南湛高速财务管理工作提出了挑战。

4. 3. 4　项目建设工点设置多，建设资金监管难度大

南湛高速作为广西北部湾投资集团有限公司在建高速公路中里程最长的项目，施工沿线设立 2 个总包部及 10 个项目部，加上在目前广西北部湾投资集团有限公司资金归集的大环境下，如何有效地防范工程资金管理风险，保证工程建设资金专管专用，也是工作中的重中之重。

4. 3. 5　参建单位人员数量多，民工用工管理压力大

南湛高速线路长，施工沿线设立的项目部多，用工队伍数量达 224 个，累计进场施工农民工达 2. 66 万人次，以及在当前国家保障农民工工资支付工作条例及各项规章制度层出不穷的情况下，如何有效落实资金，保障农民工权益，以及完善上级民工工资工作领导小组对民工用工管理资料的归档整理，是南湛高速建设中摆在全体南湛高速财务工作人员面前的重要课题。

4. 3. 6　财务管理人员工作能力要求高，优质财务团队建设难

南湛高速作为广西北部湾投资集团有限公司最大的项目，但是给其配备的财务人员知识储备有限，多为工作一年的人或应届毕业生，故高速公路建设财务管理经验欠缺，且对高速公路专项资金使用受限领域不熟悉，因此快速培养人才，让其在工作中起到传帮带的作用，是建设优质财务团队的首要任务。

4.4 南湛高速建设财务管理亮点做法

4.4.1 首创财务管理新机制，强化征拆结算管理

项目前期，在南湛高速指挥部领导的带领下，财务部、协调部深入各区县了解地方以往的征拆模式，在充分了解当地民风民情后，找准征拆切入点，首创“三方联审、银行协同”机制，切实推广科技赋能，全线引入智能征拆软件，减少人为错误，同时开展现场三方联审，各方科学分工、团结协作，仅用3天就完成1000余亩的阶段审核任务，优化支付流程，利用协同手段，将以往“收集、审核、整改、复核、兑付”一整套流程的时间由一周缩短至3天，最大限度压缩资料送审至兑付的时间；同时充分利用建设资源，以资金监管协议为依托，加大银行监管力度，落实银行监管责任，最大力度保障了征拆项目资金的安全和公司的利益。

4.4.2 加强财务工作规范化，提高财务信息质量

为进一步规范南湛高速指挥部财务工作、提高会计信息质量，南湛高速指挥部根据公司相关财务管理制度，并结合南湛高速指挥部实际情况，比较全面地制定了南湛高速指挥部相关财务管理制度，包括财务部组织机构和岗位职责分工、财务收支管理制度、财务核算制度等，对南湛高速指挥部会计核算及会计报表报送及时性、数据准确性等方面做了比较全面、系统的规定，从而逐步提高财务信息质量，为公司进行财务分析及领导决策提供了可靠、有用的信息。

4.4.3 加强专业和综合培训，提升团队综合水平

南湛高速指挥部财务部秉持着培养专业技术能力过硬、综合能力较高的人才培养理念，充分利用现有建设资源，铺筑员工成长之路。一方面，认真贯彻落实双导师责任制，制定财务部全员学习计划，定期集中参加学习培训，由部门财务人员分别就制度学习、防诈骗知识、会计人员职业道德规范等进行学习讲解，以全面提高业务技能，同时采用轮岗形式让财务人员了解项目财务工作的全貌，定期开会总结工作经验，引导全员形成积极向上的学习风气，养成踏实肯干的工作作风。另一方面，“凡事预则立，不预则废”，为适应集团公司高质量发展需要，做好财务系统信息化工作，由南湛高速指挥部领导牵头，财务部先后于2021年8月及2022年3月组织南湛高速指挥部全体员工对金蝶财务新系统进行实操培训。通过培训，南湛高速指挥部全体员工对金蝶财务系统有了较深刻的了解，基本掌握了操作流程，为在日常工作中高效运用金蝶财务新系统奠定了坚实的基础。同时，财务部结合南湛高速指挥部员工日常费用报销、工程计量支付中遇到的易错易漏实例，专门编制了南湛高速员工费用报销操作指南，这大大提高了日常费用报销的审核及支付效率，得到了指挥部各位领导及同事的高度好评。

4.4.4 加强党建引领和沟通，护航民工合法权益

一是开展民工用工日常交流，为民工保驾护航。为贯彻落实《保障农民工工资支付条

例》，切实维护民工合法权益和社会和谐稳定，确保农民工按时足额拿到工资，同时在全国营商环境不景气的背景下，如何切实减轻企业负担，减少建设过程中农民工工资的资金沉淀，平衡二者关系是摆在南湛高速面前的新问题。为了解决这个问题，南湛高速指挥部常态化开展了民工用工管理交流会。南湛高速指挥部、财务部全体人员及各施工单位总包部、各项目部财务负责人及劳资专管员参加会议。交流会为南湛高速指挥部及施工单位总包部、各项目部以后更好开展民工用工管理工作总结了经验做法，为保障农民工合法权益及贯彻落实《保障农民工工资支付条例》奠定了基础。同时，在整理农民工工资兑付资料方面，以往由总包部一个专户代发各项目部的农民工工资，出现了一张回单支付明细同时涵盖几个劳务队、错付漏付款项及资料整理困难等情况。南湛高速指挥部了解情况后，牵头各总包部及其开户行，让其增设农民工专户子账户，每个子账户只发放一个项目部的民工工资，这样大大节约了民工工资回单的整理时间，同时也降低了错付漏付的风险。

二是党建引领、压实责任，积极打造根治欠薪示范性工程项目。项目自进场以来，一方面积极投身于工程建设，另一方面扎实推进根治欠薪工作，把项目真真切切打造成人民群众满意的暖心工程。项目坚持党建引领，成立以指挥长为组长的农民工工资保障小组。坚决贯彻落实《保障农民工工资支付条例》，把根治欠薪工作作为党建工作的重点之一，做到资金安排优先满足，支付担保规范稳妥，资金拨付及时足额，协调机制切实有效。项目积极践行“用情暖民心”，常态化开展走访慰问、夏日送清凉、爱心体检、工伤预防培训、职业病知识宣讲等志愿活动，用实际行动把关怀和温暖送到农民工心坎上。正因如此，项目入选了广西壮族自治区交通无欠薪示范项目，并作为广西壮族自治区南宁市交通领域唯一代表项目于 2023 年 9 月接受了国务院保障农民工工资考核小组的考核。

4.4.5　加强部门间信息联动，持续深化业财融合

传统的线下审批模式，主要存在两个弊端：一是流程不透明，导致新人办事效率低；二是线下流程受人为因素影响大，某一个环节的审批人不在办公室就无法往下进行审批，影响重要项目的进行效率。对应的解决方式通常为事先通过电话或短信请示，后续再进行补签。这种应对方式虽然满足了重要项目的进行需要，但也因此埋下了较大的安全隐患，急剧增加了内控及财务的风险。

为了解决以牺牲内控及财务风险去推动项目进行的弊端，指挥部以金蝶云财务系统为依托，全力推行线上审批的机制，实现全方位、全时段“一机在手，审核无忧”的审批自由，同时在已实现手机移动办公、提高工作便利度及效率的基础上，进一步提升部门间信息化交流联动、信息共享，并最终同步至金蝶云财务系统，如人力资源系统人员信息、岗位变动情况实时同步至金蝶云财务系统，规避因职员岗位变动造成的内部审批程序不一致问题，强化内控，深化业财融合，防范管理风险。下一步，南湛高速指挥部将在集团公司的引领下，进一步打通合同、计量、工程等各个业务板块的业财一体化，促进数字化、信息化建设。

4.5 南湛高速财务管理方面数字化应用

长里程高速公路建设其他方面的信息化、数字化建设也为项目建设提供了便利，目前集团在高速公路建设的财务方面信息化管理已基本统一且用的是与运营期间同样的管理平台，上下级之间的信息化兼容性、互通性得到了较好的统一，打破了项目全生命周期数据共享的技术壁垒，为数据可视化、可追溯化提供了有效平台。

南湛高速指挥部以金蝶云财务系统为依托，现已通过手机移动办公实现了审批自由，同时也以该财务系统为抓手，不断拓展数据化应用的深度和广度，推进相关业务板块数据之间的深化融合，见表 4-1。目前项目在资金管理、往来管理、资产管理等不同的业务模块与其他部门及集团外部关联单位实现了信息化联动，建立了一个较为有效的数据化应用体系，如图 4-1 所示。

表 4-1　金蝶云星瀚财务管理系统主要功能

类型	功能
员工服务云	提供面向全体员工的日常费用报销、资产报销、对公费用报销等功能
财务云	往来管理、资金管理、资产管理、账务核算、账表分析等财务管理工作
税务云	主要用于增值税的发票管理与纳税申报
企业绩效云	主要用于合并报表、全面预算的编制与上报
系统服务云	主要用于财务主数据的维护和存储查询

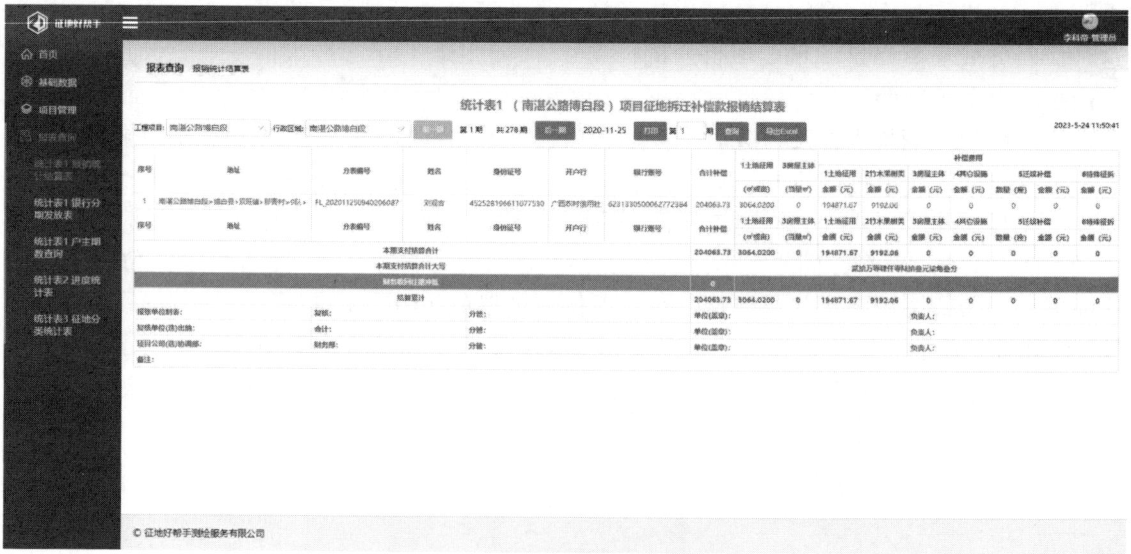

图 4-1　金蝶云星瀚系统界面

4.6　本章小结

财务管理是长里程高速公路建设管理的关键工作。本章围绕长里程高速公路建设中的财务管理进行研究，主要研究工作和结果结论如下：

①基于调研分析，指出长里程高速公路财务管理的难点，主要包括人员专业素养提升任务重、财务工作监督管理要求严和项目资金管控风险压力大等。这为长里程高速公路数字化建设与管理方案的提出奠定了基础。

②结合南湛高速的建设实际情况，指出南湛高速在财务管理方面主要存在资金到位结构不合理，后期资金保障难度大；项目建设资金投入大，过程财务保障要求高；财务管理任务强度大，预付资金冲销周期长；项目建设工点设置多，建设资金监管难度大；参建单位人员数量多，民工用工管理压力大；财务管理人员要求高，优质财务团队建设难等问题。这为南湛高速财务管理亮点做法的提出奠定了基础。

③基于长里程高速公路财务管理的难点分析，结合南湛高速财务管理中遇到的问题，提出了南湛高速财务管理的亮点做法，主要包括首创财务管理新机制，强化征拆结算管理；加强财务工作规范化，提高财务信息质量；加强专业和综合培训，提升团队综合水平；加强党建引领和沟通，护航民工合法权益；加强部门间信息联动，持续深化业财融合等。

④总结了南湛高速财务管理的数字化应用情况，主要是采用了金蝶云星瀚系统，南湛高速指挥部以金蝶云财务系统为依托，实现了手机移动审批的自由，拓展了数据化应用的深度和广度，推进相关业务板块数据之间的深化融合，实现了业务模块与其他部门及集团外部关联单位的信息化联动。

第 5 章

长里程高速公路科技创新管理数字化应用

5.1 概述

随着我国经济的快速发展，高速公路的建设和完善也逐渐成为国家重要的基础设施，而高速公路的科技创新管理则是高速公路建设与运营中必不可少的一环。高速公路技术的创新，不仅能够提升公路的品质、功能和安全性，还能够推动整个行业的升级，为技术转型和产业升级奠定坚实基础。科技创新管理是高速公路建设与运营中必不可少的一环，它可以提高高速公路的安全、便捷和服务水平，为高速公路发展奠定稳健的基础。为此，本章将结合南湛高速的建设实际，探讨长里程高速公路科技创新管理工作所面临的各种困难，分析南湛高速科技创新管理的常见问题和亮点做法，并总结了南湛高速在科技创新管理方面的数字化应用情况。这可为国内同类型的长里程高速公路科技创新管理提供借鉴和参考。

5.2 长里程高速公路科技创新管理难点分析

5.2.1 科创课题技术范围广，实施管理时间跨度大

长里程高速公路由于里程较长，在路线的走向上会遇到各种各样的地理条件，除了普通的道路之外，还会有各种各样的桥梁、隧道和边坡等，而地理条件的不确定性对这些沿线建筑物的建设构成了严峻的挑战，带来许多新的研究课题。因此，在长里程高速公路的建设过程中，往往会有各种科技攻关需要开展。在高速公路的建设过程中，科技创新主要是分为科研课题和信息化建设两大板块，科研课题具有申报立项材料多、协调单位多、合同种类内容繁多、落地实施难度大、管理难度大等诸多难题，建设过程中信息化系统具有种类繁多、接口标准不一致、需求与实际不一致、沟通协调工作量大等难题，如何高效做好科技创新管理是一个严峻的挑战。

基于文献调研和已经开展的科技创新管理实践，长里程高速公路面临的难点主要是课题

种类多和数量大、课题申报和管理烦琐、合同和成果管理工作量大和落地实施难度大。南湛高速面临的难点主要是课题涉及专业种类多，需要协调的单位多，课题的进度、成果等管控工作量大以及课题落地实施时沟通工作烦琐等。

5.2.2　科创技术质量要求高，成果收集整理难度大

随着科研进程的不断发展，各类新兴技术、设备及工艺等持续推陈出新，各类科技创新含金量也逐渐上升至新的高度，各类科技创新成果的产出、申报、审核及获取的难度逐渐加大，对其技术质量要求不断提高。同时，长里程高速公路中衍生的技术，无论是涉及领域还是实施点位上，均较为分散，因此成果收集与整理是十分烦琐的，其中的工作量也是十分庞大的。

5.2.3　荣誉成果登记类项杂，申报过程摸索难度大

一般来说，产出的知识产权成果数量、质量同里程的长短是没有必然联系的，但长里程高速公路，在申报某些高等级工程建设奖项、科学技术奖项时是存在先天优势的，如国家优质工程奖、公路交通优质工程奖(李春奖)、国家科学技术进步奖等，而申报高等级奖项和成果，无论是申报、获取程序，还是支撑材料、现场条件上都相对复杂、多变，在缺乏申报经验的情况下，申报过程的摸索难度是显而易见的。

5.2.4　科创负责主体较分散，技术创新合力难形成

就长里程高速公路而言，项目标段往往较为狭长，不免需要由数量较多的项目分部来开展建设和管理工作。数量较多且较为分散的项目分部作为科技创新实施的主体，在各自辖段中开展科技创新工作，往往是围绕自身辖段工程难点特色进行的，通常难以统一，故要形成科技创新合力难度较大。

5.3　南湛高速科技创新管理常见问题

5.3.1　科创人员技术水平有待提高

南湛高速作为广西“东融动脉”，具有重要的战略意义，其工程建设标准和科技创新要求较高，对科创人员素质及专业技术水平要求较高，而南湛高速作为一条以年轻人为中坚力量的重点工程，在极富创新活力的同时，也存在经验不足的缺点。因此，科技创新顶层构架、方案规划、制度完善是必不可少的，南湛高速指挥部自建设之初便出台了“创优策划方案”，创建了科技创新领导小组、科技创新管理办公室、建管养一体化办公室等制度和机构，由各机构统筹规划、全面领导科技创新工作，有效弥补了科创人员技术水平不高的缺点，保障了南湛高速科技创新工作的稳步推进。

5.3.2　日常资料收集整理有待加强

南湛高速具有 8 个土建分部、1 个机电分部、1 个房建分部和 3 个总监办，各个创新分子

所产出的科创荣誉成果质量往往参差不齐，涉及领域通常较为分散，产出的时间和渠道千差万别，资料的种类繁多，因此日常的收集整理显得至关重要。在保障工程建设质量的同时，要进一步提升科技创新管理水平，则需要投入额外的人力和时间，持续加强日常资料的收集整理。南湛高速通过定时委派专人去现场调研收集、组建科技创新管理群组、科创资料收集整理责任到人等诸多制度和措施，保障了日常资料收集整理的完善性，形成了四新三微改技术台账、建筑业10项新技术台账、科技创新汇报材料、南湛高速荣誉获奖清单等系列实时更新的文件资料，有力支撑了科技创新工作。

5.3.3 工程创新亮点挖掘有待提升

一个项目的工程亮点可能存在于诸多方面，如质量提升、制度创新、技术创新、设备革新、等等，涉及专业范围较广、技术领域较多，但受到科创人员专业技术水平、资料完善程度及工作时间等诸多因素的影响，以至于工程亮点凝练挖掘程度通常难以提升。南湛高速通过邀请区内外协会及学会专家咨询指导、聘请专业人员整理挖掘、走访调研检查全线科创现场等诸多方法措施，呈现出全生命周期设计、高标准工程质量、高水平科技创新、高绿色施工环保、高标准安全管控等系列亮点格局，凝练成系列亮点示范工程和系统资料，有效完善了南湛高速科创亮点挖掘体系。

5.3.4 经验总结交流渠道有待疏浚

南湛高速项目科技创新执行主体众多，执行任务多落在具体科创负责人之列，由于各项目分部辖段工程难点、重点及侧重点各不相同，各辖段间科技创新管理存在交流壁垒，经验分享和借鉴渠道亟须疏浚。为此，南湛高速指挥部在定期开展科技创新现场走访调研的同时，串联各分部科创负责人，定期开展科技创新交流会议，会议以专家讲座、专业培训、经验交流、学习研讨等方式进行，有效提升了各标段、分部辖段之间的科技信息交流，打破了信息壁垒，加强了全线的科技创新联系。

5.4 南湛高速科技创新管理亮点做法

5.4.1 布局创优蓝图，健全科创制度

1. 创优制度及策划

(1)广西新发展交通集团有限公司印发了创优争先计划方案，建立了集团公司创优争先领导机构及明确了工作职责，制定了包含国家优质工程奖、李春奖、广西建设工程“真武阁杯”奖、广西壮族自治区建设工程优质结构奖等创优争先的具体实施方案与计划。

(2)南湛高速指挥部自项目伊始，便定下了创建国家优质工程的目标，通过在南湛高速指挥部建立南湛高速科技创新办公室，全面负责创优工作，联合各参建单位成立了创优工作领导小组，共同制定印发了《关于成立南宁—湛江高速公路南宁至博白那卜段项目创优工作领导小组的通知》《关于印发创建国家优质工程实施方案的通知》等8项创国优管理和组织制

度，如图 5-1、表 5-1 所示。

图 5-1　南湛高速科技创新办公室牌匾

表 5-1　南湛高速部分科技创新制度

序号	通知名称	文号	发文时间
1	关于成立南宁—湛江高速公路南宁至博白那卜段项目创优工作领导小组的通知	〔2021〕4 号	2021-06-25
2	关于印发《南宁—湛江公路南宁至博白那卜段建设指挥部科研管理办法》的通知	工发〔2021〕11 号	2021-07-14
3	关于成立南湛高速 BIM 技术应用工作协调组和实施组的通知	〔2021〕95 号	2021-12-16
4	关于成立南湛高速桂粤琼黄金走廊低碳建造智慧管养科技示范工程联合工作组的通知	〔2021〕103 号	2021-12-28
5	关于成立南宁—湛江高速公路南宁至博白那卜段建设指挥部科技创新管理办公室的通知	工发〔2021〕36 号	2021-12-28
6	关于成立南湛高速综合论坛工作领导小组的通知	工发〔2021〕37 号	2021-12-28
7	关于印发创建国家优质工程实施方案的通知	工发〔2021〕35 号	2021-12-28
8	关于成立南湛高速科技创新领导小组的通知	〔2022〕23 号	2022-03-22

2. 创优目标要求

自项目开工建设以来，南湛高速指挥部在广西新发展交通集团有限公司的正确领导和大力支持下，紧紧围绕创建国家优质工程建设目标，秉持“智联南湛 东融动脉”建设主题，坚持“4321”建设理念，攻坚突破、稳中提质，超额完成“双过半”目标任务，确保工程、安全“两手抓、齐推进”，为项目高质量建设和创优蓄势赋能。

总体目标：国家优质工程，开工必优，一次成优。创国家优质工程必须认真执行“三高、三严”的质量方针，发扬“敬业、勤业、精业、成业”的企业精神，加强技术创新水平和经营管理水平，充分发挥全产业链优势，实现总体工程优良、结构工程精品、附属工程协调、景观工程优美，打造“绿色低碳智慧管养型高速”示范创建项目，誓创国家优质工程，见表 5-2。

表 5-2　质量目标要求

<table>
<tr><th colspan="2">指标</th><th>指标要求</th></tr>
<tr><td colspan="2">建设项目交工验收的质量评定</td><td>优良</td></tr>
<tr><td colspan="2">建设项目竣工验收的质量评定</td><td>优良</td></tr>
<tr><td rowspan="4">杜绝重大质量风险，努力消除工程质量通病</td><td>工程一次验收合格率</td><td>100%</td></tr>
<tr><td>主体工程优良率</td><td>100%</td></tr>
<tr><td>单项工程一次验收合格率</td><td>100%</td></tr>
<tr><td>单项工程一次验收优良率</td><td>95%以上</td></tr>
<tr><td colspan="2">交工验收质量合格率</td><td>100%，且评分在 90 分以上的分部工程达到 100%</td></tr>
<tr><td colspan="2">竣工验收分数</td><td>90 分以上，且评分在 90 分以上的单位工程达到 100%</td></tr>
<tr><td colspan="2">其他</td><td>(1)与工程实体基本同步完成相应的内业资料，质量评定及时、规范，数据真实全面；
(2)打造“3710”工程，3 年无小修，7 年无中修，沥青路面 10 年无大修</td></tr>
</table>

5.4.2　加强多方合作，推进课题研究

截至 2023 年 10 月，南湛高速获得立项科研课题 7 项，其中广西科技厅重点研发计划项目 2 项、广西交通运输厅重点科技项目 5 项，与交通运输部公路科学研究院、广西交科集团有限公司、广西路建工程集团有限公司、广西路桥工程集团有限公司、广西交通设计集团有限公司、广西航务建设工程有限公司等企事业单位，以及同济大学、河海大学、哈尔滨工业大学、长安大学、广西大学、长沙理工大学、中南大学密切交流，共形成环境敏感区温拌抑烟阻燃沥青材料、不良土路基智慧化光纤监测技术、大体积混凝土内养护技术、平陆运河跨线桥大吨位一次整体提升技术、高速公路机电智慧运维管理平台等 17 项系列材料、技术及智慧管控平台，极大地拓宽了南湛高速科技创新的研究广度。

5.4.3　信息化赋能强，助推科技攻关

完成专业 BIM 模型建立及相应多媒体成果、BIM+GIS 的轻量化集成系统等，进一步打通设计到施工的 BIM 数据传递及基于 BIM 的项目建设管理应用；初步实现以 BIM+GIS 技术为核心的项目空间基础地理信息等数据的整合、交换和共享；研发无人机巡检数据管理平台，并配置相应的硬件设备，为项目数据采集和信息化应用提供硬件支撑；研发隧道建设期安全管控三维信息平台，实现隧道建设安全风险预警、实时管控、交付可追溯，提升隧道建设品质和智慧化安全管控水平；研发基于 BIM+GIS 的三维多源数据监测预警平台；高规格、高标准打造集团公司下属指挥部第一个自有智慧展厅；以顺利立项 2021 年广西交通运输科技示范工程为抓手，通过申报各类科技创新奖项、推进设计施工 BIM 一体化应用及验收工作、开展隧道建设期安全管控三维信息，平台建设、无人机建设管理系统、建设 BIM+GIS 的边坡监测系统等举措，纵深推进科技创新和信息化。

5.4.4　不断对标学习，看齐行业先进

南湛高速指挥部积极组织成员参与学术交流会议、行业交流会议，包括广西道路标线新技术交流会、广西全区交通运输大会、中国公路学会第四届中国旅游交通大会等，不断提升科技创新人员专业技术水平和行业技术素养。

5.4.5　常态创优报奖，厚积荣誉成果

截至 2023 年 9 月，项目在工程建设及科技获奖方面已取得丰硕成果，包括获得 22 类 42 项奖励，发表论文 20 余篇，申请国家专利 20 余项，获得授权专利 10 余项，申请软件著作权 20 余项，获得省部级工法 1 项，如表 5-3、图 5-2、图 5-3 所示。

①勘察设计成果方面：项目通车后拟计划申报公路交通优秀勘察奖，优秀设计奖，广西优秀工程勘察设计成果。

②质量方面：荣获广西壮族自治区建筑业 2022 年度广西壮族自治区建筑业绿色施工示范工程荣誉称号；拟计划申报公路交通优质工程奖（李春奖），广西建设工程“真武阁杯”奖（最高质量奖），广西钢结构金奖，中国钢结构金奖。

③技术效应方面：获得发明专利和实用新型专利 10 余项，省部级工法 1 项，省部级 QC 成果 14 项。

④科技创新方面：荣获 2023 年度广西壮族自治区建设工程优质结构奖 1 项，2021 年度广西科学技术奖进步奖二等奖 1 项，2021 年度中国交通运输协会科学技术奖二等奖 1 项；荣获第三届全国公路微创新大赛金奖 1 项、铜奖 1 项；荣获第二届工程建造微创新技术大赛优胜成果 1 项，2022 智建“SMART BIM”大赛一等奖 1 项；荣获 2022 年度中国公路学会“交通 BIM 工程创新奖”二等奖 1 项；荣获第二届信息技术服务业应用技能大赛三等奖 1 项；荣获全区工程设计信息模型（BIM）技术应用（交科杯）技能大赛二等奖 1 项；荣获第三届工程建设行业 BIM 大赛三等成果 1 项；荣获首届全国交通企业智慧建设创新实践案例优秀奖 2 项，第五届“优路杯”全国 BIM 技术大赛银奖 1 项；荣获 2023 年第三届工程建造微创新技术大赛优胜成果 3 项。

⑤安全管理方面：获评 2022 年广西公路铁路水运工程平安工地建设典型示范项目。

⑥建设管理方面：获得灵山青年五四集体奖 1 项，广西玉林市交通运输局 2021 年度玉林市交通重大项目建设工作成绩突出通报表扬集体 1 项，2022 年全区交通运输系统先进职工小家 1 项，20 广西十佳科普使者选拔赛优秀奖 2 项。

表 5-3　荣获奖项及荣誉情况

<table>
<tr><th>类别</th><th>序号</th><th>奖项名称</th><th>获奖项目</th><th>奖励级别</th><th>奖励等级</th></tr>
<tr><td rowspan="3">工程类</td><td>1</td><td rowspan="2">2022 年度广西壮族自治区建筑业绿色施工示范工程</td><td>南宁—湛江高速公路南宁至博白那卜段№1 标</td><td>省部级</td><td>—</td></tr>
<tr><td>2</td><td>南宁-湛江高速公路南宁至博白那卜段№2 标</td><td>省部级</td><td>—</td></tr>
<tr><td>3</td><td>广西壮族自治区建设工程优质结构奖</td><td>南宁—湛江高速公路南宁至博白那卜段</td><td>省部级</td><td>—</td></tr>
</table>

续表5-3

类别	序号	奖项名称	获奖项目	奖励级别	奖励等级
安全类	1	平安工地建设典型示范项目	南宁—湛江高速公路南宁至博白那卜段工程	省部级	—
科创类	1	科技示范工程	南湛高速桂粤琼黄金走廊低碳建造智慧管养科技示范工程	市厅级	—
	2		特大跨径钢管拱桥智能化整体提升关键技术研究与示范工程	市厅级	—
	3	广西科学技术奖	基于多尺度调控的高密实性混凝土研发与应用	省部级	科学技术进步二等奖
	4		基于服役寿命混凝土桥梁评估及加固创新技术	省部级	科学技术进步二等奖
	5	中国交通运输协会科学技术奖	环保型橡胶沥青复合式路面耐久性提升技术与示范应用	协会级	二等奖
	6	第二届工程建造微创新技术大赛	盖梁底模简易快速拆除方法	省部级	优胜成果
	7	第三届全国公路微创新大赛	交通基础设施三维数字孪生成套关键技术研究及系统开发与应用	协会级	金奖
	8		隧道二衬钢筋定位筋创新与应用	协会级	铜奖
	9		箱梁负弯矩张拉槽口装配式快拆成套模板	协会级	铜奖
	10	第四届中国公路学会微创新大赛	智联南湛，东融动脉-数字化技术助力工程勘察设计施工一体化应用	协会级	一等奖
	11	2022 智建“SMART BIM”大赛	三维数字化技术创新研究与工程应用推广	协会级	一等奖
	12	2022 年度中国公路学会“交通 BIM 工程创新奖”	建筑信息模型(BIM)技术应用比赛(团体三等奖)	协会级	团体三等奖
	13	第二届信息技术服务业应用技能大赛	三维数字化技术在公路项目的研究与实践	协会级	二等奖
	14	全区工程设计信息模型(BIM)技术应用(交科杯)技能大赛	公路工程三维数字化创新技术研究与示范	协会级	二等奖
	15		高速公路机电设备智慧建管养一体化平台研究与应用	协会级	优秀奖
	16	第三届工程建设行业 BIM 大赛	长路线高速路网智慧化安全管控示范技术	协会级	优秀奖
	17	广西十佳科普使者选拔赛	橡胶沥青黑科技，绿色交通新发展	市厅级	优秀奖
	18		风起数字孪生，智联未来交通	市厅级	优秀奖

续表5-3

类别	序号	奖项名称	获奖项目	奖励级别	奖励等级
科创类	19	2022 第五届“优路杯”全国 BIM 技术大赛	数字孪生技术助力南湛高速设计施工一体化建设	省部级	银奖
	20	2022 年度广西壮族自治区工程建设工法	盖梁底模简易快速拆除施工工法	省部级	—
	21	中国施工企业管理协会工程建设质量管理小组竞赛活动	减少预制梁台座建设工期	国家级	二等奖
	22	自治区级 QC	提高项目常规信息报送有效率	省部级	一类成果
	23		提高双层螺旋箍筋墩柱一次验收合格率	省部级	一类成果
	24		提高涵洞涵台混凝土外观质量一次验收合格率	省部级	一类成果
	25		提高预制箱梁外观质量一次验收合格率	省部级	三类成果
	26		提高复杂地质条件下深桩基的进尺速率	省部级	三类成果
	27		提高涵背回填压实度一次验收合格率	省部级	三类成果
	28		降低桥梁墩柱外观质量问题出现率	省部级	三类成果
	29		提高超长多曲率弧形现浇连续箱梁预应力张拉一次施工合格率	省部级	一类成果
	30		减少预制梁台座建设工期	省部级	一类成果
	31		研制缝隙集水沟安装装置	省部级	二类成果
	32		提高长跨度多节段钢混叠合梁焊接一次验收合格率	省部级	二类成果
	33		减少沉井下沉时各边角沉降偏差量	省部级	二类成果
	34		研制沉井外围井壁模板快速安装的装置	省部级	二类成果
	35		提高预制箱梁钢筋保护层合格率	省部级	三类成果
	36		降低连续梁桥底板倒角外观气泡产生比率	省部级	三类成果
	37	2023 年第三届工程建造微创新技术大赛	预制梁纵横坡楔形块精确调节装置	协会级	优胜奖
	38		可调式箱梁吊装成套保护装置	协会级	优胜成果
	39		箱梁负弯矩张拉槽口装配式快拆成套模板	协会级	优胜成果

续表5-3

类别	序号	奖项名称	获奖项目	奖励级别	奖励等级
科创类	40	第三届工程建设行业高推广价值专利大赛结果	一种箱梁负弯矩张拉槽口快拆模板	协会级	—
	41	中国公路学会科技成果评价	高速公路工程三维数字化孪生关键技术研究与应用	协会级	—

图 5-2　项目获得的部分奖励荣誉

图 5-3　项目获得的部分 QC 小组成果

5.4.6　引进四新三微，推行科技巧术

1. 新技术应用情况

为充分发挥科技创新效益，提高项目科技和质量水平，项目坚持运用新理念、新技术、新工艺、新标准建设新高速，截至 2023 年 10 月，在施工中引进新技术、新设备、新材料、新工艺等四新，三维改及信息化技术 80 项，大大提高了项目技术水平。建筑业 10 项新技术中，工程推广应用了 8 大项 26 小项，取得了较好的社会经济效益，见表 5-4、表 5-5。

①大临工程方面，应用了混凝土拌和站物料回收系统砂石分离机、泥浆压滤机，混凝土拌和站智能喷雾除尘系统，沥青混凝土拌和站一体化管控系统，碎石场移动式破碎筛分机，小型预制构件自动化生产线，大梁预制场场地建设永临结合工艺等四新技术。

②路基工程方面，应用了岩石钻劈一体机、路床采用未筛分级配碎石填筑技术、涵洞通道整体式模板、组合式排水沟快拼塑钢模板、"三背"回填液压强夯技术、基于 GNSS 监测系统的边坡智能自动监测预警技术、花岗岩残积土填方路基智能自动监测预警技术等四新技术。

③路面工程方面，应用了大跨度一次性整体摊铺机施工工艺、橡胶沥青材料、沿线花岗岩洞渣集料等四新技术。

④桥梁工程方面，应用了预制梁智能喷淋养护系统、智能循环压浆工艺、组合式型钢地胎、数控钢筋笼滚焊机、防撞护栏钢筋整体预埋工艺、盖梁底模简易快速拆除工艺等四新技术。

⑤隧道工程方面，应用了隧道门禁系统、隧道液压式自行二衬台车、隧道电缆沟整体式液压台车、隧道履带式液压潜孔钻机、隧道机械臂湿式喷射机等四新技术。

⑥信息化方面，应用了公路工程智慧工地建设管理平台、智能联网视频监控系统、工程信息二维码技术、OA 办公系统、迈达斯软件应用技术、智能物料管理系统、拌和站 EPR 系统、BIM 技术等四新技术。

⑦其他工程方面，应用了龙门吊滑触线供电应用技术，移动式电箱小车，屋顶降温排烟彩钢棚，可移动式露天彩钢棚，场站屋面雨水收集，循环利用装置等四新技术。

表 5-4　新技术应用情况

序号	类型	技术名称
1	大临工程	混凝土拌和站物料回收系统砂石分离机、泥浆压滤机
2		混凝土拌和站智能喷雾除尘系统
3		碎石场移动式破碎筛分机
4		钢筋场仓储式半成品货架
5		小型预制构件自动化生产线
6		大梁预制场场地建设永临结合工艺

续表5-4

序号	类型	技术名称
7	路基工程	强夯机
8		路基边坡小夯板压实技术
9		高速液压夯实机
10		岩石钻劈一体机
11		涵洞通道整体式模板
12		建设占用耕地耕作层土壤剥离利用技术
13		泥浆池创新改良施工技术
14		组合式带肋塑料模板
15	路面工程	隧道高亮沥青混合料
16		温拌沥青混合料
17		橡胶沥青混合料
18		全断面整体式水稳摊铺机
19		全断面整体式沥青摊铺机
20		沥青路面摊铺信息化监控系统
21		高分子节水养护膜
22		移动式破碎筛分石渣集料
23	桥梁工程	不锈钢模板
24		组合式型钢地胎
25		预制梁智能喷淋养护系统
26		数控钢筋笼滚焊机
27		预制梁翼板免凿毛止浆条
28		预制梁钢筋加工安装标准化胎架
29		圆柱墩装配式梯笼一体化施工平台
30		全自动智能张拉设备
31		全自动智能真空压浆系统
32		旋挖钻
33		防撞护栏钢筋整体预埋工艺
34		钢筋笼上下并排绑扎绕箍滚焊机施工装置
35		钢筋保护层厚度测定仪
36		防撞护栏模板台车
37		预制箱梁液压内模

续表5-4

序号	类型	技术名称
38	桥梁工程	盖梁底模简易快速拆除方法
39		防撞墙钢筋定位卡具施工技术
40		预制梁端整体式模板
41		标准化定位构造安装预制箱梁骨架及预应力管道
42		新型箱梁负弯矩张拉槽口快拆模板装置
43		无级调节球铰式多支腿架桥机前横移轨道系统
44		全断面自动桥面摊铺一体机
45		防撞护栏模板快速封闭调平施工方法
46		智能钢筋绕箍自动焊接机器人
47		智能钢筋镦粗开牙一体机
48		座驾式抹光机
49		二氧化碳保护焊
50		桩基环切法
51		箱梁顶板钢筋定位胎架
52	隧道工程	隧道液压式自行二衬台车
53		隧道门禁系统
54		隧道机械臂湿式喷射机
55		隧道电缆沟整体式液压台车
56		隧道履带式液压潜孔钻机
57	信息化	公路工程智慧工地建设管理平台
58		智能联网视频监控系统
59		工程信息二维码应用技术
60		OA 办公系统
61		迈达斯软件应用技术
62		基于 GNSS 监测系统的边坡智能自动监测预警技术
63		花岗岩残积土填方路基智能自动监测预警技术
64		智能物料管理系统
65		BIM 技术
66		拌和站 EPR 系统
67	房建工程	热镀锌盘扣压瓦型钢跳板
68		盘扣式脚手架可调节底座

续表5-4

序号	类型	技术名称
69	三微改	龙门吊滑触线供电应用技术
70		移动式电箱小车
71		屋顶降温排烟彩钢棚
72		二氧化碳保护焊一体式手推车
73		可移动式露天彩钢棚
74		场站屋面雨水收集、循环利用装置
75		路基边坡小夯板压实技术
76		钢筋场仓储式半成品货架
77		可缓冲柔性张拉挡板
78		箱梁翼缘板引流带
79		泥浆池创新改良施工技术

表 5-5　建筑业 10 项新技术应用情况

序号	主项	子项
1	1. 地基基础和地下空间工程技术	1. 1 灌注桩后注浆技术
2	2. 钢筋与混凝土技术	2. 5 混凝土裂缝控制技术
3		2. 7 高强钢筋应用技术
4		2. 8 高强钢筋直螺纹连接技术
5		2. 9 钢筋焊接网应用技术
6		2. 10 预应力技术
7		2. 11 建筑用成型钢筋制品加工与配送技术
8	3. 模板及脚手架技术	3. 1 销键型脚手架及支撑架
9		3. 4 液压爬升模板技术
10		3. 7 组合式带肋塑料模板技术
11		3. 9 预制节段箱梁模板技术
12	4. 装配式混凝土结构技术	4. 10 预制构件工厂化生产加工技术
13	7. 绿色施工技术	7. 1 封闭降水及水收集综合利用技术
14		7. 2 建筑垃圾减量化与资源化利用技术
15		7. 3 施工现场太阳能、空气能利用技术
16		7. 4 施工扬尘控制技术
17		7. 5 施工噪声控制技术
18		7. 7 工具式定型化临时设施技术
19	8. 防水技术与围护结构节能	8. 1 防水卷材机械固定施工技术

续表5-5

序号	主项	子项
20	9. 抗震、加固与监测技术	9. 1 消能减震技术
21		9. 7 大型复杂结构施工安全性监测技术
22		9. 10 隧道安全监测技术
23	10. 信息化技术	10. 1 基于 BIM 的现场施工管理信息技术
24		10. 2 基于大数据的项目成本分析与控制信息技术
25		10. 4 基于互联网的项目多方协同管理技术
26		10. 7 基于物联网的劳务管理信息技术

2. 科技攻关课题情况

截至 2023 年 10 月，基于南湛高速具有“低碳绿色建设期望大、智慧管养服务要求高、施工安全生产压力大、生态环保任务重、安全耐久品质标准高严”的工程难点。拟在本次工程中开展“绿色低碳”“智慧化安全管控以及施工质量与安全提升”三大集成技术的研究和应用。截至目前，获得广西交通运输厅科技示范工程 2 项，自主立项课题 40 余项，获得立项的有广西科技厅、广西交通运输厅等科研项目 7 项，见表 5-6。

表 5-6　科研课题

序号	课题名称	依托单位	立项情况
1	沿海湿热地区高速公路沥青路面服役性能高精度仿真及主动防控云平台研发	广西新发展交通集团有限公司、广西交科集团有限公司、同济大学、交通运输部公路科学研究院	广西科技厅重点研发计划项目
2	高速公路机电设备全生命周期一体化平台研究与应用	广西新发展交通集团有限公司、广西交科集团有限公司	广西科技厅重点研发计划项目
3	环境敏感区公路沥青路面温拌抑烟绿色铺筑应用关键技术	广西新发展交通集团有限公司、广西交科集团有限公司、河海大学、广西路建工程集团有限公司	广西交通运输厅清单项目
4	基于光纤技术的道路服役状态感知设备研发与成套技术应用	广西新发展交通集团有限公司、广西交科集团有限公司、哈尔滨工业大学	广西交通运输厅清单项目
5	环保型高亮度隧道内抗滑面层修筑技术	广西新发展交通集团有限公司、广西交科集团有限公司、长安大学、广西路建工程集团有限公司	广西交通运输厅清单项目
6	公路特殊岩土路基及边坡生态固化关键技术研究与应用	广西新发展交通集团有限公司、广西交通设计集团有限公司、广西路桥工程集团有限公司、广西大学	广西交通运输厅清单项目
7	降雨条件下膨胀土边坡组合支护结构变形调控关键技术研究	广西新发展交通集团有限公司、长沙理工大学、中南大学、广西交通设计集团有限公司、广西航务建设工程有限公司	广西交通运输厅清单项目

5.4.7 专家座谈核验，指导科创方向

为进一步提升科技创新水平，找准创优争先方向，南湛高速邀请中国施工企业管理协会（以下简称中施企协）、广西建筑业联合会、广西公路学会专家到项目开展调研，召开全过程质量控制管理咨询会，把脉定向创优重点。

1. 中施企协专家组第一次咨询指导

2023 年 2 月 23 日，南湛高速指挥部邀请中施企协专家赴南湛高速开展全过程质量控制咨询第一次现场核验。在邀请中施企协专家组开展现场咨询和座谈会议的同时，诚邀到场专家开展工程创优争先培训讲座、科技创新亮点挖掘技术讲座、重大工程建设奖项申报要点讲座等，纵深宣贯和学习创新专业技术技能，提升南湛科创素养。

2. 广西建筑业联合会优质结构奖二次核验

2023 年 5 月 15 日，南湛高速指挥部邀请广西建筑业联合会专家赴南湛高速开展广西壮族自治区建设工程优质结构奖现场核验。

3. 中施企协专家组第二次咨询

2023 年 6 月 6 日，南湛高速指挥部邀请中施企协专家赴南湛高速开展全过程质量控制咨询第二次现场核验。

4. 广西公路学会现场核验会

2023 年 8 月 15 日，南湛高速指挥部邀请广西公路学会专家赴南湛高速开展现场核验。

5. 邀请广西公路学会莅临指导

为加强南湛高速指挥部与广西公路学会的联系，提升南湛创优争先软实力，提高南湛高速科技创新技术水平，南湛高速指挥部与广西公路学会签订创国优工程技术服务合同，诚邀学会专家莅临指导创优工作。

6. 创国优知识培训

2023 年 4 月 10 日，南湛高速指挥部组织各参建单位主要创优工作人员开展南湛高速创国优知识培训，邀请广西交科集团有限公司科技创新专家进行讲座。

7. 微创新大赛培训

2023 年 6 月 21 日，南湛高速指挥部组织各参建单位成员开展第四届全国公路微创新大赛申报线上培训，邀请广西交科集团有限公司科技创新专家进行讲座。

5.4.8 突显重点工程，凝练项目亮点

南湛高速工程规模较大，建设程序合规，工程设计合理，施工质量优良，工程进度平稳，工程难点及亮点较为突出，无质量安全问题，具有较完备的制度及成果支撑，各方将持续共

同努力，不断攻关，誓创国优！

特大桥“两个跨越，一个首次，两个之最”。“两个跨越”是主桥跨越世纪工程平陆运河，引桥跨越出海通道黎钦铁路。“一个首次”是全国首次采用泡沫混凝土进行沉井填芯浇筑。“两个之最”：一是广西之最，特大桥主桥基础采用分离式沉井基础，共设计四座沉井，总下沉重量超 3 万 t，是广西在建最大的沉井；二是世界之最，特大桥桥拱采用“低位拼装+中段拱肋门架法”整体提升施工工艺，提升体量约 1800 t，是世界最大整体提升跨径和吨位的钢管混凝土拱桥，如图 5-4 所示。

图 5-4 平陆运河旧州特大桥低位拼装完毕

南流江特大桥结构类型为变高度预应力混凝土连续箱梁桥，为全预应力混凝土结构，设置纵、横、竖三向预应力，采用悬浇法施工。南流江特大桥主要亮点照片，如图 5-5 ~ 图 5-7 所示。

图 5-5 挂篮法施工标准化

图 5-6　现场安全文明施工形象佳

图 5-7　南流江特大桥施工三维图

簕竹头大桥中心桩号为K153+872，是南湛高速全线墩柱最高的一座桥梁，当地地质条件复杂，最深桩基础达76 m，最高墩柱76 m。桥梁分为左右两幅，左幅为14 m×40 m预应力混凝土小箱梁，桥长571 m；右幅为15 m×40 m预应力混凝土小箱梁，桥长611 m。簕竹头大桥亮点照片，如图5-8～图5-10所示。

图 5-8　墩柱外表美观、质量优良

图 5-9　墩柱矗立笔直、外观美观

图 5-10　整体施工形象较好

5.5　南湛高速科技创新管理数字化应用

针对长里程高速公路建设管理中的科技创新和信息化建设难题，南湛高速指挥部采用以下数字化对策。

1. 采用科研管理系统，提高科技创新管理效率

针对长里程高速公路建设管理中科研项目管理烦琐、审批流程耗时长、成果管理工作量大的问题，采用了科研管理系统。该系统可以联通项目管理、经费管理和成果管理三大板块，极大提升了项目的科技创新管理效率。

2. 建设智慧化展厅，直观高效展示各种信息化系统

针对长里程高速公路信息化系统种类多、管理烦琐等问题，南湛高速指挥部高规格、高标准打造集团公司下属指挥部第一个自有智慧展厅。在该智慧展厅中，可以将各类别的信息化系统接入展厅，提高了南湛高速指挥部对项目的管控效率，如图 5-11 所示。

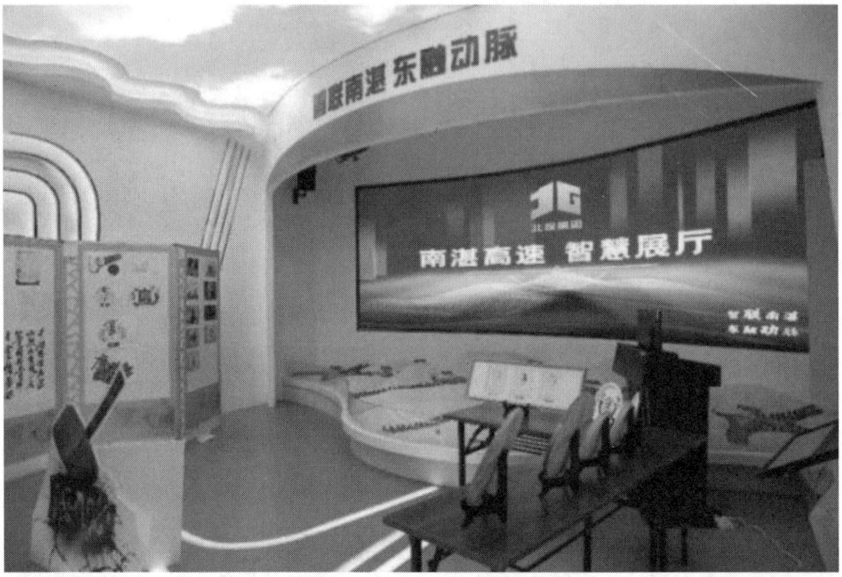

图 5-11　南湛高速智慧展厅

5.6　本章小结

科技创新是高速公路建设不可或缺的一环，长里程高速公路科技创新管理过程中往往具有技术范围广、质量要求高、成果种类杂、科创主体散等难点。为此，本章围绕长里程高速公路建设管理中的科技创新管理进行研究，主要研究工作和结果结论如下：

①基于调研分析，指出长里程高速公路科技创新管理的难点，主要包括科创课题技术范围广，实施管理时间跨度大；科创技术质量要求高，成果收集整理难度大；荣誉成果登记类项杂，申报过程摸索难度大；科创负责主体较分散，技术创新合力难形成等。这为长里程高速公路数字化建设与管理方案的提出奠定了基础。

②结合南湛高速的建设实际情况，指出南湛高速在科技创新管理方面主要存在科创人员技术水平有待提高、日常资料收集整理有待加强、工程创新亮点挖掘有待提升和经验总结交流渠道有待疏浚等问题。这为南湛高速科技创新管理亮点做法的提出奠定了基础。

③基于长里程高速公路科技创新管理的难点分析，结合南湛高速科技创新管理中遇到的问题，提出了南湛高速科技创新管理的亮点做法，主要包括布局创优蓝图，健全科创制度；加强多方合作，推进课题研究；信息化赋能强，助推科技攻关；不断对标学习，看齐行业先进；常态创优报奖，厚积荣誉成果；引进四新三微，推行科技巧术；专家座谈核验，指导科创

方向；突显重点工程，凝练项目亮点等。

④总结了南湛高速科技创新管理的数字化应用情况，主要是采用了广西新发展交通集团有限公司科研项目管理系统、建设智慧展厅等手段，提升了科研项目的管理效率，降低了科技创新的管理成本。

南湛高速通过出台“创优策划”及制度、加强日常收集整理、积极推行四新技术、凝练挖掘工程亮点、疏浚交流培训渠道等措施，有效解决了科创管理过程中出现的问题，形成系列亮点做法，在高标准发展科技创新、挖掘新型工艺技术、获取工程建设荣誉成果的同时，极大地提高了工程建设质量和效率，圆满完成工程建设任务。今后，南湛高速也将秉持“问题导向、科技引领”的创新发展理念，持续稳步推进科技创新工作，为建设高科技水平的高速公路提供经验指导。

第 6 章

长里程高速公路运营管理数字化应用

6.1 概述

与高速公路建设期的时间紧、任务重、要求高等特点相比，运营期的高速公路管理面临管养工作量大、机电保障要求高、安全保障压力大等特点，运营期的数字化建设同样具有重要的意义。为此，本章在长里程高速公路双标准管理、合同管理、财务管理、科技创新管理的研究基础上，基于新发展集团下属灵山运营分公司、来宾运营分公司等运营单位的调研，从养护安全、收费机电、党建宣传、财务综合等方面调研分析了运营单位现有的信息化系统应用情况及存在的问题，其中财务方面已在建设阶段做了介绍此章节不再赘述，本章可为国内同类型长里程高速公路的数字化管理提供借鉴和参考。

6.2 智慧高速云控平台

6.2.1 平台简介

智慧高速云控平台是广西新发展交通集团有限公司以完善数字化计算能力和网络设施为基础，解决集团公司在工程投资建设管理、智慧高速运营、高速养护管理等方面的需求，提高管理水平，助推集团发展战略，提升集团公司企业形象。其中包括公众服务、应急指挥、收费管理、路网感知、机电运维、服务区管理、养护管理、路权资产管理、运营安全管理及智慧决策系统，推广范围覆盖集团公司所管辖的高速公路，且已建立起满足集团公司运营需求的企业信息化体系，如图 6-1、表 6-1 所示。

图 6-1　系统主界面

表 6-1　智慧高速云控平台电脑端主要功能

类型		功能
监测预警	路网监测	显示路面各类事件及告警，监测车流及路面施工进度
	告警管理	对路面产生的各类事件进行处理
	视频监控	查看路面监控摄像机实时画面
	施工养护	上报路面施工养护
事件处置	应急救援	对应急救援事件进行处理，通知相关值班人员
	投诉建议	对相关投诉进行处理
	信息咨询	将司乘相关人员咨询信息做成工单
事件归档		对事件进行归档，便于查询追溯
事件评估		对各类事件进行分析、统计，单独对突发事件及服务电话按周、月、季度、年进行统计分析
应急保障		导入值班表，系统根据值班表，将应急事件信息发送至值班人员手机
隧道管理		远程控制隧道各类设备
电力监控		显示配电房配电柜状态及告警
业务报表		对外场设备采集信息进行统计汇总，对服务区车流进行统计，包含情报板、交调站、车检器、气象站等
设备设施以及知识库		各类设备管理，进行添加删除操作，知识库提供系统使用教程

与电脑端对应，手机端智慧高速云控平台也得到了广泛应用，见表 6-2。

表 6-2 智慧高速云控平台手机端主要功能

名称	功能
用户管理	包括登录与退出，其中登录可以用账号登录、微信账号登录和短信登录
事件	包括事件列表和进展。其中事件列表包括未完成事件和已完成事件，事件进展包括确认初报、事件进展内容、事件详情、发送文字消息和语音消息以及发送图片/视频信息（出发、到达、离开打卡，打卡和发送快捷信息）
路况	包括搜索、事件、告警、视频和桩号
工作台	包括事件上报、施工上报和上报记录
个人信息	包括用户基本信息、个人效率、打卡和密码修改

6.2.2 使用情况

智慧高速云控平台是运营单位的关键系统，系统主要在以下领域应用：

①连接管辖路段高速公路沿线的视频点位，覆盖了管辖路段的视频监控，便于处理各类视频事件，包括应急救援事件、投诉建议和信息咨询等。

②用于日常隧道管理、监测预警、应急事件处理与客服处置等工作。提高了日常人工巡查、管理、流程处理等方面的工作效率，为日常信息化管理提供科技支持。例如在隧道管理方面：能够实时监测设备运行状态，及时反映出故障设备；整合隧道机电五大系统控制设备，极大程度提高了对隧道设备的监管水平；在监测预警上，通过智慧高速云控平台处理，极大提升了事件处理速度。

③智慧高速云控平台主要使用人员有运营单位领导，收费机电部、养护工程部、安全管理部、综合部以及各隧道站人员、收费站人员、管理人员、相关业务人员及客服员等，如相关业务人员通过平台系统用于日常事项请示审批等，使用频率非常高。其还可用于巡查视频（隧道及外场设备）是否故障、车流量情况、应急事件影响情况等，几乎能做到每天使用。养护部门主要使用养护管理平台、安全生产管理平台、智慧运营管理小程序，基本按照要求、频率使用，每周均使用以上三个板块内容等。

④目前养护管理平台包含路网管理、桥梁管理、涵洞管理、隧道管理、日常养护、系统管理 6 大板块功能。具体运行情况：一是路网管理板块，用于管养路段的基础数据的录入。二是桥梁管理、涵洞管理、隧道管理，用于桥梁、涵洞、隧道基础数据录入，日常巡查、经常性检查、定期检查等检查记录及病害维修处置记录等，通过巡查记录、病害维修进行数据分析，以评定桥梁、涵洞、隧道养护等级。三是日常养护板块，主要是用于日常养护合同管理、路段日常巡查、施工任务派发、验收、计量工作。其中，目前仅有路段日常巡查模块投入使用，其余功能模块尚未投入使用。四是系统管理中的资产管理系统、路况评定系统、专项养护管理系统、高速公路巡查应用、养护大数据决策应用模块未投入使用。目前基本按规范、频率录入信息。

6.2.3 存在的问题

①智慧高速云控平台部分功能未完善，例如电力监控处于通信中断状态、服务区高清卡口车辆统计等未实现。

②智慧高速云控平台气象报表目前不能体现设备是否在线，无法判断该气象监测是否

准确。

③桥梁、涵洞、隧道经常性检查模板里面，每座桥梁(每个隧道、涵洞)每次检查均要新建一个目录，系统里面数据太多，不便于查找。建议每座桥梁(每个隧道、涵洞)只设一个目录，在目录里面添加检查记录，这样查看一座桥(1 个隧道、涵洞)就能快速查找出这座桥(1 个隧道、涵洞)的所有检查记录。

④下发的安全隐患整改通知单不能自动实时保存，只能手动暂存，碰到停电、断网等特殊情况，所录入数据会丢失需重新录入，影响办公效率。

6.3 养护安全管理

6.3.1 高速公路养护管理平台

按照"数据一中心、养护一张图、业务一平台、道路一张网"的思路，应用符合高速公路行业和集团公司养护管理实际需求的智慧化、一体化、网络化、动态化的养护管理平台，实现了养护资料数字化、养护流程标准化、养护业务无纸化，目前已建成路网管理系统、桥梁管理系统、涵洞管理系统、隧道管理系统和日常养护管理系统。

通过"数据一中心、养护一张图、业务一平台"的建设，逐步分期实现集团公司高速公路综合信息的可视、可测、可控，利用大数据管理理念，建立采集、管理、分析、监督、应用五位一体的智慧高速管理体系。

1. 数据一中心

构筑一个设计合理、分层、分布式部署的整合数据库，包括建设涵盖高速公路地理信息、电子地图数据、路网信息、高速公路资产数据等统一的公路基础数据库；建设由高速公路养护业务信息组成的业务数据库；建设涵盖公路基础空间信息分析主题、智能养护决策分析主体等信息资源的整合主题数据库。利用数据交换和整合技术，实现高速公路行业之间、应用系统之间数据有机整合和数据共享，为高速公路行业提供管理、分析、决策的依据，提高领导决策水平，系统架构图如图 6-2 所示。

系统作为一个综合性应用系统具备"应用深度集成、信息高度共享、使用交互便捷"的特性，同时也是集团公司与下属各路段运营公司进行数据交互的平台，具有统一的登录窗口、统一的用户管理、统一的权限认证，不同级别、不同职能的用户只能够访问有权限的应用系统和功能模块。

2. 养护一张图

整合利用广西交通运输局中心已有的 GIS 运行环境、高速公路电子底图等地理信息资源，将高速公路数据资源与时间、空间信息紧密结合，在高速公路电子底图上构建以养护业务为重心的细分领域地理信息图层，将图层按需共享给高速公路管理，协助日常业务开展及用于信息化建设，形成一张高速公路领域数据完整、动态更新、智能查询、多维展示的养护一张图，以实现基于 GIS 平台结合各大类数据进行数据的统计汇总，路桥隧年度及多年数据统计信息可视化，明细数据可视化及养护进度可视化等。同时，支持各种数据模拟功能，如

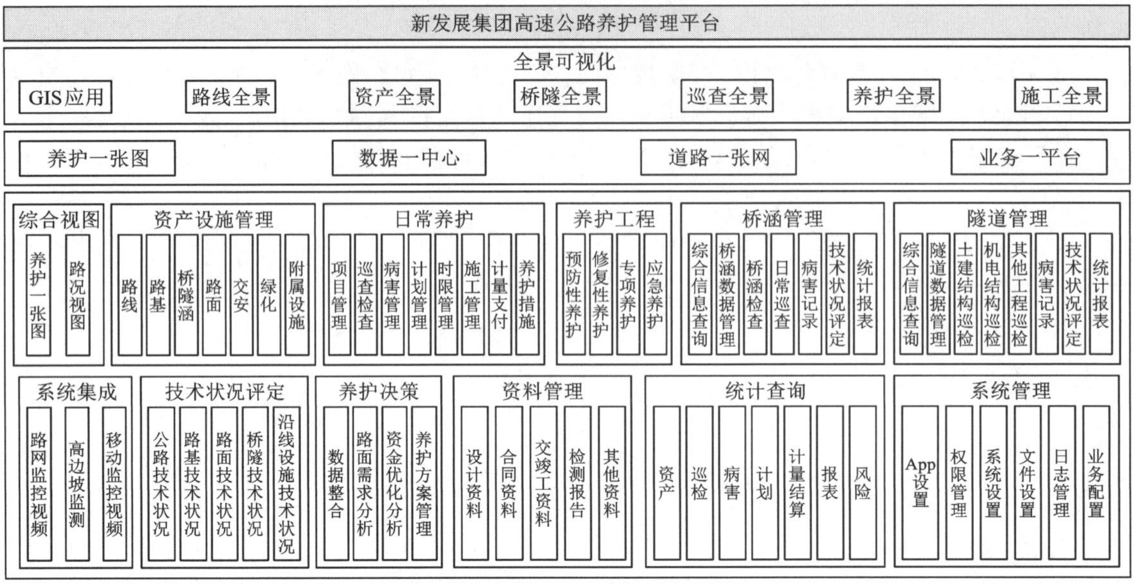

图 6-2　系统架构图

公路技术状况模拟，前方景观查看，路面破损模拟等。这可为管理者提供一双“透视眼”，使其拥有系统化、立体化、实时化的公路路网运行监管能力。

养护一张图子系统是基于 GIS 平台，以空间、业务、资产等视角实现路网数据、资产数据、评价指标、施工点数据等数据的综合展示，以及路网数据、资产数据、桥梁、隧道、指标、施工点等空间属性数据的管理，如图 6-3 所示。基于 GIS 平台，结合各大类数据的统计汇总，实现养护数据统计信息可视化、养护进度可视化等，同时支持包括公路技术状况模拟、前方景观查看、路面破损模拟等在内的各种数据模拟功能。养护一张图主要包括资产空间数据管理、图层控制、点选查询、GIS&资产、资产多视角方式展示、路况信息可视化展示、病害施工查询与定位等。综合视图工具条可提供地图放大、缩小、全图、上一视图、下一视图、平移、点选查询、清除、测距、测面积、全景等功能。

图 6-3　养护一张图

通过对高速公路养护大数据进行统计、分析挖掘，对高速公路养护总体情况进行综合分析和展示，包括对路网分布、公路路况、资产分布、病害分布及现状、养护工程分布、养护资金投入等情况进行大屏可视化展示，通过对高速公路养护大数据进行可视化，可清楚地掌握养护现状，同时也可为养护的科学决策、分析提供依据，如图 6-4 所示。

图 6-4　数据中心

3. 业务一平台

在云计算互联网+、大数据、GIS 等主流技术基础上，着力建设统一的养护业务服务枢纽与支撑环境-广西新发展交通集团有限公司高速公路养护管理信息化平台。通过平台对基础信息库内的数据资源进行统一的管理、共享、交换和应用，统一数据源与口径，规范数据资源的共享与互通，保障数据中心安全、稳定、高效地运转，夯实高速公路信息化基础环境，推进智慧高速公路养护业务的应用和服务的扩展。

日常养护管理系统可实现日常病害养护工作的流程化管理，包括病害管理、计划管理、时限管理、项目管理、施工管理、桥隧涵检查、计量管理、检查管理、履约管理、涉路信息、巡维管理、方法管理，如图 6-5、表 6-3 所示。

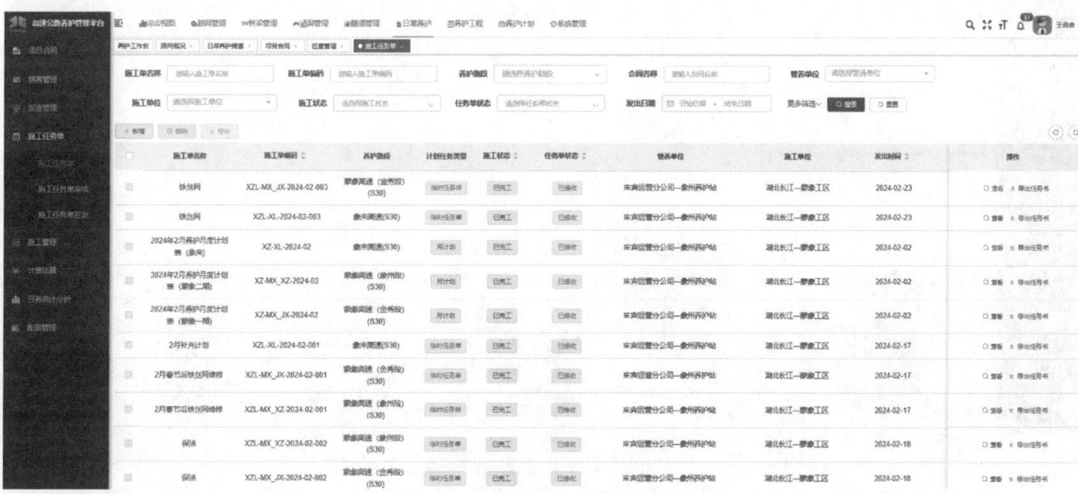

图 6-5　日常养护管理系统

表 6-3　业务一平台

序号	名称	功能
1	病害管理	建立完善的养护病害库，实现资产、病害的全周期管理，包括病害数据、紧急病害、施工中病害、返修病害、病害历史等
2	项目管理	管理日常养护项目信息，主要包括项目基本信息、项目合同信息、项目报价信息、项目变更审批流程等，还有项目相关所有附件信息
3	计划管理	管理日常养护年度需求，需求审批，年度计划制订，年度计划下发，月度计划制订，月度计划审批，月度计划下发等内容
4	时限管理	时限管理目的是对紧急却还未施工、月计划未及时完成等进行提醒，同时支持查询超时计划和相关病害信息
5	施工管理	实现施工管理的流程化管理，满足管理单位对辖区养护工作的过程化监督，实现对养护工作的全过程管理
6	桥隧涵检查	桥隧涵管理用进行登记桥隧涵检查记录和相关病害信息，支持检查结果导入，并同步在桥隧涵管理中对采集的病害做处理
7	计量管理	实现养护结算工作的信息化、流程化管理，满足养护企业和业主企业通过系统完成可以结算操作，同时可以自动生成养护结算书，解决了在结算过程中易导致资金漏算的问题
8	检查管理	记录施工现场检查信息，支持上传现场照片，实现在系统上查看所有的现场检查记录和整改记录，便于历史数据的追溯

4. 管理系统多应用

(1)养护工程管理系统

系统可以实现对预防性养护、修复性养护、专项养护、应急养护等养护项目的管理，包括对病害、需求、计划、项目、实施、验收、计量等养护工程的管理，按照具体的工作流程能够在模块中实现不同部门之间对于工作任务进行提交审核，如图 6-6~图 6-10 所示。

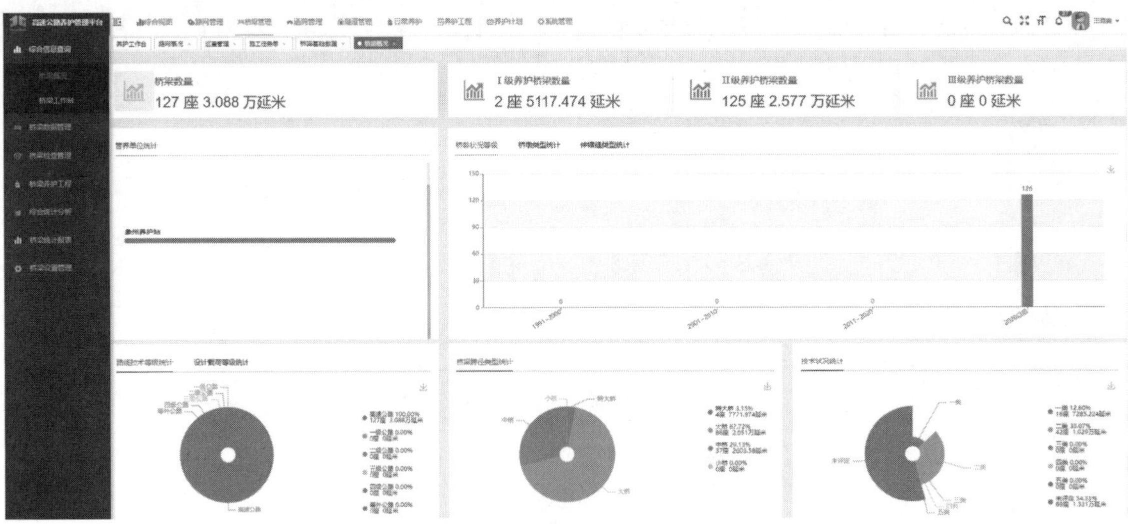

图 6-6　桥梁管理系统

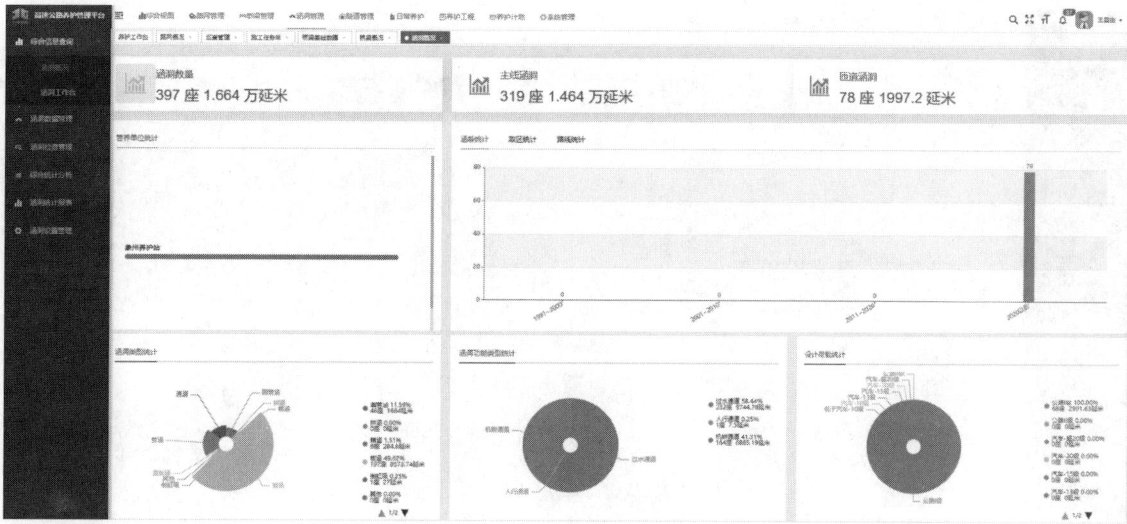

图 6-7　涵洞管理系统

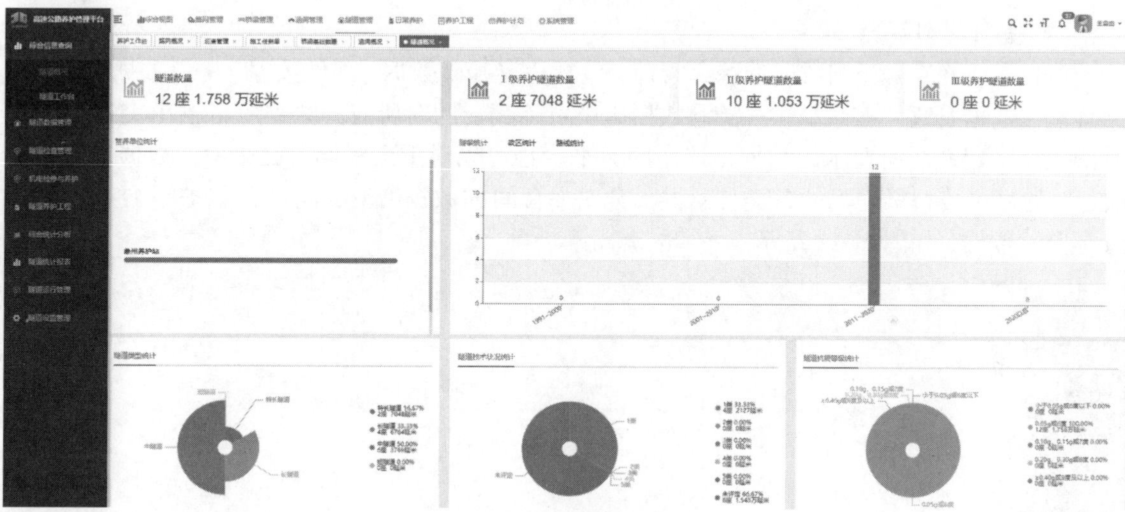

图 6-8　隧道管理系统

图 6-9　日常养护管理系统

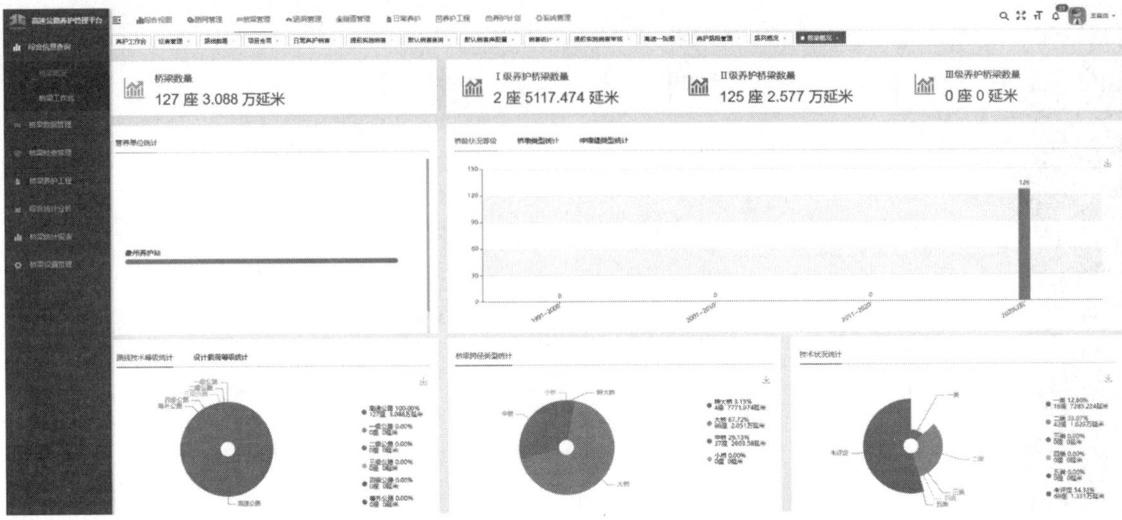

图 6-10　养护工程管理系统

(2)桥涵管理系统

可以实现桥梁、涵洞数据的综合管理，包括桥梁基础数据、部件数据、构件数据、地理数据等基础数据管理。实现桥梁、涵洞数据历史可追溯。同时所有的数据应可输出交通运输部桥梁数据管理系统所要求的数据格式。同时平台也可以对重点桥梁的健康检测数据进行集成展示，通过对接桥梁现场的各类传感器，实现平台间的数据交互，满足在养护平台查看桥梁日常监测数据，如图 6-11 所示。

图 6-11　桥涵管理系统

(3)隧道管理系统

可以实现隧道数据的综合管理，包括隧道基础数据、机电数据、地理数据等基础数据管理，以及隧道检查业务数据，隧道经常检查、隧道定期检查、隧道评定计算等，如图 6-12 所示。从隧道入库开始，隧道的变更、经常检查、定期检查、养护记录等数据都要可查询。同时可对隧道采集的病害信息进行统计预警，当隧道的病害数量超出预定的预警值之后可以在平台中实现预警。同时满足对接隧道运营监测平台，实现平台之间的数据互通。满足日常养护管理时查看隧道的实时状况。

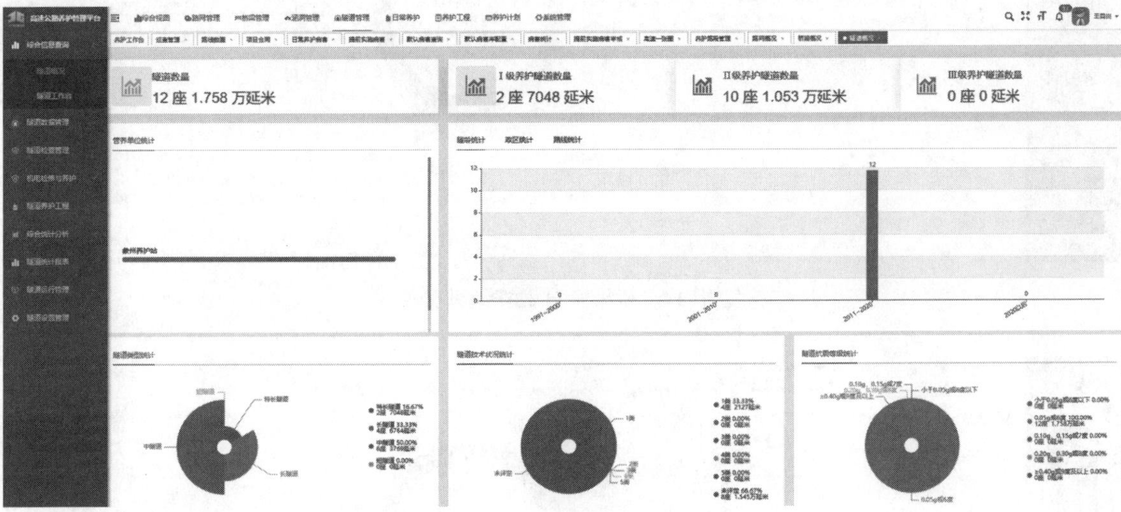

图 6-12　隧道管理系统

5. 养护大数据汇聚与统计

通过建立一系列的评价分析模型，利用决策分析系统的计算、分析，最终得出路面使用性能预测、维护需求分析、维护费用效益分析等数据能够为管理部门进行路网评价、维护资金需求及维护资金优化分配提供有效的辅助决策。全量归集全过程养护大数据，对养护工程涉及的组织、人员、项目、资金、过程记录、技术信息等数据进行整合清洗，与资产数据融合，开展统计与分析，形成养护工作分析统计报表与报告，如图 6-13～图 6-16 所示。

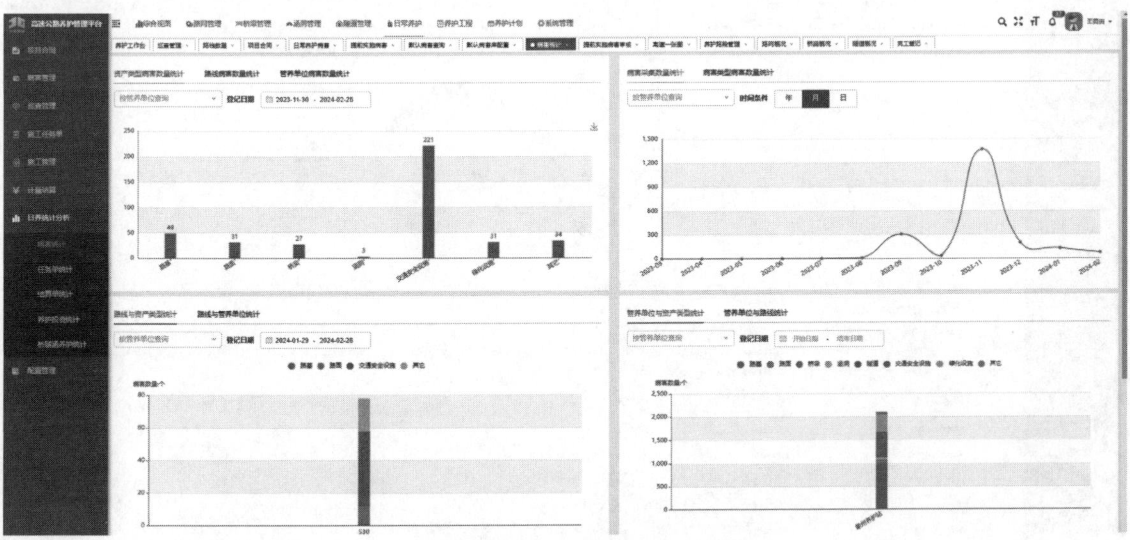

图 6-13　日养统计分析

图 6-14　桥梁检查数据统计分析

图 6-15　隧道检查数据统计分析

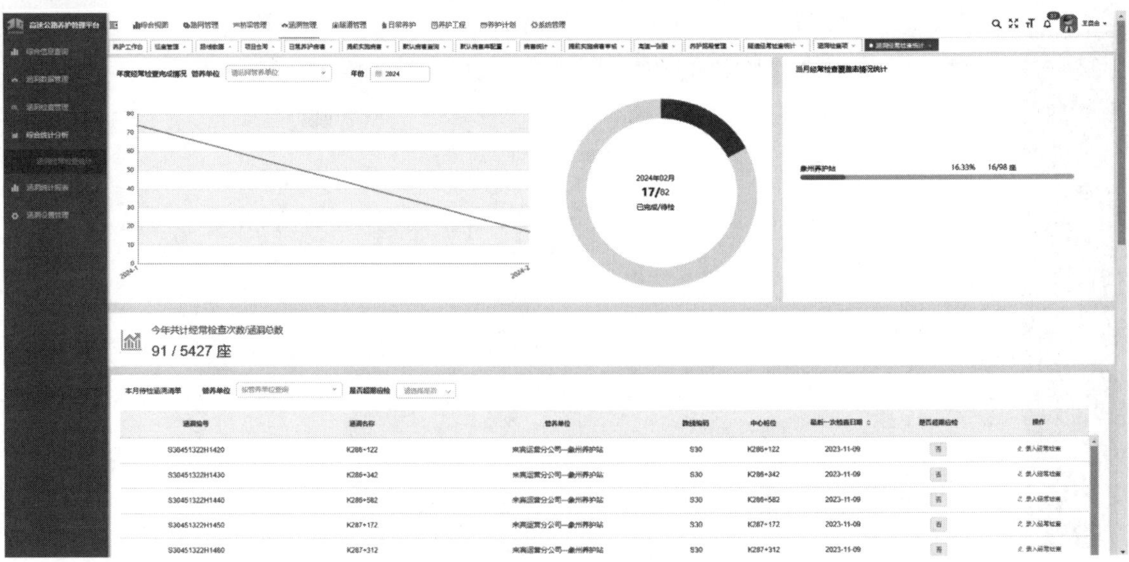

图 6-16　涵洞检查数据统计分析

6.3.2　高速公路边坡监测系统

边坡监测系统是一个自动化预警监测全过程生产的“互联网+监测”互联网平台，主要以互联网技术和模式，通过信息技术手段与监测管理平台关联，如图 6-17 所示。边坡监测系统可实现对边坡岩土体内部位移、倾斜、土壤湿度、孔隙水压力及地表变化、环境、现场视频等连续自动化监测。监测系统通过对边坡的深层位移、表面位移、沉降、变形、裂缝、雨量等参数进行高频率自动采集，通过电话、短信、微信等多种手段进行实时预警，提醒工作人员对工程安全问题进行及时有效的处理，紧急时刻提醒人员撤离危险区，预防工程安全事故的发生。该系统主要包括项目看板、项目地图、项目管理、项目统计、人员管理、企业管理、权限管理、参数配置、预警列表、项目详情、项目成员管理、勘探点列表、权限管理、打印导出等功能模块。

图 6-17　边坡监测系统登录界面

1. 系统数据驾驶舱

系统数据驾驶舱有监测一张图、综合大屏、预警信息管理三个展示窗，如图 6-18～图 6-20 所示。

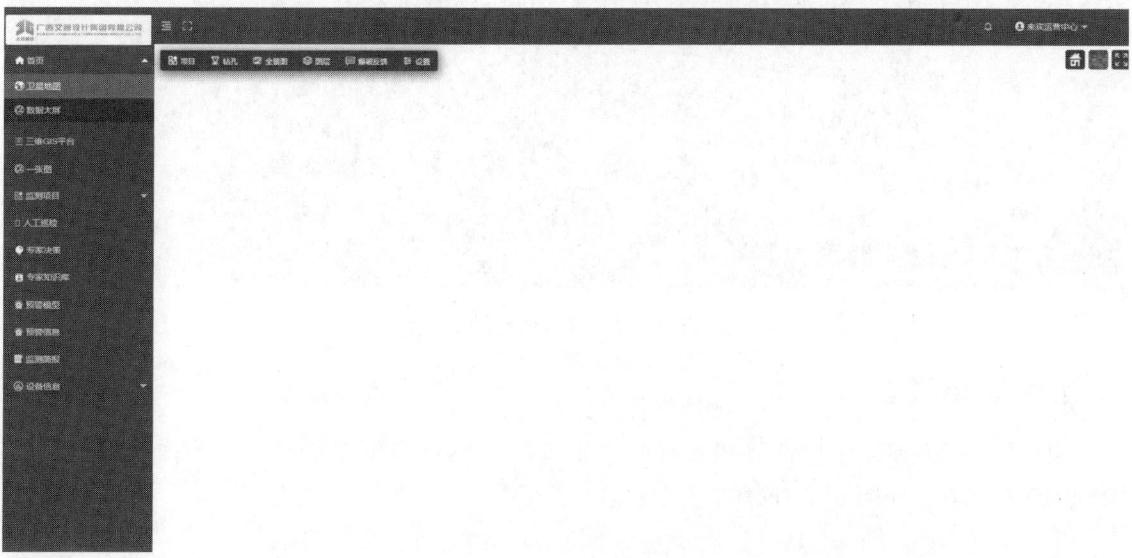

图 6-18　监测一张图

图 6-19　综合大屏

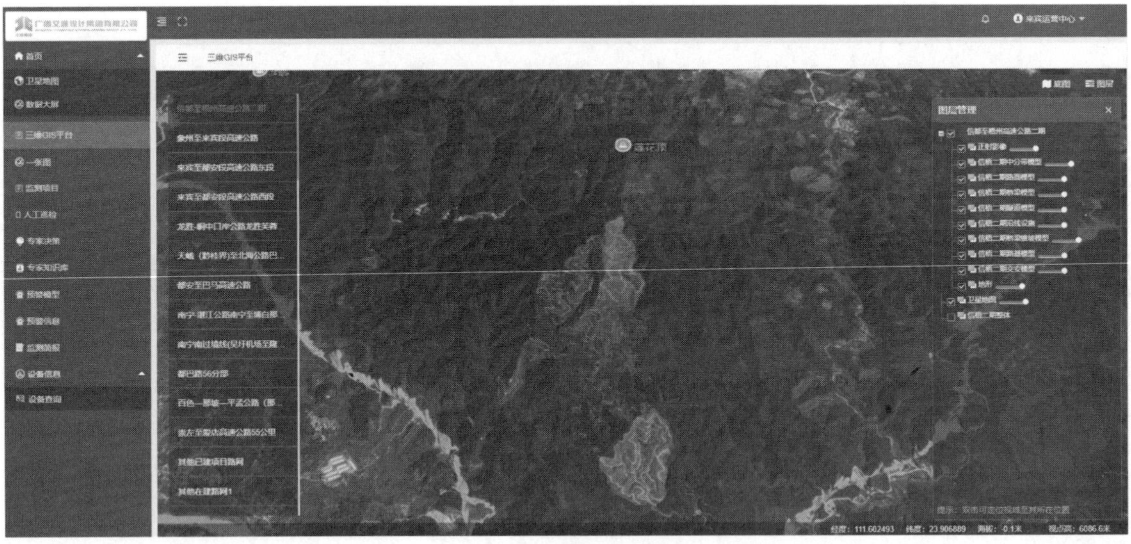

图 6-20　预警信息管理

2. 三维 GIS 平台

GIS 项目列表独立于监测系统，与监测系统的传感器数据融合显示，同样支持对监测图例的多级操作，如图 6-21 所示。

图 6-21　三维 GIS 平台

3. 监测结构物信息详情

监测结构物信息详情显示当前结构物基础信息、天气情况、管理人员、传感器预警状态、在线工作状态，以及现场照片、报表、预警、传感器类型及类型下的传感器信息，如图 6-22 所示。使用系统可查看对应的传感器拓扑图，系统将按日、月、年定时生成数据报表；可以展示结构物的统计汇总页面，包括现场照片、基础信息、监测简报、预警统计、天气信息、传感器详情、预警列表。

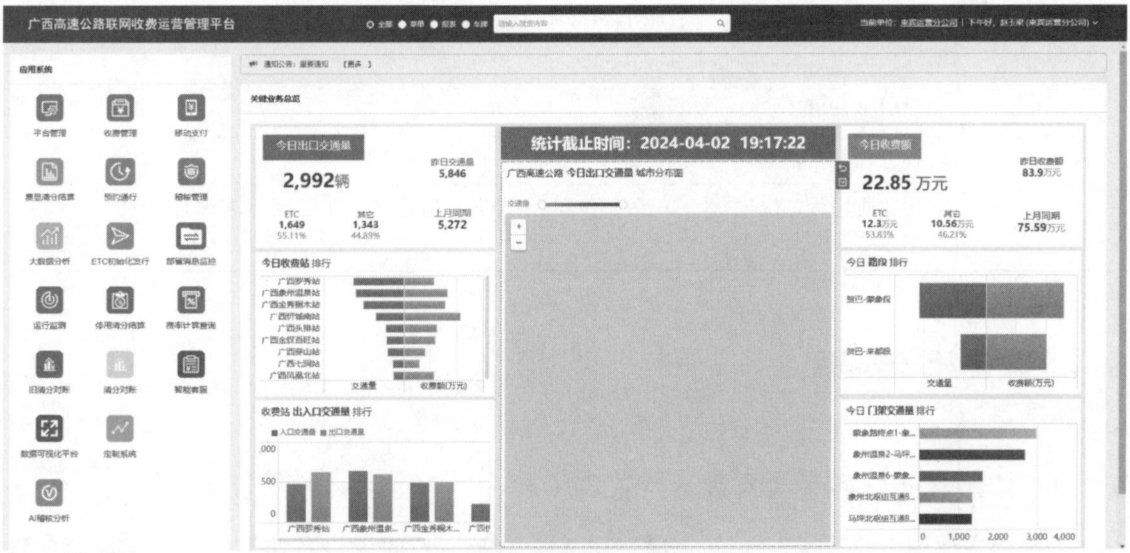

图 6-22　监测结构物信息详情

6.3.3 安全管理系统

安全管理系统是运营单位整改安全隐患的重要手段，目前已经在运营单位得到了广泛应用，克服了传统安全管理工作量大、资料整理烦琐、隐患闭环整改跟踪难等问题，大幅提高了安全管理系统的效率，见表 6-4。

表 6-4　安全管理系统主要功能

类型	功能
信息中心	功能包括个人待办事项、安全资料中心以及各单位录入情况展示、录入完成情况汇总、常用工具资料
数字安全	接入各系统监测视频及监测数据
安全保障体系	目标责任制管理、单位目标及责任分解、岗位职责及目标维护、部门目标及责任分解、组织机构管理、安全生产制度
风险管理	实现对项目风险的评估管理
安全检查	高速公路指挥部或运营单位的安全生产问题管理，包括整改通知、整改反馈及违约处罚。先有检查整改通知单，后有整改反馈单，指挥部或运营单位在检查整改过程中进行违约处罚
安全经费	安全费用使用计划、安全费用使用管理以及安全经费台账查询
培训教育	培训计划、培训记录及个人档案
考试管理	学员身份用户，仅需要接收课程学习消息并参加学习即可
消防管理	标准台账记录类表单，按表格内容填写即可，无特殊注意事项，支持导入导出
应急管理	应急预案台账、应急演练台账、应急物资台账、应急队伍台账及应急通讯录等
专项活动	专项整治三年行动、安全红线活动及安全生产月活动
职业健康	劳动防护用品发放记录台账
安全报表	集团层级月报
资料报送	可查看各类台账
组织架构管理	指挥部或运营单位层级、下属单位(施工单位、监理单位)层级不需添加人员，仅添加部门

6.4 收费机电管理

6.4.1 广西高速公路联网收费运营管理平台

该平台主要用于收费报表统计，分析、汇总、清分以及收费设备监测、指标统计等包含平台管理、收费管理、移动支付、清分结算、预约通行、稽核管理、运行监测等，如图 6-23、表 6-5 所示。

图 6-23　平台界面

表 6-5　广西高速公路联网收费运营管理平台主要功能

类型	功能
平台管理	添加人员及授予相关权限
收费管理	做交班管理，门架交易查询，票据管理，实现交款对数及分析汇总相关报表，车辆查询
移动支付	进行移动支付对账
清分结算	对路段通行费进行清分结算
预约通行	申请将车辆添加至车辆白名单，警车路政车管理
稽核管理	对稽查工单进行处理
运行监测	对收费设备各项指标进行监测统计

6.4.2　高速公路机电设施智慧运维管理系统

高速公路机电设施智慧运维管理系统，主要用于日常机电运维、维修工单报送、数据监测等，主要内容有收费监控通信运行库、收费监控通信考核库、收费监控通信故障库、服务监控、维修管理、故障上报与查询、待处理故障单、工单查询、设备可用率统计、故障记录统计、设备报修维修闭环记录、维修记录统计等，如图 6-24、图 6-25 所示。

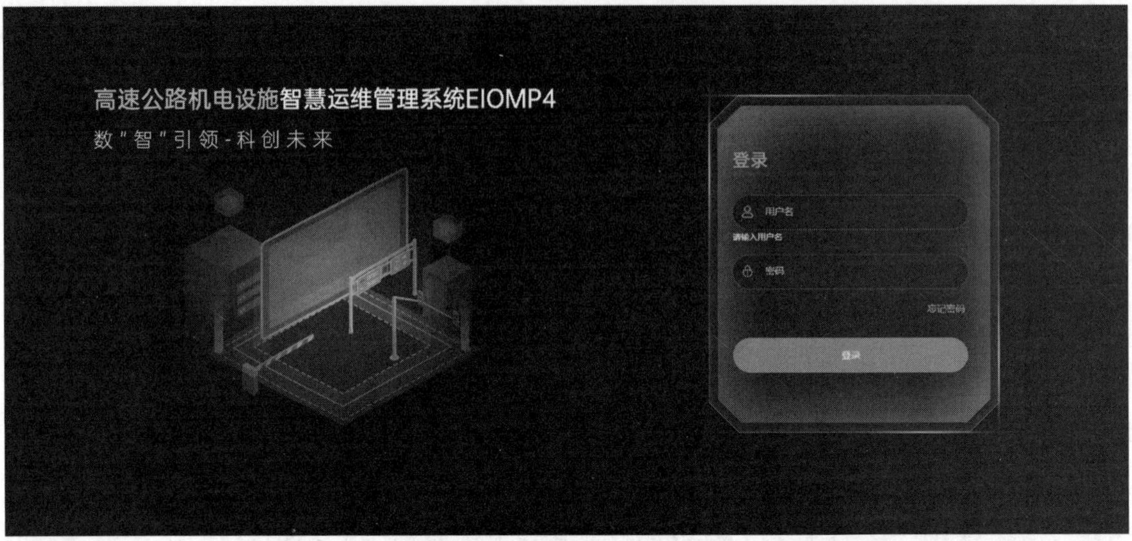

图 6-24　高速公路机电设施智慧运维管理系统驾驶舱界面

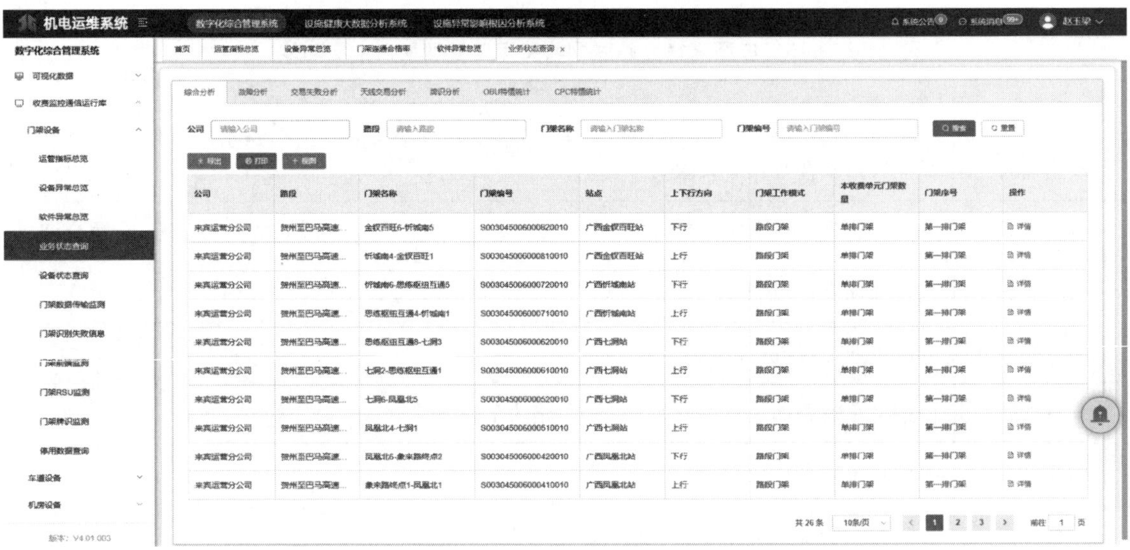

图 6-25　高速公路机电设施智慧运维管理系统管理界面

6.4.3　ETC 统一认证系统

ETC 统一认证系统，由各个有独立验证账号和密码的网站组成，仅能在内网使用，包括全网运行监测平台、部级稽核业务平台、客户服务支撑系统等网站，如图 6-26～图 6-28 所示。其中全网运行监测平台主要用于收费机电方面的网络监测，平台包括数据传输监测、站点综合监测、门架实时监测、收费站实时监测等内容；部级稽核业务平台主要用于稽核业务查询，辅助监测黑名单中的车辆，追缴通行费，包括内部稽核、外部稽核、稽核名单查询、通行交易查询等功能；客户服务支撑系统主要用于通行费退费、投诉受理等，平台包括预受理管理、投诉管理、业务协调管理、基础信息查询、退费管理等功能。

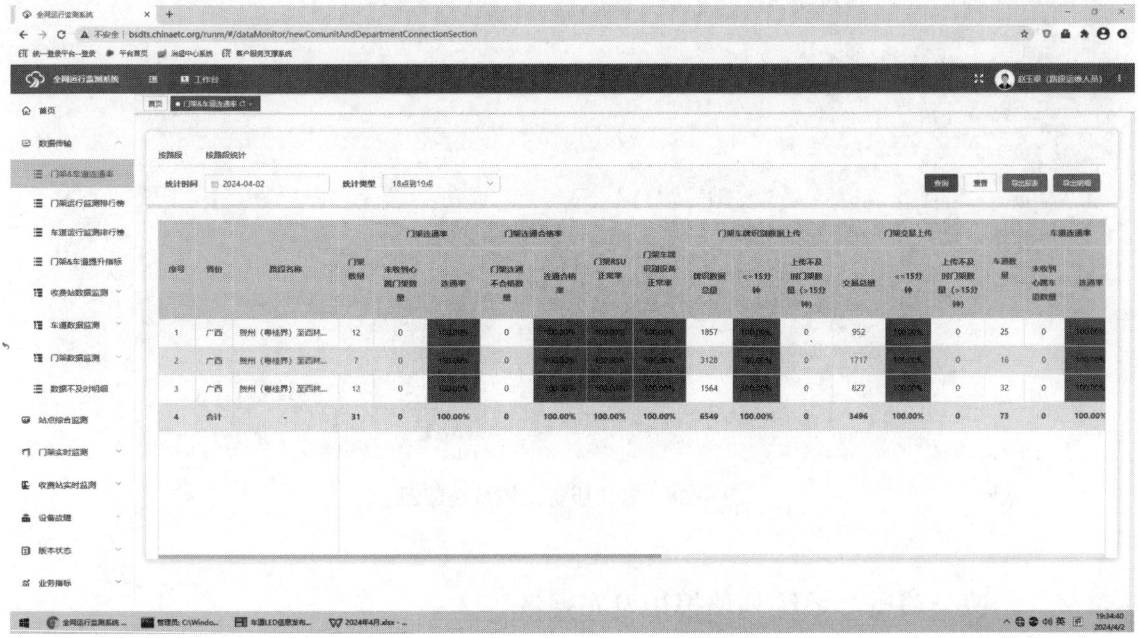

图 6-26　全网运行监测平台截图

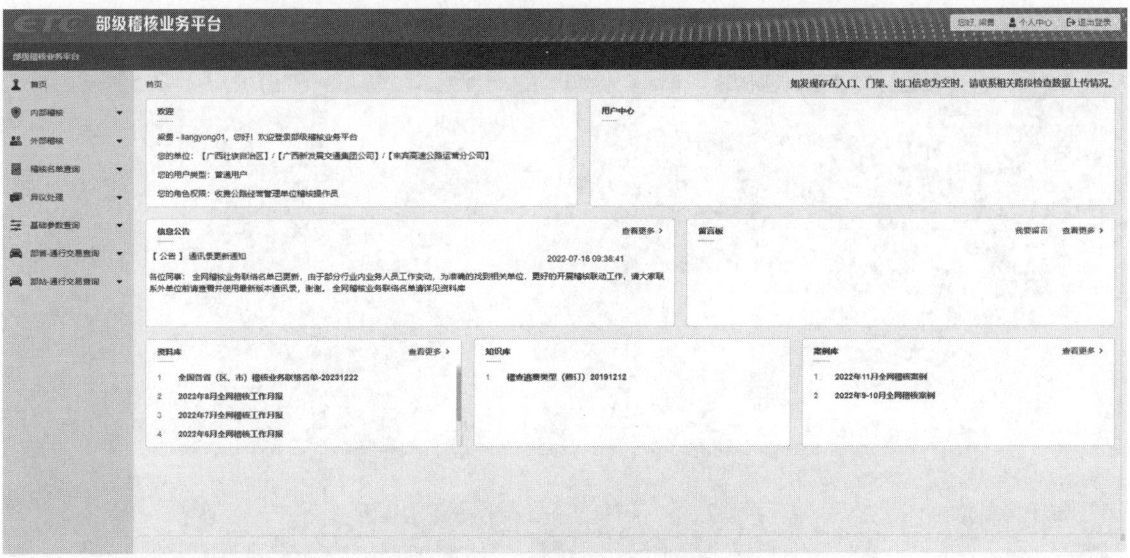

图 6-27　部级稽核业务平台截图

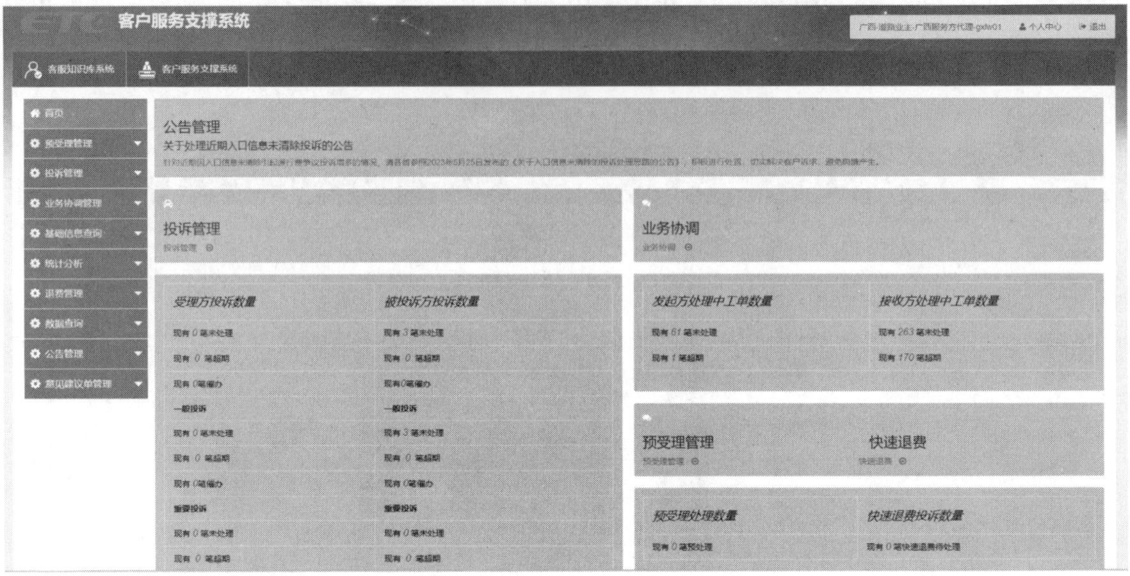

图 6-28　客户服务支撑系统截图

6.4.4　高速公路监控系统与情报板发布系统

高速公路监控系统主要用于显示高速公路主线、收费站、收费车道、收费亭、机房摄像头的监控内容。情报板发布系统，用于沿线 LED 情报板的内容发布，如图 6-29、图 6-30 所示。

图 6-29　高速公路监控系统界面

图 6-30　高速公路情报板发布系统界面

6.4.5　高速公路混合车道收费系统

高速公路混合车道收费系统主要用于收费员在高速公路收费站出口收取通行费、入口发放通行卡等，可以控制收费站通行灯、顶棚 LED、栏杆机、读卡器等设备，如图 6-31 所示。

图 6-31　高速公路混合车道收费系统界面

6.4.6 广西高速公路出入口称重系统

广西高速公路出入口称重系统主要用于收费站出入口货车称重，并收集包括车辆照片、车牌、轴数、总重等车辆信息，如图 6-32 所示。

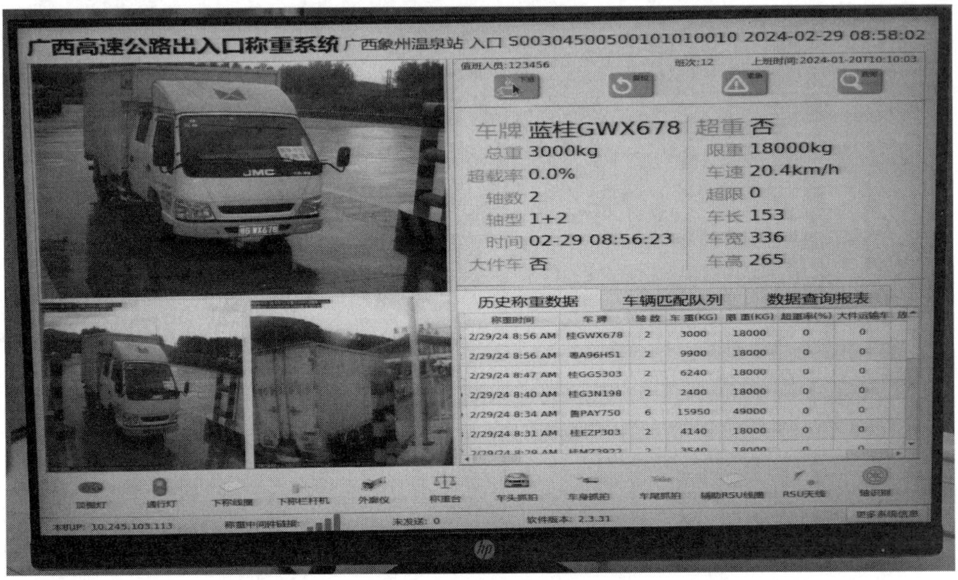

图 6-32　广西高速公路出入口称重系统界面

6.5 本章小结

本章围绕长里程高速公路运营中的数字化管理，基于集团公司下属灵山运营分公司、来宾运营分公司等运营单位的调研，主要从养护、安全、收费机电等方面调研分析了运营单位现有的信息化系统应用情况及存在的问题，发现高速公路运营期间的信息化、数字化建设与建设期间存在的问题有类似的情况：一是运营期间的各板块之间不兼容的情况，各业务板块管理系统无法集成一个应用平台，导致各板块的操作非常麻烦；二是运营期间的各数字化、信息化建设不能很好地延续建设期的数字化建议，这样会造成建设期的数字化建设无法服务于高速公路运营，不能很好地进行一体化管理；三是基于运营期间的特点，不能很好地利用建设期的管理信息，建设期的数据无法传递服务于后期项目养护，存在不能溯源的情况；四是目前运营阶段还有大部分的数据需要手写记录，无法实现云管理全覆盖，既增加了管理的难度及管理成本，也不利于管理痕迹的存储。通过对运营期间的信息化、数字化建设的调研，可为后续数字化建设方面的研究提供切实的依据，并可为数字化解决方案的提出奠定基础。

第 7 章

长里程高速公路数字化建设与管理解决方案

7.1 概述

在开展长里程高速公路双标准管理、合同管理、财务管理、科技创新管理、运营阶段数字化管理的研究基础上，本章以南湛高速数字化建设方案为例，从南湛高速数字化建设的总体概况、全生命周期数字底座、道路建管养一体化管理升级、特大桥三维数字化实时仿真分析及评估、全生命周期全息“透明”隧道管理系统、数字服务区、全生命周期安全应急数字化等方面对长里程高速公路的数字化建设进行了探索和研究，提出长里程高速公路数字化建设与管理的解决方案，可为国内长里程高速公路的数字化建设提供借鉴和参考。

7.2 总体概况

7.2.1 总体目标

在南湛高速已开展的建设期数字化工作基础上，针对建管养全生命周期数据链条难以打通和应用价值难以体现等问题，采用数字化技术和建管养运服一体化的理念，通过建立统一的全生命周期数字底座，以道路路段、特大桥梁、隧道、服务区等主要要素为试点统筹开展数字化技术应用，提升公路建设运营一体化管理水平，打造全国第一条建管养运服一体化的数字示范公路。具体建设目标包括以下几点。

1. 技术领先

充分利用广西已有的数字化技术研究基础和应用成果，进一步结合云计算、大数据、物联网等技术，引进国内最新理论技术成果并结合试点项目南湛高速的特点，在全生命周期数字底座、全寿命道路长期性能演变追踪及养护决策、桥梁三维数字化实时仿真分析及评估、全息“透明”隧道管理、数字孪生服务区等方面形成技术突破，打造国内领先的数字公路一体化应用技术体系。

2. 推广可行

结合南湛高速数字化建设已有的基础，梳理公路数字化共性关键技术及个性化应用需求，合并同类技术，构建统一技术规范和可拓展、可推广的数字公路通用技术产品，避免重复研发。研究出可复制、易推广的数字公路解决方案，在区内公路行业推广，并可进一步延伸到综合交通领域。

3. 全程管控

通过数字公路一张图建设，结合大数据、三维 BIM 等新一代信息技术，整合高速公路地质勘察、规划、设计、变更、施工管理、养护运营管理等全过程数据资源并建立 BIM+GIS 一体化数据库，利用大数据管理理念，实现高速公路建设从设计阶段开始全过程信息的保存、集成、共享和提取等，实现数据全过程留痕且后期可追溯。进一步融合公路全要素业务管理数据，助力提升公路服务与监督水平、评估和决策能力，提高公路数字化运营与管理水平。

7.2.2 预期效果

1. 项目预期目标水平

鉴于当前国内智慧公路建设普遍存在的过度超前、应用效果不理想等问题，项目围绕公路建管养运服全生命周期实体业务开展，以数据为主要生产要素，以数据共享和智能化应用为驱动方式，赋能并优化公路勘察设计、施工建造、运营养护等内容，覆盖了公路建管养运服全链条业务，对传统公路交通系统的运营管理模式、服务模式、商业模式进行创新和重塑，实现公路行业的数字化转型升级。

项目实施后将发挥广西北部湾投资集团有限公司全产业链优势，将建管养一体化的数据链条真正打通，可为行业内其他公路基础设施全要素、全周期数字化建设项目提供丰富的广西经验，同时也填补了广西区内公路工程全寿命周期数字化应用的空白，是国内首个试点示范型、全面推进型、技术引领型、业务效能型、生态联盟型和产业发展型的标杆项目。

2. 经济及社会效益

南湛高速已进入建设阶段后期，已建成符合数字公路建设要求的软硬件及数字化平台基础，大大减少了后期在智慧化和数字化升级改造上的投入，符合 2020 年交通运输部印发的《交通运输部关于推动交通运输领域新型基础设施建设的指导意见》中提出的适度超前布局交通基础设施领域新技术的要求，没有造成资金浪费的现象，形成一条新的数字公路建设投资路径，进一步影响智慧高速公路向规模化、产业化发展。项目在公路工程全生命周期开展的多场景多业态的数字化应用，可引导提升国内高速公路在建管养运服方面的数字化能力，加快业内技术落地和产业生态形成。

7.2.3 已有工作基础

在 BIM 应用方面，南湛高速从设计阶段开始已统筹开展设计施工一体化 BIM 技术应用，完成设计施工一体化 BIM 实施方案、编制了项目 BIM 建模及交付指南、项目 BIM 管理系统应用指南等。在设计阶段完成基于激光雷达的全线地形影像等三维环境数据采集，并建立了道路、桥梁、隧道、服务区等专业全线 BIM 模型且可关联设计资料，完成设计 BIM 成果的 BIM+GIS 轻量化系统集成，并进一步向施工阶段传递。在施工阶段进一步基于设计 BIM 成果深化，进一步完成一体化项目地图、BIM+GIS 建设信息集成管理等的建设和应用，初步实现设计到施工的一体化数据传递和数据资产，这可为后期养护运营阶段的进一步应用以及追溯和查询提供依据。

①在道路长期性能数字孪生方面，引进公路养护技术国家工程研究中心研究成果并与三维数字化技术深度融合，该中心主任由中国工程院院士郑健龙教授担任，解决了系列“卡脖子”关键技术难题，在道路养护管理智能化技术、道路养护材料的开发等方面成果卓著、实力雄厚，处于国内领先水平。

②在桥梁监测方面，针对平陆运河旧州特大桥已开展了施工期自动化监测，包括桥墩、拱圈、格子梁等应力，以及风速、风向和温湿度等环境监测设备，且可以进一步将其传递至运营阶段应用，实现建设运营一体化。在运营阶段进一步补充位移监测、桥梁称重等数据接入，可以为项目桥梁实时仿真分析和评估提供基础。

③在隧道系统建设方面，依托南湛高速科技示范工程隧道全生命周期安全管控三维信息平台课题的前期实施，已完成隧道建设期安全管控三维信息平台的建设，初步实现了隧道建设期施工地质、设计资料、高危地质、超前预报、施工进度、监控量测、设计变动等资料录入和三维信息关联，通过隐蔽工程的过程资料收集和三维可视化集成，能为进一步打通全生命周期全息“透明”隧道管理提供基础。

④在安全管控方面，建成高速公路建设运营全周期智慧安全管理系统，构建了高速公路全过程安全生产标准化体系，覆盖了建设、运营、施工、监理、服务区等多层级机构的安全生产管理过程。该系统已在南湛高速建设全过程展开了应用，通过信息化手段记录了建设过程安全风险隐患和整改全过程，同时利用物联网、人工智能等监测预警技术，智能识别施工现场的安全隐患和人员异常行为，防范安全事故的发生。这为进一步向养护运营阶段打通，实现全生命周期安全应急数字化提供了基础。

⑤在服务区管理方面，已建成服务区经营 ERP 系统、服务区智慧管控平台等，除服务区智慧管控平台在那马服务区应用外，其他应用已在集团公司全线服务区推广应用，初步实现服务区商业经营统一进、销、存、调，统一收银、统一分账，实现服务区安全设备从信息维护到异常处理的全闭环管理，极大提升了服务区经营管理水平，降低了安全风险。

⑥在养护管理方面，广西新发展交通集团有限公司高速公路养护管理平台已经基本完成养护一张图、路网管理、桥梁管理、隧道管理、涵洞管理、日常养护等模块的建设及系统上线工作。通过一路一档、一桥一档、一隧一档管理，全面掌握管养的路线、桥梁、隧道的基础信息、结构物信息及运行状况信息。通过自动生成养护工作任务单，方便掌握养护任务，及时进行养护工作，实现精细化的养护工作分级考核监管，提升养护单位的监管能力，促进养护管理质量、效率的提升。

综上所述，南湛高速已在设计施工 BIM、建设期桥梁监测、隧道管控、数字化服务区和养护系统建设等方面具备较好的基础，可以充分利用现有的系统和数据基础进一步延续和提升，避免重复投资建设，为打造建管养运服一体化的示范高速公路提供保障。

7.2.4 总体建设内容

在南湛高速已开展的建设期数字化工作基础上，针对建管养全生命周期数据链条难以打通和应用价值难以体现等问题，采用数字化技术和建管养运服一体化的理念，通过建立统一的全生命周期数字底座，以道路路段、特大桥梁、隧道、服务区、全过程安全管控等主要要素为试点统筹开展数字化技术应用，南湛高速数字公路试点建设总体构架如图 7-1 所示。

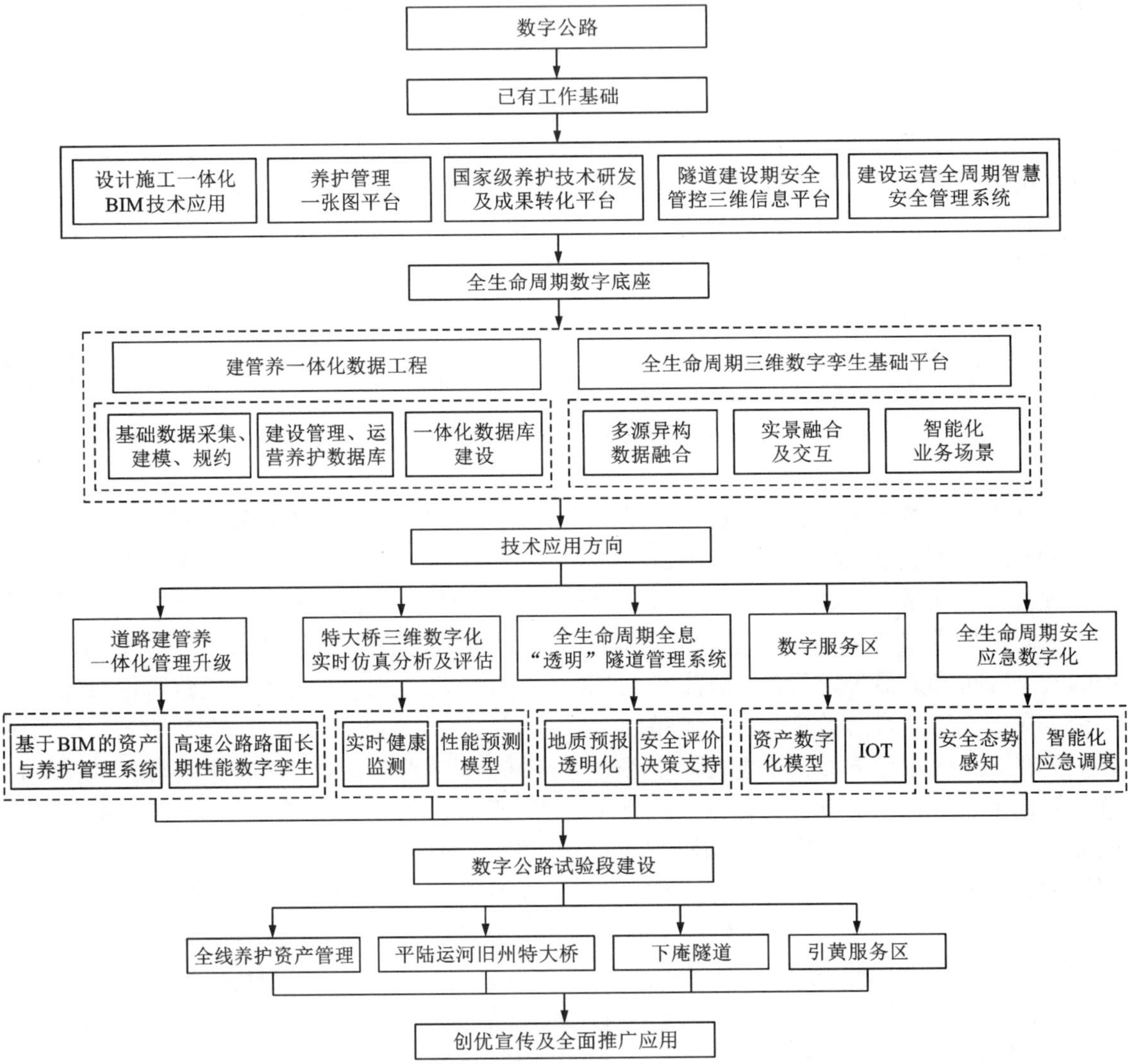

图 7-1 数字公路试点建设总体架构

数字公路试点建设主要内容包括：

①全生命周期数字底座。基于三维数字孪生技术，完成南湛高速建管养基础数据数字化工作，并构建统一的全生命周期数字孪生底座，支撑项目全生命周期数字业务应用。

②道路建管养一体化管理升级。针对南湛高速养护管理的实际特点，对高速公路养护管

理过程中的检测和巡查数据以及养护管理合同、计划等数据进行信息化管理，提高高速公路养护管理的信息化、规范化程度。按照交通运输部有关公路路基路面长期性能科学观测网建设要求，构建基于大数据和人工智能的路面长期性能实时监测系统，全面反映南湛高速路面长期服役状态，为打造高速公路建养全过程的智慧化平台提供资源。

③特大桥三维数字化实时仿真分析及评估。依托平陆运河旧州特大桥，以三维信息模型为基础和载体，结合检测、称重系统及其他外部荷载，采用云端有限元计算方式进行桥梁的实时自动化评估分析。系统基于实际车辆荷载作用，实现在 Web 端快速分析结构应力、挠度、索力、弯矩等内容，与设计值、监测数据进行对比分析，并以云图显示全桥的效应动态分布。基于实际车流及其他外部效应，按照设定要求，自动进行承载能力及正常使用的检算，同时也按照现行设计荷载标准进行验算，并在 Web 端的 BIM 模型上进行云图显示，输出验算报告，实现桥梁的自动化快速评估。

④全生命周期全息“透明”隧道管理系统。针对隧道工程建设期和运营期存在的不可预见性大、隐蔽性危害多等问题，打造全生命周期全息“透明”隧道管理系统。在已开展的隧道建设期安全管控三维信息平台建设及数据采集的基础上开展隧道透明化施工管理示范应用，进一步提升隧道施工质量和施工期的数字化管理水平。将隧道变更、实际施工地质、监控量测等数据进行数字化集成并向运营阶段交付、传递，进一步结合全息雷视融合、隧道运行安全监测及应急数字化手段，打造全息“透明”的隧道安全风险预警及管控平台，实现隧道运维管理从“不可见”向“全透明”全生命周期数字化管理转变。

⑤数字服务区建设。基于 BIM+GIS+IOT 等数字化技术，打造三维数字孪生智慧服务区，立体展示服务区的设施运行状态、车流客流动态、安全事件监测及经营态势，集成服务区运营管理应用，支撑服务区运营管理水平的提升，实现安全监控无死角、日常管理数字化、基础服务智慧化、经营提升精准化的目标。主要建设内容包括：综合安全管控系统、能耗管理系统、设备巡查系统、智慧服务区管理驾驶舱等。

⑥全生命周期安全应急数字化。以“主动感知、智能预警、永临结合”为思路，打造安全监测和应急调度的“大脑”，满足“平战结合”的要求。管控对象分为两类：一类是重要基础设施的结构健康监测，实现桥梁、隧道、边坡结构进行长期自动化在线监测，实时掌握健康状态，及时进行损伤评估和安全预警；另一类是对工程建设阶段施工作业人员的安全风险监测，以及对运营路段人、车、货物的安全通行感知预警，减少安全事故发生。基于上述目标构筑安全应急信息化发展“四横两纵”总体架构(如图 7-1 所示)，形成“三层”“两体系”。“三层”指监测预警层、管控层、应用调度层，“两体系”指信息系统标准规范体系和信息系统运维保障体系。

⑦创优及宣传。组织项目科技成果申请省级或行业学会级科技奖项，并积极申报国家优质工程奖、李春奖或广西建设工程“真武阁杯”奖(最高质量奖)等各类符合申报条件的奖项。

7.2.5　可行性分析

南宁—湛江高速公路南宁至博白那卜段项目路线长 186.8 km，总投资 226.5 亿元。项目途经多个人口大市，经济活跃度高，实施后将形成广西南宁直达广东湛江的最为便捷的高速通道，成为广西东融的大动脉之一。南湛高速建成后预期车流量大，对后期运行管控提出了更高的要求，也为公路的出行服务、市场经营带来了更大的经济效益。

南湛高速在建设期已经开展了设计施工一体化 BIM 技术应用，形成全线和重要工点的基础数据资产，可避免建设期基础数据的重复采集建设，节省前期投入，为开展数字公路全生命周期应用提供了基础。在前期已开展工作的基础上，有必要进一步深挖价值，打通建设到养护应用一体化数据和业务，发挥全生命周期数据传递和应用的价值。因此，以南湛高速作为数字公路建设试点，基于建设阶段的工作基础，重点开展养护和运营阶段应用，具有较高的匹配性和可行性。

7.3 全生命周期数字底座

基于数字孪生技术和建管养一体化数据构建南湛高速全生命周期数字底座，用以支撑项目全要素、全生命周期的数字化应用，构建各类数字化的业务平台，为数字公路的建设提供数据基础和平台基础。

7.3.1 建管养一体化数据工程

南湛高速建设管理、养护、安防一体化数据库建设以 BIM+GIS 技术为支撑，采用机载激光雷达、无人机低空倾斜摄影、亚米级遥感卫星影像、地质钻探及物探、道路设计及竣工资料、周边环境资料收集及重建等手段，采集南湛高速高还原度、多模态的空间数据，通过建立数据分类编码标准，并以构件标识编码为主数据，实现与设计图纸及数据、建设质保、安全、进度数据、运营养护、安防监测等各项数据进行关联，实现各项业务系统之间的数据互通，通过数据中台集成和统一管理，为项目建设、养护、安防一体化管理及产业融合平台运行提供数据服务，如图 7-2、表 7-1 所示。

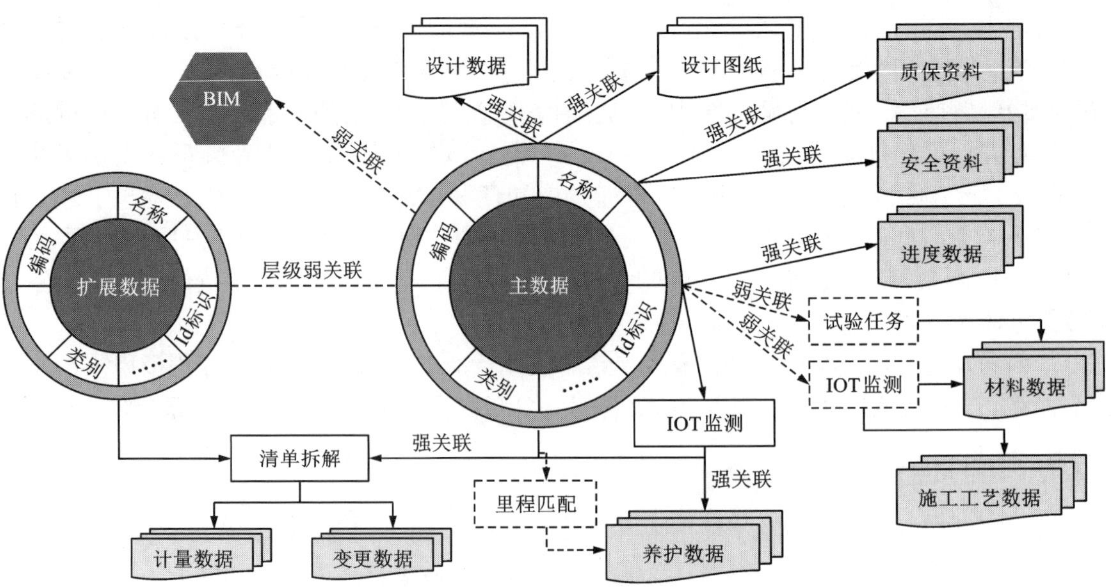

图 7-2 建管养一体化数据共享架构图

表 7-1　建管养一体化数据工程

序号	类别	子类
1	三维空间基础数据采集	机载激光雷达数据采集、无人机三维实景建模、GIS 数据采集建设、周边环境相关模型采集建立
2	项目建设管理数据库	—
3	养护数据库	养护数据需求、养护数据来源与共享、养护数据库设计
4	数字孪生一体化数据库建设	准备工作、资料预处理、数据库结构设计、数据采集与编辑处理、数据库建设、数据库更新与应用、数据库运行与维护

建立项目动态管理系统的数据仓库，存放各个业务数据。通过平台的数据交换中心，将项目建设期的执行业务控制系统的业务数据进行统一口径的交换和抽取，经过数据过滤、清洗、转换之后，统一存储到项目建设管理综合数据库中。依托于项目建设管理综合数据库的数据资源，根据项目总控需求，建立科学的数据分析模型，实现智能化主题数据分析，如图 7-3 所示。

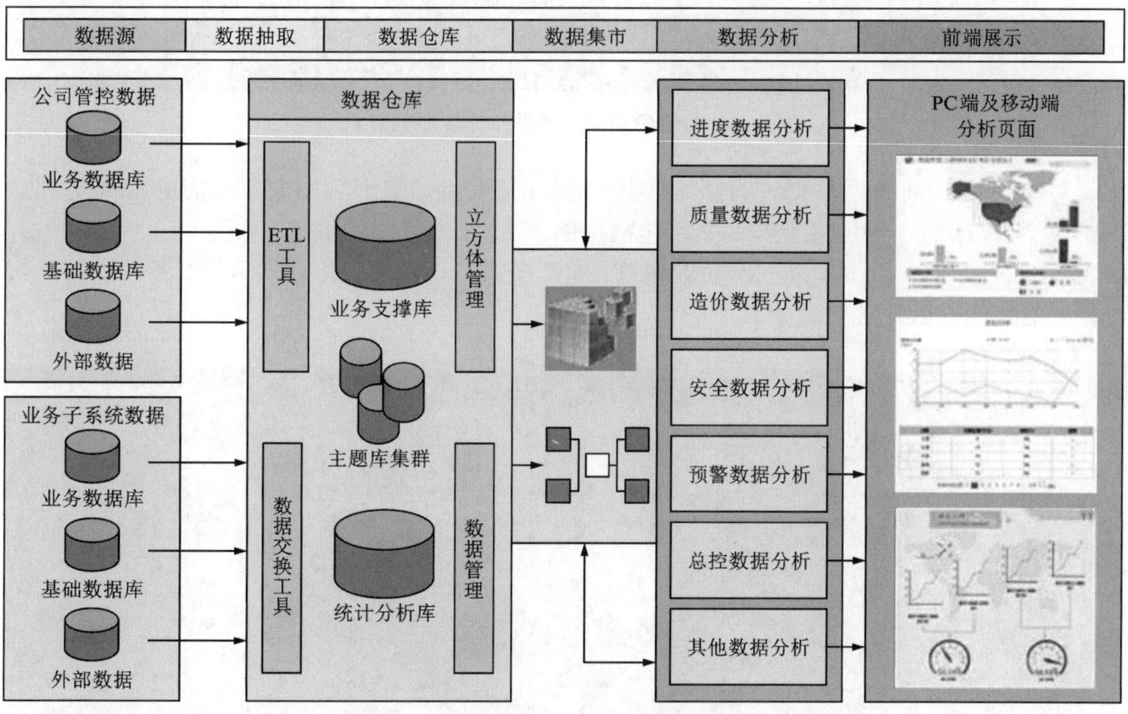

图 7-3　项目建设管理主题数据库架构

7.3.2　全生命周期三维数字孪生基础平台

全生命周期三维数字孪生基础平台以支撑项目数字公路建设为愿景，以数据要素为转型升级驱动力，以可视化数字孪生技术为主要手段，平台可实现公路工程多源数据融合、多场景数字孪生业务开发和应用。其基本要求包括展示要求、视觉要求、技术要求、管理要求，基本功能包括数字孪生呈现、数据接入、多源数据融合、建设运营可视化、系统交互功能、业务场景主题及信息集成、实景视频融合全生命周期三维数字孪生基础平台支持浏览器无插件加载三维数字孪生模型，实现三维 GIS 数据、BIM 数据、DEM 正射影像、高精地图以及其他相关数据的集成与三维数据展示的基本操作(如三维模型浏览、图层管理、三维测量、三维标记、分屏浏览、三维漫游操作、车行视角模拟等)，如图 7-4 所示。

图 7-4　全生命周期三维数字孪生基础平台

对收集的 BIM 模型数据进行格式转换和标准化处理，基于后期业务功能的需求对部分 BIM 模型进行拆分，建立模型构件库，包括路面、设施、设备、边坡等，如图 7-5 所示。整合 DEM、DOM 和 BIM 数据生成三维实景场景，对数据进行优化、切片处理，以实现浏览器端海量三维数据的高效加载和渲染。

图 7-5　多源数据融合效果

业务场景主题的总体规划应简洁明了，贴合业务生产实际，便于用户理解；各主题场景中需要相应具备作业详情、生产指标、数据看板等操作人员关心的业务信息，相关指标需求需要在调研实际操作人员后根据具体情况制定与设计，如图 7–6 所示系统。支持将附属设施及设备与平台中对应的三维数据或 BIM 模型关联；与业务系统对接，实现设施设备业务信息的查询、检索与定位。

图 7–6　设备信息查看

利用 BIM+GIS 三维模型提供精细化空间顶点映射集，通过视频控制点与实体空间位置进行投影映射，实现动态监控视频图像空间与静态 BIM+GIS 的融合，如图 7–7 所示。根据视频图像空间与三维空间的投影映射集，将空间 POI 信息投射到视频图像中建立 AR 智能标签，将现场管理所需要业务信息直接叠加到基于三维空间的动态视频上，使 AR 智能标签具有空间定位、检索和分析能力，在高速公路运营管理中实现基于三维实景的立体化、可视化的指挥与调度。将高速监控实时视频数据与 BIM 或 GIS 三维模型进行坐标级融合，在虚拟数字模型上真实体现现场车辆信息，可在视频中直接进行业务操作，也包含视频搜索和视频画中画等功能。

图 7–7　实景视频融合

7.4 道路建管养一体化管理升级

7.4.1 基于BIM的资产与养护管理系统

通过建立统一的BIM+GIS一体化数据库，对庞杂分散、异构系统的原始养护数据资源进行抽取、转换、装载并集中整合，将数据交换格式标准化并形成统一的数据交换接口标准，以解决管理养护原始数据量大、分散于各个业务部门、数据格式不统一而难以实现数据共享和统一管理的问题。确保项目全生命周期信息的保存、集成、共享和提取，为项目运营维护提供基础数据服务。

基于现有的高速公路养护管理平台及设计施工阶段BIM成果，根据广西新发展交通集团有限公司高速公路养护管理的业务需求，打通BIM设计施工与养护环节，结合BIM+GIS技术作为信息承载和展示平台，对原有平台进行升级完善，建设符合高速公路资产管理、养护三维数字化和信息化发展的管理系统，全面提升高速公路养护管理能力，提高管理效率，提升应急反应速度。

在养护数据方面，从建设阶段获取BIM竣工模型的有关数据信息，在养护阶段进一步收集和完善模型数据，打通建管养一体化BIM数据，如图7-8、表7-2所示。结合养护阶段远程监控，将传统的被动式检查养护进一步提升为主动型养护管理，在问题出现前便进行有效防控，实现信息化资源的持续运用。

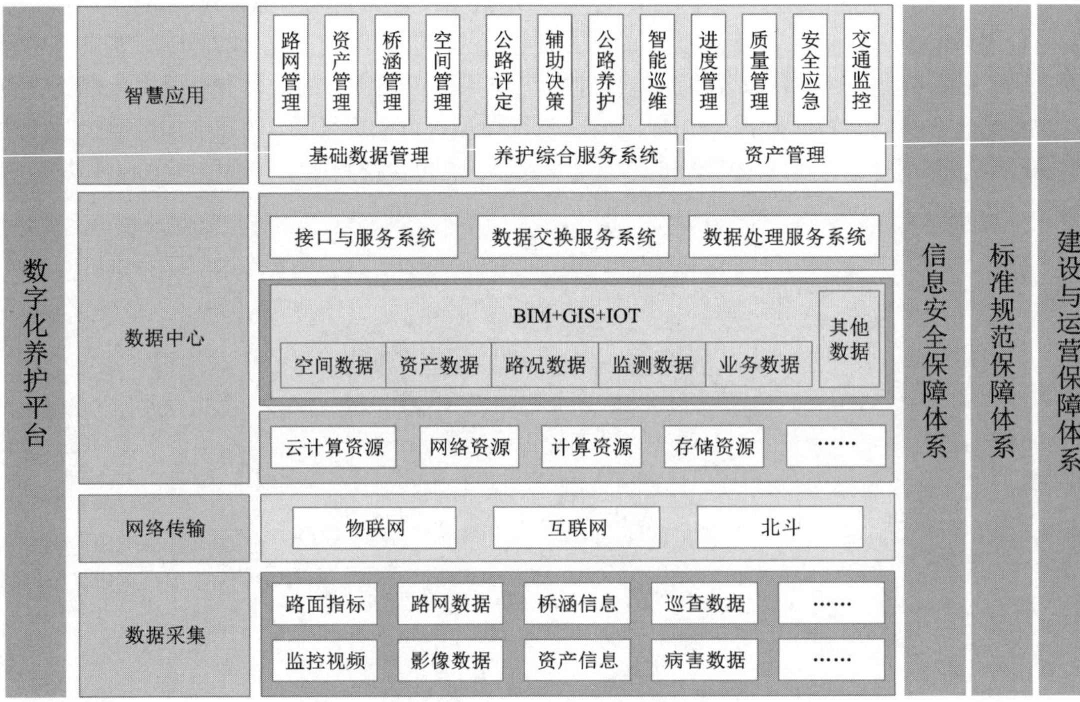

图7-8　数字化养护平台总体架构图

表 7–2　基于 BIM 的资产与养护管理系统

类别	子类
基于 BIM 的公路资产管理	基于 WebGIS 的三维数字化基础平台、资产数据处理、地图基础平台、固定资产管理、车辆管理、机电设备管理、路产管理
养护智能巡查	智能巡查设备、病害管理、病害可视化、施工管理、巡查分析
高达边坡管理	边坡基础数据管理、边坡监测项目管理、边坡检查管理、边坡统计展示、边坡资料管理
养护项目及计划管理	路面养护项目库管理、桥梁养护项目库管理、隧道养护项目库管理

7.4.2　高速公路路面长期性能数字孪生

1. 建设目标

①建成常年湿热地区复杂地质下高速公路路面长期性能观测点，实现对典型路段的路面性能的连续、实时、高精度观测。

②路面性能状态可视化。采用可视化技术等，实现高速公路路面性能状态的可视化，真实再现养护场景，使管理者坐在办公室也可以实时了解高速公路动态，方便管理者决策。

③提出沥青路面长期性能数字孪生模型，强化养护管理系统的预测、决策辅助功能，提高高速公路养护管理的科学化水平。

2. 建设内容

①环境信息观测站建设。其包括高速公路周围环境温度和湿度、太阳辐照、降雨量、风速、风向、紫外辐射及总辐射等外部气象环境数据，以及路面结构内温度和湿度等路面结构内部环境数据的实时监测。

②荷载信息观测站建设。合理选择断面，采用自动和人工相结合方式进行断面日交通量、交通组成等交通基本信息采集，在路面结构内埋设一个车载称重系统，采集车辆轴载信息。

③路面结构响应信息观测系统建设。路面弯沉采用落锤式弯沉仪来进行周期性检测。应力、应变、竖向变形等采用应变计、竖向应变计、多点位移计、土压力计及土压力盒并通过数据传输系统和收集系统来实现实时监测。

④路面长期性能数字模型构建。结合足尺路面结构多场耦合服役条件实验结果及路面长期性能科学观测站点实测数据，构建全寿命周期路面结构物理模型交互映射的数字孪生模型，并建立仿真与交互平台。

⑤试验路段建设：综合考虑地质、气候、交通荷载、路面结构情况，选择 1000 m 路段的试验路段。试验路建设需要的主要设备及感知器件有：①气象环境信息采集包括气象监测百叶盒，光合有效辐射变送器，雨量传感器，风速、风向变送器，紫外线变送器，太阳总辐射变送器，空气温度、湿度传感器，风速、风向传感器；②荷载信息采集包括称重数据采集仪，压电传感器，线圈检测器，车辆检测器，断路保护器双路户外机箱，抓拍机(含解析程序)，全

景球机，球机电源，硬盘录像机，LED 补光灯，交换机等；③路面结构响应信息采集包括应变传感器，多点位移计，动态力传感器，加速度传感器，土压力计(盒)，湿度传感器，静态采集单元(含采集仪及数据处理等)，动态采集单元(含采集仪及数据处理等)，通信模块，电缆，台式服务器等。

7.5 特大桥三维数字化实时仿真分析及评估

7.5.1 仿真分析与评估系统架构

针对平陆运河旧州特大桥，搭建融合施工阶段、成桥阶段、运营养护阶段桥梁检测和监测数据的自动化评估系统。系统充分利用桥梁实时在线监测所获取的荷载及相应信息、人工定期巡检和检测所获取的外观病害及材料参数信息，通过自动修正评估模型，最终实现基于桥梁实际运营状态的安全性自动化评估。项目实施的评估系统架构如图 7-9 所示。

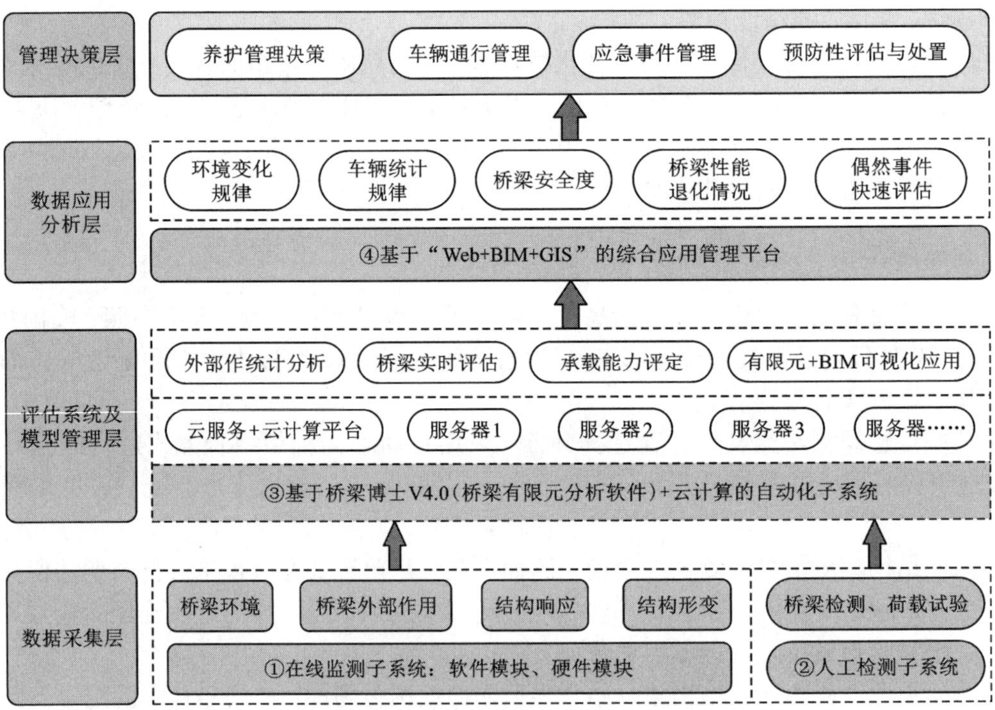

图 7-9　特大桥三维数字化仿真分析与评估系统架构

由以上架构图可知，其评估体系包括桥梁数据采集层、评估系统及模型管理层、数据应用分析层、管理决策层。

7.5.2 系统功能模块及评估流程

平陆运河旧州特大桥三维数字化实时仿真分析及评估系统的主要功能模块如图 7-10 所示。

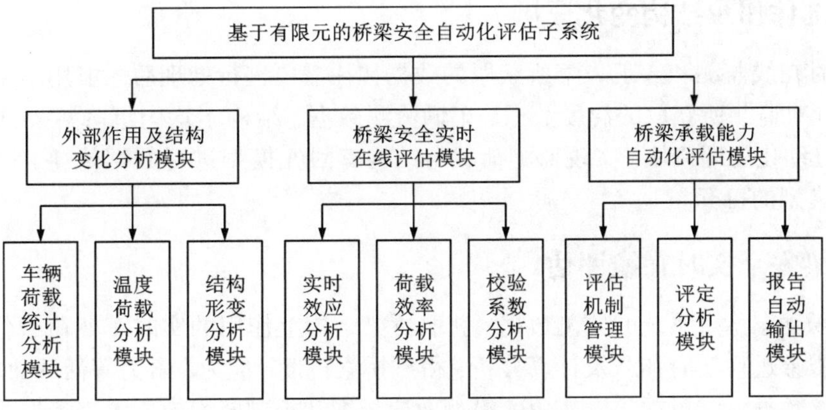

图 7-10　系统主要功能模块

平陆运河旧州特大桥三维数字化实时仿真分析及评估系统通过融合分析检测和监测数据，基于自动化分析平台，实现桥梁安全的快速评估，其评估流程如图 7-11 所示。

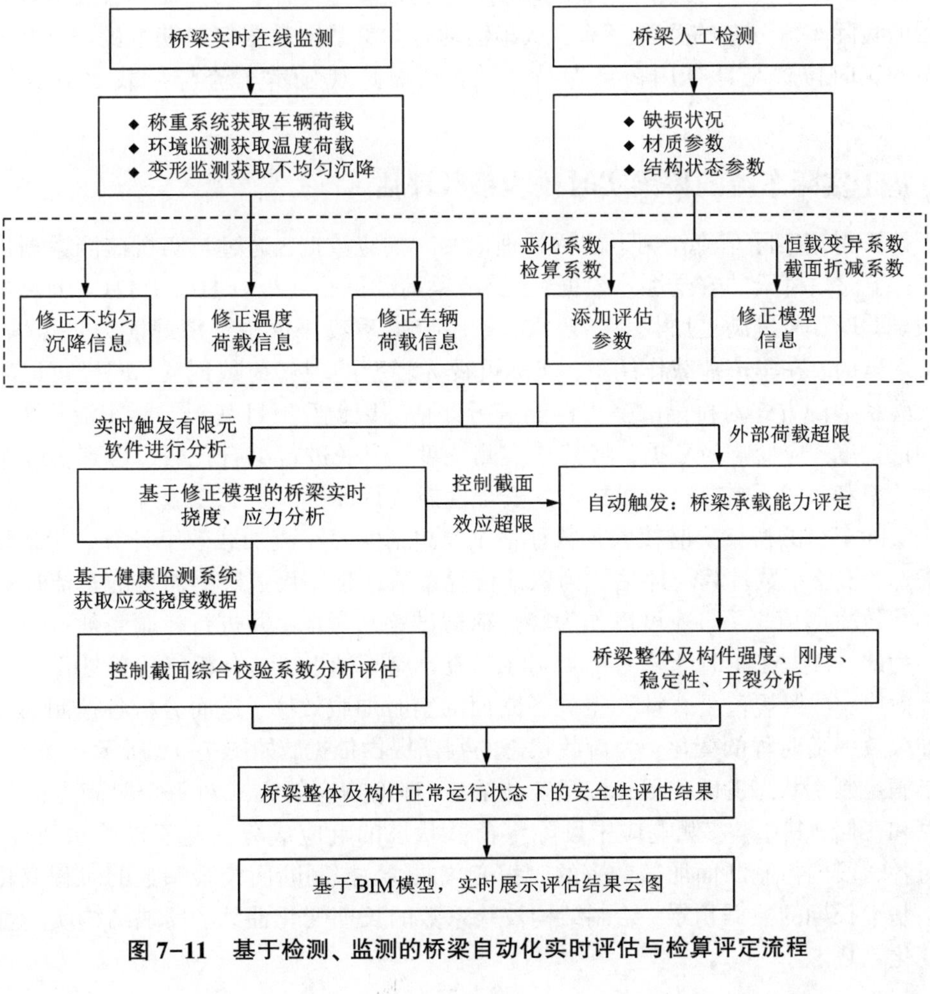

图 7-11　基于检测、监测的桥梁自动化实时评估与检算评定流程

7.5.3 外部作用及结构变化分析

桥梁实时在线监测和人工采集所获取的数据往往需要进行处理后才能用于结构评估验算中。因此，针对监测所获取的温度数据、车辆监测数据、结构不均匀沉降等外部作用与结构变位，建立自动化处理模块，实现监测荷载与结构有限元模型进行数据传递，达到系统自动修正有限元模型的目标。

7.5.4 桥梁安全实时在线评估

基于车辆动态称重系统的监测数据，获取桥梁结构上作用的实时车辆荷载信息，通过有限元云计算服务进行实时加载及计算分析，得到桥梁挠度、应力、索力等活载效应，基于 GIS 技术实现桥梁数据三维可视化，以 BIM 模型效应云图和控制断面效应图表等形式进行效应可视化展示，并通过与预警阈值的实时对比进行预警，实现桥梁结构安全的实时在线分析与研判，为管控决策提供支撑。

桥梁安全实时在线评估主要包括车辆动态称重系统数据接入、基于云计算的桥梁效应实时有限元分析、实时车流及车辆荷载效应可视化、实时车辆荷载效应预警。

基于桥梁 BIM 模型开发实时车流展示功能，构建孪生车流，以直观展示桥梁效应的变化情况与当前实际车流分布的关系。基于从车辆动态称重系统数据接口获取的车辆信息，使车辆在桥上的实时位置与计算用荷载保持一致，从而直观显示车流与荷载效应变化的同步关系。

7.5.5 基于实际车流的桥梁实时校验系数评估

基于计算得到实际车流作用下的桥梁理论实时响应数据，通过与实桥监测数据进行比对分析，进一步评估桥梁的安全性。根据《公路桥梁荷载试验规程》(JTG/T J21-01—2015)，在进行荷载试验时，通过满足加载效率要求，采用校验系数评价桥梁承载能力是否满足要求。桥梁正常运营时，在车流荷载作用下，实际可视为轻型的现场荷载试验，同样可以采用加载效率和校验系数的方式对桥梁的受力性能进行评估。因此，项目基于实际车流作用，通过分析桥梁理论挠度、应变响应数据，将其与实测挠度、应变进行综合比较，得到实际车流下的运营加载效率和校验系数，以此对桥梁的安全性能进行评价。

基于实际车流的桥梁实时校验系数评估主要包括实时车流加载效率计算、荷载状态自动判断与筛选、校验系数计算与评估。为保证校验系数评估精度，桥上通行的车流荷载需达到一定的加载效率阈值之后，才可以作为轻型荷载试验来考虑，并进行校验系数计算与结构安全评估。为此，首先在实时计算的桥梁实际车流效应基础上，结合相应位置处设计荷载下的桥梁计算效应，按照规范公式计算得到各断面的实时加载效率，进而分析各控制断面的加载效率及加载效率随时程的变化，为荷载状态的判断提供依据，如图 7-12 所示。

对于满足判别状态的时间段，按照实测响应/理论响应的方式对每个时间点的校验系数进行计算和存储，其中，实测响应中剔除零荷载状态的响应成分。基于校验系数计算结果，进一步对各时段内控制断面加载效率的时程变化曲线、控制断面校验系数的时程变化曲线进行展示。基于长期的数据积累，绘制结构校验系数的长期变化曲线，反映结构实际性能状况的长期变化趋势。

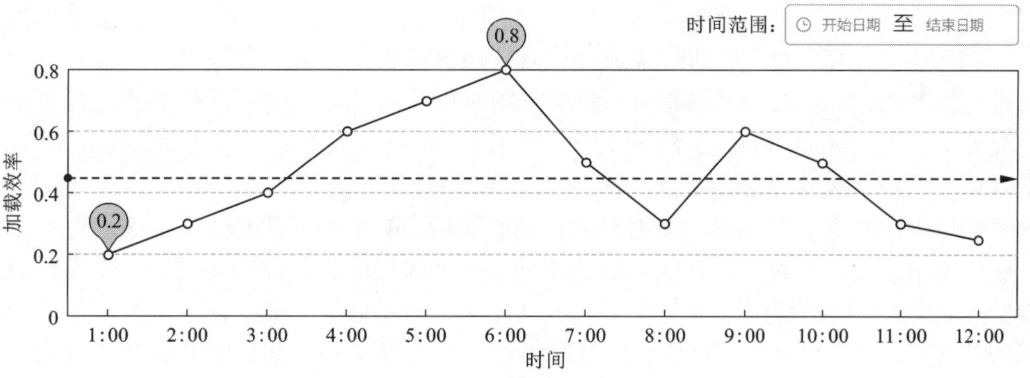

图 7-12　实时加载效率变化曲线

7.5.6　基于检测、监测的桥梁承载能力自动化在线评定

针对特大型桥梁在线监测，目前主要基于监测数据与预警限值对结构进行评估。同时，传统的桥梁承载能力检测评定工作需要完成对桥梁技术状况的检查与检测，再到有限元建模、基于检测结果进行模型修正，并开展计算分析、提取分析结果并编制报告等流程，耗时较长、工作较为烦琐。因此，运营期桥梁的评估中，人工检测评定与实时在线监测评估通常相互独立，监测数据与结构表观信息、材料参数及有限元模型未被有效融合用于桥梁检算评定分析。

为充分利用监测与检测数据，提高桥梁承载能力评定效率，节约人力和时间成本，通过采用国产桥梁有限元软件作为后台计算程序，集成桥梁在线监测荷载、材质状况及状态参数等数据，根据检测数据自动计算输入检算系数、恶化系数等分项系数，搭建基于检测数据和外部作用的桥梁承载能力自动化在线评定系统，实现参数在线管理、桥梁在线计算和报告在线生成等功能，如图 7-13 所示。

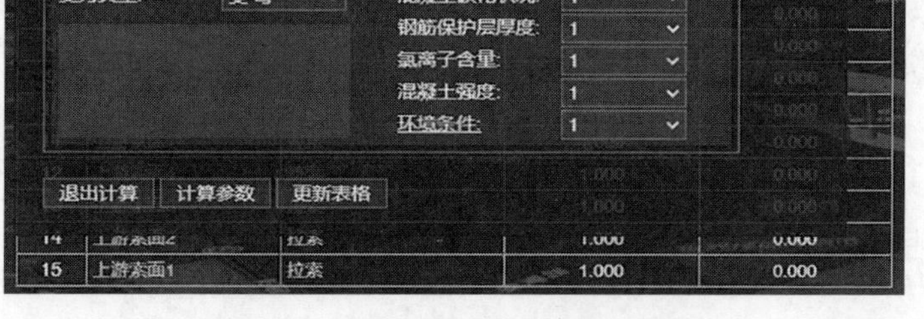

图 7-13　检测参数自动计算与管理

基于检测、监测的桥梁承载能力自动化在线评定主要包括检测参数在线管理与可视化、基于云计算的桥梁承载能力自动评定计算、桥梁承载能力评定报告在线生成、基于 BIM 的桥梁评定结果可视化。在桥梁检算评定时，为自动考虑桥梁缺损状况、桥梁自振频率、材质强

度等检测参数的影响，搭建了构件级参数化管理模块，实现基于规范的检测参数分析与计算，以便进一步在承载能力评估时系统自动修正检算系数、恶化系数等关键参数。上述参数除通过与检测数据的接口自动获取并计算外，同时也可通过参数表格进行参数在线自定义输入。此外，结合 Cesium+BIM 桥梁模型，可实现检算系数、承载能力恶化系数的可视化展示，更直观地反映桥梁构件检测现状。

根据桥梁检测数据完成承载能力自动评定验算后，依托在线系统提供承载能力评定报告的生成与输出。根据承载能力评定目的的不同，提供两种形式的评定报告：基于设计荷载的结构验算、基于实时荷载的结构验算。基于设计荷载的评定报告采用设计规范中的设计荷载进行加载计算，可以根据用户需要，采用定期自动生成或手动生成的形式计算、输出。基于实时荷载的评定报告按照桥梁结构上通行的实时汽车荷载进行活载加载，可以根据超载或实时计算效应超限，自动触发计算和结果输出。

根据桥梁承载能力检算评定结果，自动输出各构件的安全系数指标，包括抗弯抗剪等强度安全系数、应力富余度系数、挠度安全系数等。基于有限元分析结果，各类安全系数或富余度系数，以云图的方式显示于桥梁 BIM 模型各构件单元中，便于直观查看全桥安全状况及最不利位置分布情况。

7.5.7　评估系统预期应用效果

通过建立平陆运河旧州特大桥自动化评估系统，在桥梁结构安全评估、运营管理方面以期达到以下目标：

①通过分析运营阶段桥梁所通行的车辆数据，掌握车辆荷载情况及通行量增长规律。

②基于实际车流作用下的桥梁实时在线分析，可实时查看桥梁在实际荷载作用下的结构响应，掌握实际通行荷载所产生的结构效应达到设计控制标准值的程度，在运营期全过程掌握结构效应随荷载的长期增长规律，辅助制定合理的运营管理方案。

③传统桥梁监测预警和检测评估业务相对独立，导致桥梁评估难以充分考虑所采集的各类信息。项目搭建的自动化评估系统充分利用大桥在线监测和人工检测数据，自动修正有限元模型，基于实际监测荷载和设计荷载标准对桥梁进行承载能力、正常使用状态的评估分析，并自动输出评估报告。通过融合检测和监测数据进行的评估验算，能够更准确反映桥梁自身结构实际情况和外部荷载的作用。

④系统建立了全自动的评估流程，当实时在线分析中出现效应超限、运营荷载超限等情况，以及在修正检测数据后，可自动或人工启动承载能力相关评估计算，避免因人工处理数据出现时效性低、分析过程遗漏工况、无法 24 小时开展评估工作等问题；当系统自动评估出现超限情况时，可实时进行分析报警提醒；通过长期的自动化评估分析，在运营期记录的桥梁历史超限及评估数据，能够帮助有效掌握桥梁结构性能的变化(退化)规律、外部环境及荷载的变化规律，为运营养护管理提供全面、科学的评判依据。

⑤在预防性评估管理方面，针对大件运输通行，系统可以对接相关许可审批，实时掌握大件运输车辆拟通行的情况，并提前进行评估分析，确保大件运输车辆的通行安全。同时，系统可实现提前接收道路沿线其他监测点所获取的车辆荷载信息，当出现超限运输的情况时，可提前进行评估分析，当不满足通行要求时，及时进行预警提醒。

综上所述，通过建立桥梁自动化评估系统，有效融合日常人工检测、实时在线监测、有限元分析模型等各类数据和模型，能够高效、自动完成桥梁评估，及时掌握桥梁运营外部环境和荷载情况、掌握桥梁自身受力性能的变化规律，结合日常信息化管理和预警管理模式，辅助管理部门、养护单位和评估单位制定合理的日常运营管理和养护维修决策。

7.6　全生命周期全息“透明”隧道管理系统

随着我国经济的快速发展，公路隧道建设进入了一个高速发展的时期，公路隧道在全国路网规划中的重要性日益凸显。公路隧道因其地理位置的关键性、环境的封闭性、结构的复杂性、隐患的隐蔽性，极易发生事故，同时二次事故也频繁发生。急需通过新的技术手段，构建全生命周期全息“透明”隧道管理系统，以消除隐蔽隐患为目的，全面提升建设期和运营期的质量、安全管控水平。

在隧道建设期以 BIM+GIS 技术为基础和载体，整合利用已有的信息资源，围绕提高公路隧道土建信息集成、实时监测、交付可溯三条主线，将隧道地质勘察、结构设计、变更、施工管理、监测、人员定位、设备运行等全过程信息在隧道建设期安全管控三维信息平台上进行集成和示范应用，实现以 BIM+GIS 技术为核心的隧道空间基础地理信息、工程项目建设、监测及管理信息等数据的整合、交换和共享。通过示范性应用，可以实时、动态、透明地掌控隧道工程建设基本信息和各类监测状态信息，提升隧道施工质量和施工期的数字化管理水平，并为隧道后期养护和运营提供多维度、信息化和智慧化的基础数据支持。

在隧道运营期，打造 BIM+GIS 的隧道高精度综合监测子系统。集成隧道设计、施工、运营、管养全生命周期信息，实现隧道安全态势全面、高精准感知，追踪车辆运行动态，实现高精度定位，为隧道通行安全管控提供支撑；在此基础上，依托人工智能、全息雷视融合、多源数据挖掘利用、基于深度学习的事故风险预测等关键技术将隧道安全风险透明化，并构建全息“透明”隧道安全风险预警及管控平台，重点解决基于多源异构隧道交通流数据整合及挖掘、高速公路长大隧道实时事故风险预测模型问题，实现高速公路隧道实时事故风险预警应用和公共服务。全生命周期全息“透明”隧道管理系统的系统架构如图 7-14 所示。

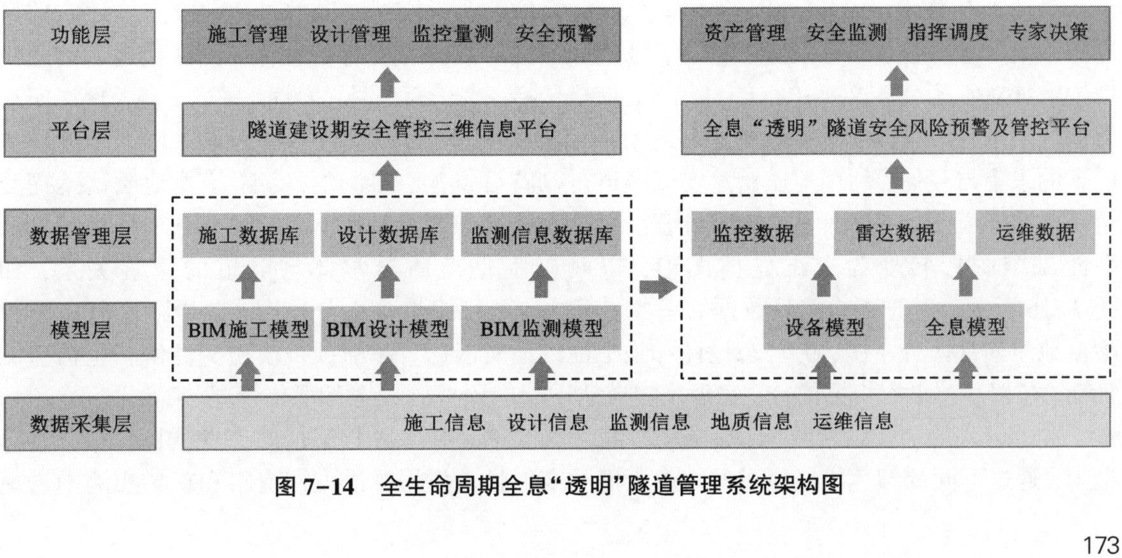

图 7-14　全生命周期全息“透明”隧道管理系统架构图

7.6.1 隧道建设期安全管控三维信息平台示范应用

隧道建设期安全管控三维信息平台示范应用主要包括二三维施工进度展示及信息查询、隧道施工安全透明化管理、隧道超前地质预报透明化与隧道病害检测和隧道围岩变形预测与预警。

基于隧道构件模型进行隧道二三维施工进度展示，用二维进度条和不同颜色模型构件相结合的方式可以形象展示当前项目不同部位的施工进度情况，并且通过构件的显示、隐藏，可以在三维场景形象展示当前的隧道施工情况，如图 7-15 所示。

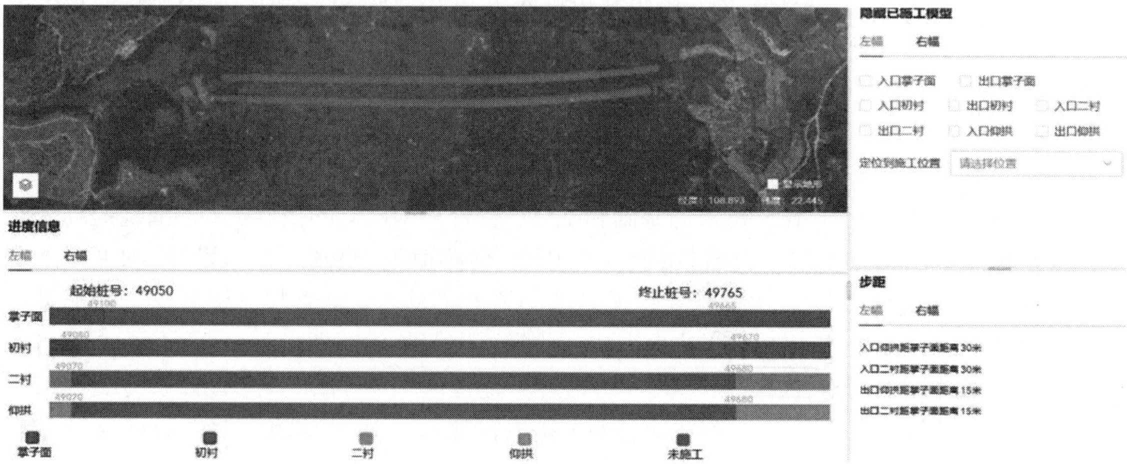

图 7-15 隧道施工进度展示

根据不同的施工工法对隧道施工过程进行三维动态施工模拟及三维施工进度的三维可视化，施工管理人员可通过三维系统将 BIM 模型与施工进度相结合，实现对隧道施工进度的管理。隧道施工期内，施工人员可通过手机端对现场的施工安全隐患问题进行拍照并通过语言文字等信息进行描述上传管理平台，对安全隐患进行透明化展示，平台负责人可将施工安全隐患问题反馈给具体负责人，对施工存在的安全与质量问题进行整改，实现隧道施工的安全与质量管理。

采用 TSP 技术、超前钻孔、地质雷达相结合的综合手段对隧道掌子面前方土体地质信息进行采集；将预测采集到的隧道前方富水程度，围岩破碎程度等信息存储到隧道地质信息模型中。如对掌子面族文件进行信息赋予，信息包括：掌子面桩号、岩性、围岩等级、现场照片数据等信息，并根据现场实际施工状况对隧道掌子面进行材质赋予，从而实现隧道地质模型信息的采集与存储；利用地质雷达实现隧道衬砌背后空洞、溶洞的检测，根据地质雷达探测结果预测隧道开挖掌子面前方几十米至上百米的围岩工程地质和水文地质情况，预报结论从平面二维图形转变为三维立体图形，以明确不良地质异常体与隧道的位置关系，如图 7-16 所示。基于多维信息数据的采集，通过计算可提供含水分布图，围岩强度分布图及不良地质异常体分布图；为动态设计和施工提供地质依据。超前预报模型文件信息包括监测日期、位置、大小等相关信息，实现了隧道地质超前预报的三维可视化管理。

通过录入的监控量测数据，生成监控量测记录表，并生成相关的时态曲线图，在三维模型中，通过不同的颜色等级显示监控点断面的变形量。根据隧道设计资料和现场实测围岩地

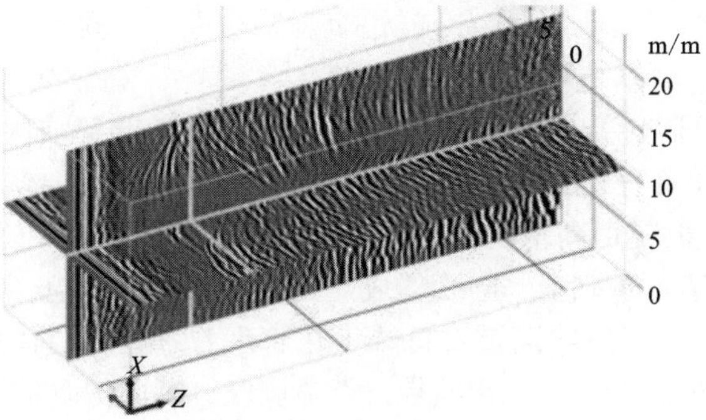

图 7-16　隧道地质超前预报

质信息，对隧道不同工法进行三维动态数值模拟。为了防止隧道在施工过程中出现失稳状况，利用大型有限元软件给隧道特殊区段建立三维数值模型，对隧道围岩变形规律和受力特点进行预测，如图 7-17 所示。对隧道可能出现的重大风险区域进行重点管控。

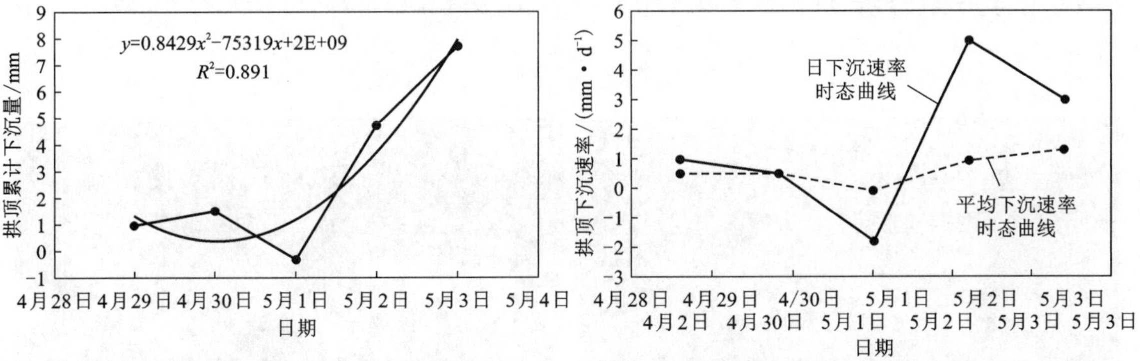

(a) 左导洞ZK20+898断面拱顶下沉时态曲线　(b) 左导洞ZK20+898断面拱顶下沉速率时态曲线

图 7-17　隧道断面变形监测

7.6.2　运营期全息“透明”隧道安全风险预警及管控平台

运营期全息“透明”隧道安全风险预警及管控平台是围绕高速公路管理部门在态势感知、事件指挥处置、研判分析、信息服务、安全防控、资产管理等方面的业务需求下，结合当前的互联网+、边缘计算、人工智能、数据融合技术以及未来交通运输信息化特征，建设的新一代的隧道专项业务管理应用系统，系统的建设可全面提升高速公路隧道管理效率和安全服务水平，提高隧道异常事件的处置效率，提高公众信息服务能力。其对于提升高速公路隧道运行管理、强化高速公路隧道运营，具有十分重要的作用。隧道安全风险预警将重点解决基于多源异构隧道交通流数据整合及挖掘、高速公路长大隧道实时事故风险预测模型的问题，依托人工智能、全息雷视融合、多源数据挖掘利用、基于深度学习的事故风险预测等关键技术将隧道安全风险透明化，并构建应用示范平台，实现高速公路隧道实时事故风险预警应用和公共服务。

运营期全息“透明”隧道安全风险预警及管控平台主要包括隧道资产数字化管理、基于BIM+GIS的隧道高精度综合监测子系统、隧道全息感知设计、隧道全息安全应急智能管控子平台。

隧道资产数字化管理包括：①隧道资产可视化维护；②设备结构视图；③预防性保养计划；④仪表读数；⑤工单管理；⑥备件库存管理；⑦集成报表。

针对基于BIM+GIS的隧道高精度综合监测子系统，基于建设期安全管控三维信息平台，在保留隧道设计、施工信息基础上，持续集成隧道运营、管养信息，为隧道高精度监测提供支撑，实现更直观、便捷、高效的设施设备数字化管理，为隧道的智慧管理提供信息服务底座，为生产运行管理人员提供集可视化监控、资源调度、模拟仿真等功能为一体的生产运行管理和决策平台。全面连接隧道监控、照明、通风、消防等设备，对隧道入口、内部、出口设备进行统一管理，支持对外场终端的信息发布及远程控制，结合行业管理数据实现大数据分析及预测，搭建软硬一体的隧道智能安全监测体系，在三维交互基础上，利用数字、表格、统计图、隧道可视化等多样化方式实现各类隧道新型安全智能设施的实时监测数据的查询，并基于预设的预警阈值进行监测预警，增强隧道交通安全保障。实现隧道安全态势全面、高精准感知，结合隧道口激光雷达与监控视频信号，刻画车辆运行动态，实现高精度定位追踪，为隧道通行安全管控提供支撑。基于BIM+GIS的隧道高精度综合监测子系统如图7-18所示。

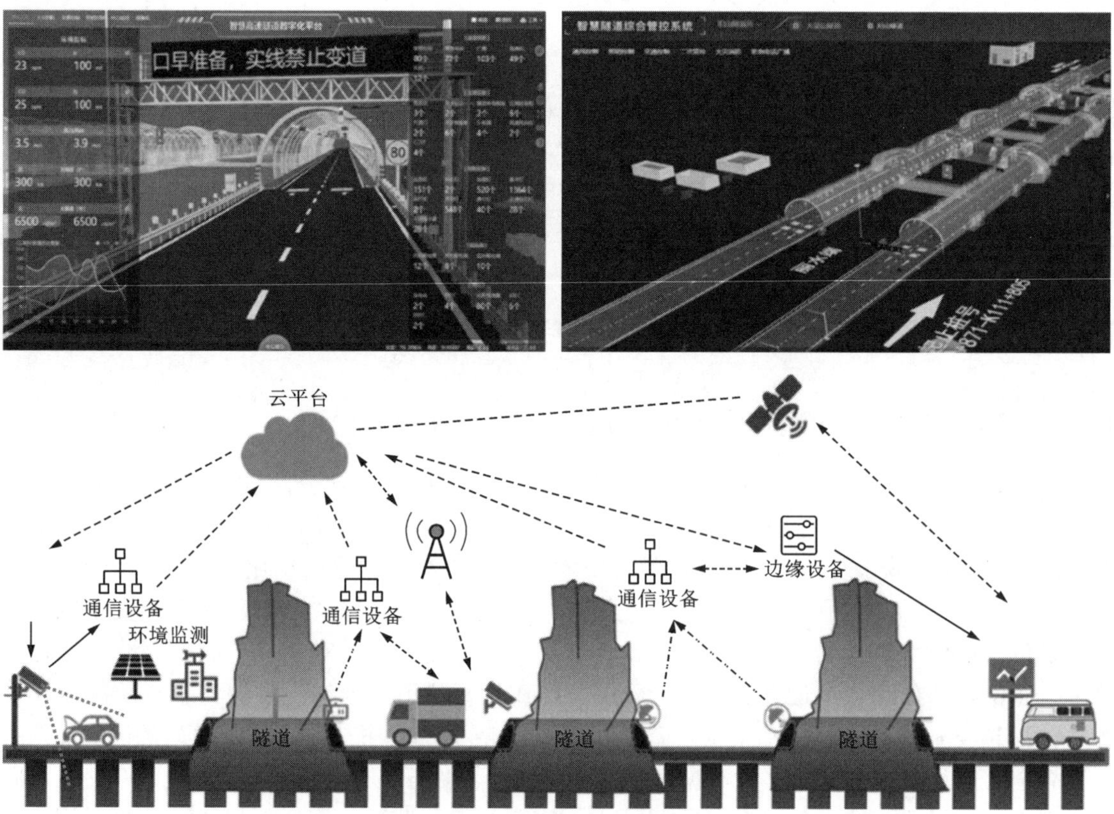

图7-18　基于BIM+GIS的隧道高精度综合监测子系统

隧道全息感知设计包括：①实时轨迹拟合；②事件检测；③事故检测；④感知部署方案。隧道全息感知设备部署如图 7-19 所示。

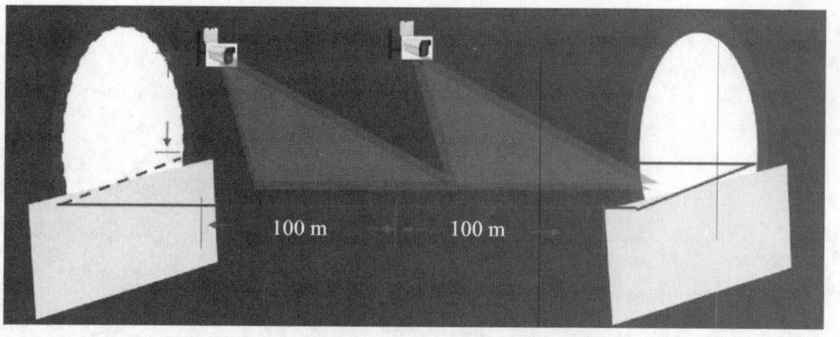

图 7-19　隧道全息感知设备部署

隧道全息安全应急智能管控子平台包括：①边缘计算软件 TrafficLink 功能；②边缘输出；③路侧地图服务；④中心侧全息隧道平台功能；⑤事件分析；⑥研判分析。

对高速的交通态势、路况、拥堵、安全事件等进行全方位、无死角的监测。通过不同颜色块表示拥堵等级，显示高速公路的实时交通状况和拥堵信息。通过拥堵分析、事件识别算法等算法模型识别拥堵高发路段、高流量路段、危险天气路段、事故黑点等隐患路段，发布预警信息。全息全域监测示意图如图 7-20 所示。

图 7-20　全息全域监测示意图

隧道全息感知主要是针对高速重点隧道路段，安装高密集雷达、视频等采集设备以获取路段的全量交通运行信息，打造全息监测路段，以“全区域”监测路段渠化、车辆轨迹、交通状况、车辆状态，采集的路段流量、事件、轨迹、车辆、车牌数据，可用于分析路段安全、感知路段异常、识别路段事故，辅助路段的安全治理、路段设计及交通事件快速处置。隧道全息监测示意图如图 7-21 所示。

图 7-21　隧道全息监测示意图

通过雷达、视频数据拟合及车辆建模，可以在电子地图上展示全息路段内每一车辆的行驶动态、行驶轨迹，以“全区域”观察路段车辆运动情况，支持轨迹回放、视频播放、车辆信息查看。轨迹监测示意图如图 7-22 所示。

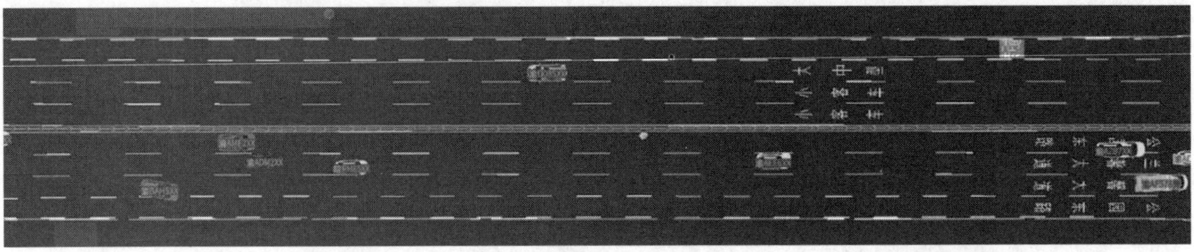

图 7-22　轨迹监测示意图

事件监测：可以快速发现隧道内发生的异常停车、超速、占用应急车道、事故、逆向行驶、危险驾驶行为。基于轨迹的危险驾驶行为分析示意图如图 7-23 所示。

示意图展示：以示意图形式展示各隧道路段信息，支持不同断面隧道的切换，在示意图中显示监测到的事件、事故黑点、交通流量数据。基于轨迹的各类事件展示示意图见图 7-24。

隧道事件监测：超速、频繁变道、逆向行驶、占用应急车道、危险变道。基于轨迹的交通事故判别示意图如图 7-25 所示。

图 7-23　基于轨迹的危险驾驶行为分析示意图

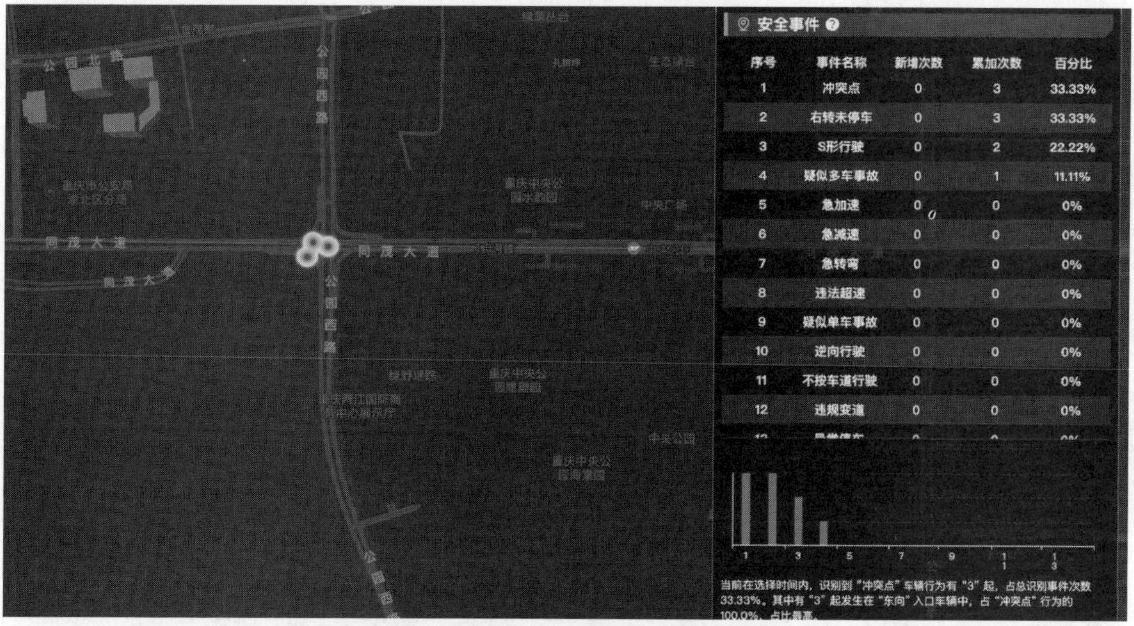

图 7-24　基于轨迹的各类事件展示示意图

图 7-25　基于轨迹的交通事故判别示意图

7.6.3　示范段隧道资料入库及试运行

选取隧道示范段，至少包含两个示范隧道，并包括地质数据、设计数据、施工信息、监测预报信息、通风、照明、消防、监控、低压供配电等各基本隧道基本数据及资产要素，完成示范隧道 BIM 模型、环境数据、业务数据入库，并在可视化资产管理系统中实现各基础功能的试运行管理。系统主要包括系统部署及初始化设置、数据初始化、试运行测试和系统应用培训。

7.7 数字服务区

基于 BIM+GIS+IOT 等数字化技术，打造三维数字孪生智慧服务区，立体展示服务区的设施运行状态、车流客流动态、安全事件监测及经营态势，集成服务区运营管理应用，支撑服务区运营管理水平的提升，实现安全监控无死角、日常管理数字化、基础服务智慧化、经营提升精准化的目标，如图 7-26 所示。数字服务区主要建设内容包括：综合安全管控系统、能耗管理系统、设备巡查系统、智慧服务区管理驾驶舱等。

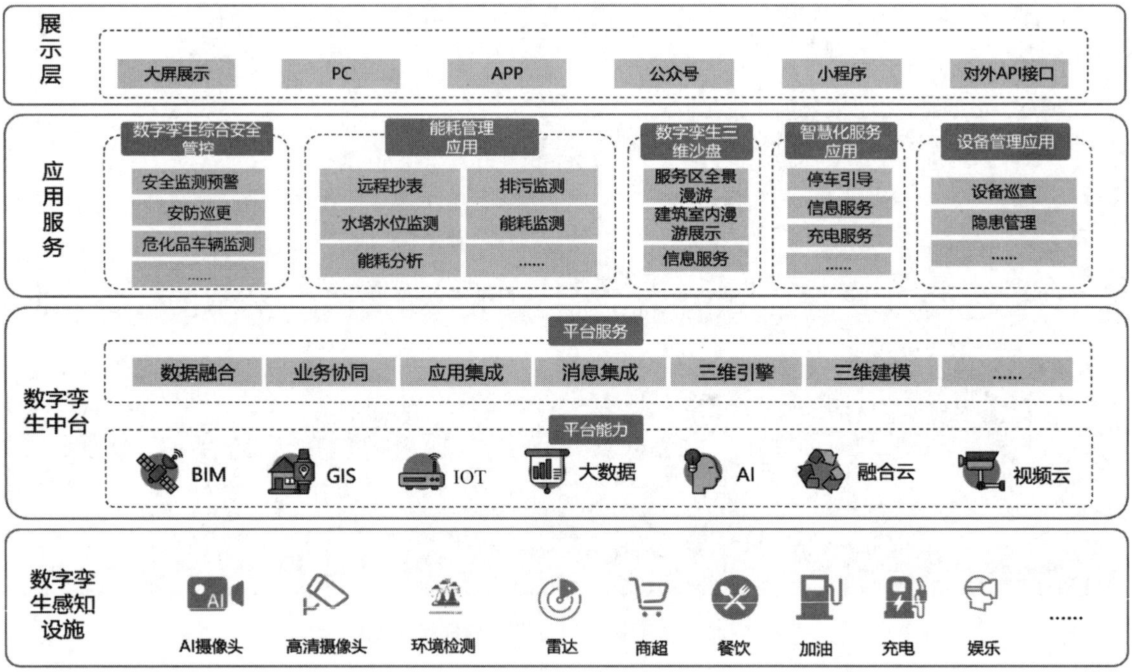

图 7-26 数字服务区总体架构图

7.7.1 综合安全管控系统

综合安全管控系统主要包括以下三个部分。

(1)服务区安全监测预警子系统：车流管理及流量监测、客流管理及监测、人员车辆异常状态检测。

(2)服务区安防巡更子系统：视频监控、电子巡更、视频巡更、告警中心。

(3)危化品车辆监测子系统：车辆出入管理、车辆违规管理、监测告警管理、报表统计、系统管理。

7.7.2　能耗管理系统

在现有服务区电表的基础上加装智能电表模块，通过物联网技术对服务区电表进行远程管理，实现对服务区能耗状态的实时监测，可对能耗按照不同维度(时间、区域等)进行统计分析；通过与集控系统联动，对房间的用电、空调进行监测与控制，降低能耗；通过电的实时监控与分析，可识别异常使用情况或改进点，从而及时进行处理，以降低能耗，加强服务区节能监管力度，提升节能工作的管理水平。能耗管理系统主要包括远程抄表、能耗总览、能耗分析和能耗事件四个模块。

7.7.3　设备巡查系统

实现高速公路服务区与安全设备设施信息维护，通过为设备配备二维码，实现一物一码，支持设备日常安全巡查维护，落实安全工作。系统包括设备信息维护、设备安全巡检、设备异常上报、异常处理、设备巡查计划制定、巡查工作提醒、设备信息动态展现、信息统计等功能；主要包括设备管理、二维码管理、设备巡查、安全隐患管理、巡查记录管理、巡查模板管理和统计分析七个模块。

7.7.4　智慧服务区管理驾驶舱

智慧服务区管理驾驶舱主要包括车流监测分析、客流监测分析、经营分析、安全分析和能耗分析。

7.8　全生命周期安全应急数字化

全生命周期安全应急数字化发展“四横两纵”总体架构如图 7-27 所示，形成“三层”“两体系”。“三层”指监测预警层、管控层、应用调度层，“两体系”指信息系统标准规范体系和信息系统运维保障体系，如图 7-27 所示。

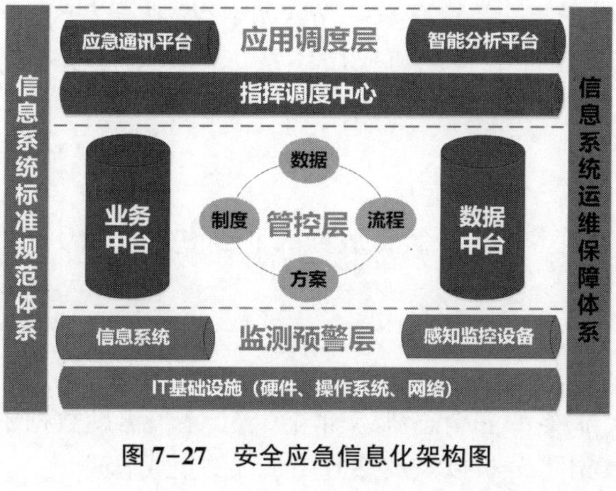

图 7-27　安全应急信息化架构图

7.8.1 高速路网运行安全态势感知与预警系统

高速路网运行安全态势感知与预警系统主要包括环境监测、交通流监测、重要节点监测、重点车辆监测、综合运行监测与预警。其架构设计如图 7-28 所示。

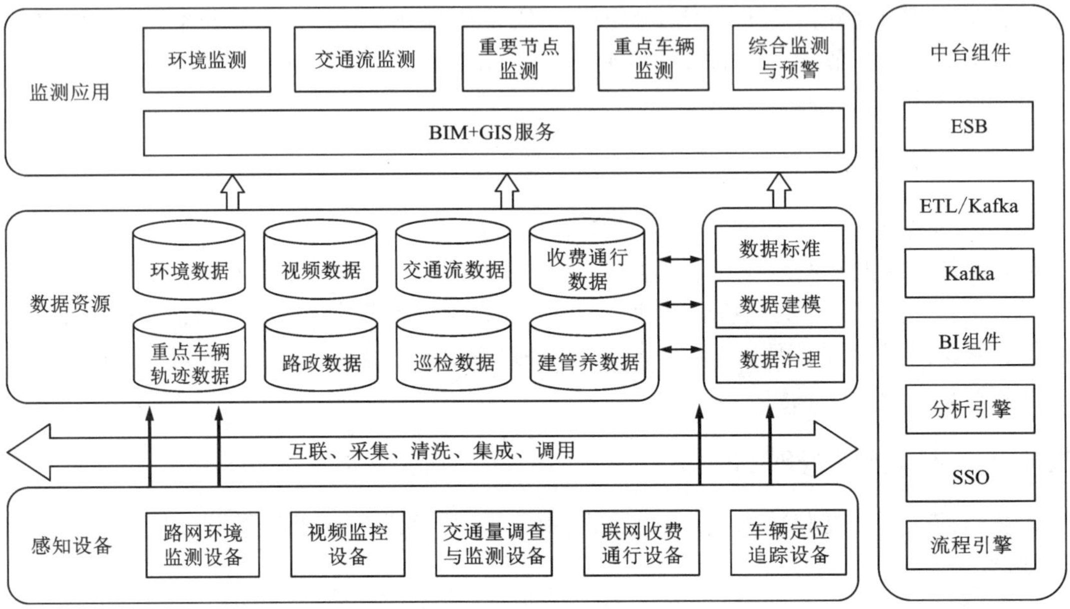

图 7-28　高速路网运行安全态势感知与预警系统架构设计

1. 感知设备

感知设备包括路网环境监测设备、视频监控设备、交通量调查与监测设备、联网收费通行设备(龙门架、摄像头、车检器等)、车辆定位追踪设备(重点营运车辆终端)。

2. 数据资源

通过直接与设备连接采集、与现有系统互联调取/集成等方式，构建高速路网运行安全态势数据库，同时形成数据标准管理与应用体系，开展安全态势数据建模以及数据治理工作。

3. 监测应用

基于南湛高速工程建管养平台及智慧服务区平台构建的 BIM+GIS 服务，开展安全态势感知与预警应用。

4. 中台组件

为实现全景、全时、高效的安全态势感知与预警，系统借助数据中台、应用中台的组件，实现数据的采集汇聚、调用、分析以及成熟应用系统的集成管理。

在路侧沿线建设自动气象监测站，对气象环境和路面状况进行监测，通过边缘的气象信息汇聚交换与计算处理模块联通融合。气象环境的监测内容包括环境温度、湿度、风速、风向、气压、雨量、能见度等；路面状况监测包括路面干燥、潮、湿、雨、水膜、冰膜、冰层厚度等，主要通过激光遥感技术实现。

7.8.2　高速公路安全管理与应急指挥调度系统

高速公路安全管理与应急指挥调度系统主要包括应急培训与演练、应急资源管理、风险隐患管理、应急指挥调度、辅助决策与案例分析等。其架构设计图如图 7-29 所示。

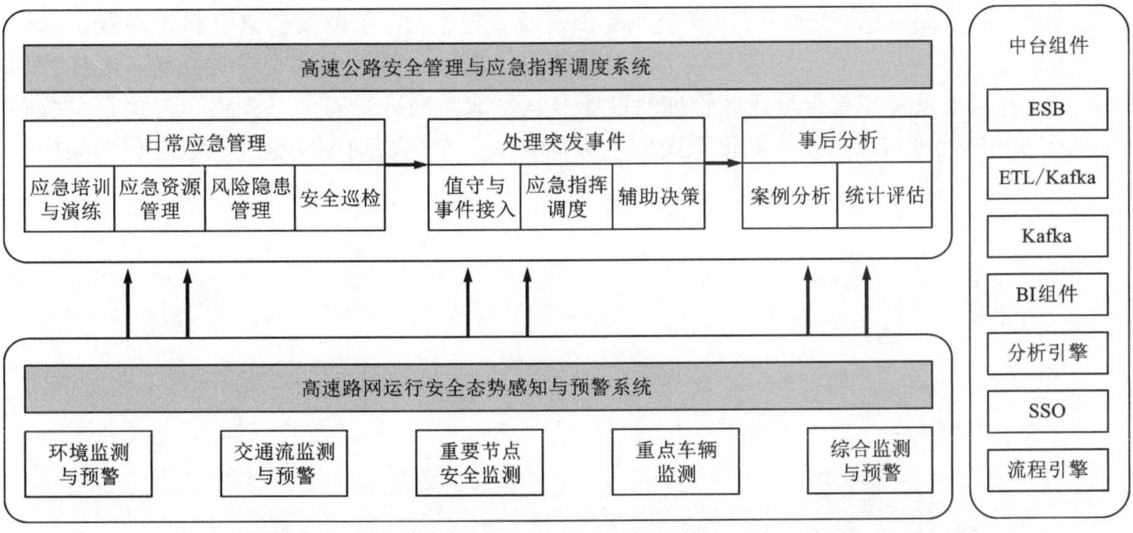

图 7-29　高速公路安全管理与应急指挥调度系统的架构设计图

该系统将复用高速路网运行安全态势感知与预警系统，开展日常的安全态势监测，接收预警信息，实现监测与管理的一体化协同。系统的安全管理与应急指挥调度主要依据对日常应急管理、处理突发事件、事后分析三大场景进行功能设计。日常应急管理，覆盖应急培训演练、应急资源管理、风险隐患管理、安全巡检等过程；处理突发事件，覆盖值守与事件接入、应急指挥调度、辅助决策等过程；事后分析，覆盖案例分析、统计、评估等过程。在系统开发中，借助数据中台的组件开展数据资源的采集、清洗、分析、应用开发，利用应用中台的组件实现统一用户管理、统一门户服务、移动端协同、流程闭环管控等开发。

7.9　本章小结

本章围绕长里程高速公路数字化建设与管理，结合南湛高速建设管理的常见问题、亮点做法、数字化应用情况及运营阶段的数字化管理情况，提出长里程高速公路数字化建设与管理的解决方案，主要研究工作和结果结论如下：

①确定了南湛高速数字化建设的总体目标、预期效果和建设内容，并进行了可行性分析。基于建管养一体化数据工程和全生命周期三维数字孪生基础平台构建了南湛高速全生命

周期数字底座，用以支撑项目全要素、全生命周期的数字化应用，构建各类数字化的业务平台，为数字公路的建设提供数据基础和平台基础。

②从基于 BIM 的资产与养护管理系统和高速公路路面长期性能数字孪生两个方面，分析建立了南湛高速建管养一体化的升级方案。建立了特大桥三维数字化实时仿真分析及评估系统，从仿真分析与评估系统架构，系统功能模块及评估流程，外部作用及结构变化分析，桥梁安全实时在线评估，基于实际车流的桥梁实时校验系数评估，基于检测、监测的桥梁承载能力自动化在线评定和评估系统预期应用效果等方面对系统进行了详细介绍。

③构建了全生命周期全息“透明”隧道管理系统，并从隧道建设期安全管控三维信息平台示范应用、运营期全息“透明”隧道安全风险预警及管控平台、示范段隧道资料入库及试运行三个方面进行了详细介绍。构建了数字服务区系统，具体包括综合安全管控系统、能耗管理系统、设备巡查系统和智慧服务区管理驾驶舱。从高速路网运行安全态势感知与预警系统和高速公路安全管理与应急指挥调度系统两个方面建立了全生命周期安全应急数字化的架构。

第8章

结论与展望

8.1 结论

围绕长里程高速公路数字化建设与管理，采用文献调研、座谈访谈、专家调查、统计分析和实地调研等方法开展研究，主要研究工作和结果结论如下：

①围绕长里程高速公路建设中的双标准管理进行研究，指出长里程高速公路质量安全管理主要存在工程建设里程长，综合管理难度大，工程建设点多面广，施工组织要求高等难点。结合南湛高速的建设实际情况，指出南湛高速在质量安全管理方面主要存在安全基础管理完善难度大、特种人员设备管理难度大等问题。结合南湛高速质量安全管理中遇到的问题，提出了南湛高速质量安全管理的亮点做法，包括以标准化和考试促进团队人才建设、以首件制和考评促进双标准建设等。总结了南湛高速质量安全管理的数字化应用情况，主要包括建设过程中采用了公路工程智慧建设管理平台、三维数字孪生系统平台等技术和装备，并对比分析了武忻高速和东凭高速在质量安全管理方面的数字化应用情况，结果表明质量安全管理方面的数字化应用不仅能节约工程建设和管理成本，还能缩短工程建设的工期，能产生良好的经济和社会效益。

②围绕长里程高速公路建设中的合同管理进行研究，指出长里程高速公路合同管理主要存在工程建设以包代管依然存在、工程设计变更管理相对滞后等难点，南湛高速在合同管理方面主要存在项目风险管理难度大、项目沟通协调任务重等问题。提出了南湛高速合同管理的亮点做法，包括基于公路工程智慧建设管理平台，实现线上材料调差等。总结了南湛高速合同管理的数字化应用情况，主要包括采用了采用合同管理系统、计量支付管理系统等，这些信息化措施能够实现合同管理能力和项目管控水平的不断提高，降低了法律风险，为实现项目建设目标提供了坚实的保障。

③围绕长里程高速公路建设中的财务管理进行研究，指出长里程高速公路财务管理主要存在人员专业素养提升任务重、财务工作监督管理要求严和项目资金管控风险压力大等难点，而南湛高速在财务管理方面主要存在资金到位结构不合理，后期资金保障难度大，项目建设资金投入大，过程财务保障要求高等问题。结合南湛高速财务管理中遇到的问题，提出

了南湛高速财务管理的亮点做法，主要包括首创财务管理新机制，强化征拆结算管理，加强财务工作规范化，提高财务信息质量等。总结了南湛高速财务管理的数字化应用情况，主要是采用了金蝶云星瀚系统等信息化系统，拓展了数据化应用的深度和广度，推进相关业务板块数据之间的深化融合，实现业务模块与其他部门及集团外部关联单位的信息化联动。

④围绕长里程高速公路建设管理中的科技创新管理进行研究，指出长里程高速公路科技创新管理的难点主要包括科创课题技术范围广，实施管理时间跨度大，科创技术质量要求高，成果收集整理难度大等。南湛高速在科技创新管理方面主要存在科创人员技术水平有待提高、日常资料收集整理有待加强等问题。结合南湛高速科技创新管理中遇到的问题，提出了南湛高速科技创新管理的亮点做法，主要包括布局创优蓝图，健全科创制度，加强多方合作，推进课题研究等。总结了南湛高速科技创新管理的数字化应用情况，主要是采用了新发展集团科研项目管理系统、建设智慧展厅等手段，提升了科研项目的管理效率，降低了科技创新的管理成本。

⑤围绕长里程高速公路运营中的数字化管理，基于集团公司下属灵山运营分公司、来宾运营分公司等运营单位的调研，主要从养护、安全、收费机电等方面调研分析了运营单位现有的信息化系统应用情况及存在的问题，发现高速公路运营期间的信息化、数字化建设与建设期间存在的问题有类似的情况：一是运营期间的各板块之间不兼容的情况，各业务板块管理系统无法集成一个应用平台，导致各板块的操作非常麻烦；二是运营期间的各数字化、信息化建设不能很好地延续建设期的数字化建议，这样会造成建设期的数字化建设无法服务于高速公路运营，不能很好地进行一体化管理；三是基于运营期间的特点，不能很好地利用建设期的管理信息，建设期的数据无法传递服务于后期项目养护，存在不能溯源的情况；四是目前运营阶段还有大部分的数据需要手写记录，无法实现云管理全覆盖，既增加了管理的难度及管理成本，也不利于管理痕迹的存储。

⑥提出了长里程高速公路数字化建设与管理的解决方案，确定了南湛高速数字化建设的总体目标、预期效果和建设内容，并进行了可行性分析。基于建管养一体化数据工程和全生命周期三维数字孪生基础平台构建了南湛高速全生命周期数字底座。分析建立了南湛高速建管养一体化的升级方案，建立了特大桥三维数字化实时仿真分析及评估系统，构建了全生命周期全息“透明”隧道管理系统。构建了数字服务区系统。从高速路网运行安全态势感知与预警系统和高速公路安全管理与应急指挥调度系统两个方面建立了全生命周期安全应急数字化的架构。

8.2 展望

围绕长里程高速公路数字化建设与管理进行研究，取得一定成果，但还存在许多地方需要进一步深入研究，并提出以下建议：

①适度超前部署高速公路数字化产业化发展。前瞻性把握高速公路数字化迭代趋势和带动相关产业发展的机遇，加快推动互联网、大数据、人工智能、区块链等新技术与高速公路发展深度融合，实现高速公路全要素、全周期数字化。推动高速公路建设施工及养护智能化，建设监测、调度、管控、应急、服务一体的智慧路网平台，提升智能化管理、智慧化服务

水平。加快高速公路数字化关联产业布局落地，围绕高速公路数字化跨省联通、应用场景连贯覆盖的需要，加强相关产业链跨省协同布局、配套建设。

②制定、完善高速公路数字化法规标准体系和分级指南。加快完善高速公路数字化相关法律法规，加强与交通、公安、工信等部门政策法规的衔接协同。对标国际先进水平，加快制定和完善符合实际的高速公路数字化技术标准规范，有序推进标准国际化，强化衔接互认。研究编制全国统一的高速公路数字化分级、分类建设指南，差异化、针对性指导先发和后发等不同地区、新建和改扩建等不同类型高速公路数字化建设与发展。

③正确处理近期与远期、新建与改扩建的关系。做好高速公路数字化实用性和前瞻性协同，合理管控高速公路数字化建设成本。围绕功能当下适用、体系框架未来兼容拓展，明确高速公路数字化核心功能体系、实施时序、建设重点等顶层目标。研究新建高速公路数字化应用体系建设方案，推进交通与信息基础设施同步规划、同步设计、同步建设，提前预留设施布局和设备嵌入的空间。研究改扩建高速公路数字化应用体系配建方案，在充分发挥既有设备功能的基础上，统筹新建设施与既有设施协同共融。

④丰富和推广高速公路数字化场景应用。为尽快形成高速公路数字化规模效益和经营性商业模式，近期应以丰富和推广高速公路数字化场景应用为主，在预留拓展空间的基础上，优先选择需求较迫切的场景开展高速公路数字化先行试点布局，验证技术可靠性和运营效益。重点明确高速公路存量资产数字化增值的应用场景和路径，引导新旧设施设备兼容建设和改造，形成便于全国复制推广的发展模式。借鉴日本 ETC2.0 系统发展经验，切实推动全国 2.6 万个 ETC 门架拓展数字化应用功能，加强伴随式信息服务、智能管理所需的配套设施建设。

⑤建立健全高速公路数字化发展的协同推进机制。加大综合统筹力度。建立健全中央和地方、中央部门之间协同推进机制，协调解决高速公路数字化规划、建设、运营等关键问题，协调完善跨部门标准互认、资源共享等重大机制。科学系统开展高速公路数字化效益评估，加快建立标准化的效益分析方法和评价指标体系。创新高速公路数字化运营模式，引导市场主体转变角色，一体化推进高速公路信息化系统建设运营。细化行业分工及角色，着力培育高速公路数字化运维专业机构，打造高速公路数字化行业产业链闭环。

参考文献

[1] SCHWARTZ S S, SMITH B. Cultivating Stormwater Services with Soil Decompaction and Amendment [J]. Journal of Hydrologic Engineering, 2021, 26(1): 04020059.

[2] 汤春霞. 国外高速公路现状和发展趋势[J]. 国外公路, 1999, 19(4): 6-7.

[3] 王昊安. 齐齐哈尔市县道公路网规划研究[D]. 西安: 长安大学, 2020.

[4] 胡亮亮. 完善高速公路隧道机电工程施工安全信息化管理对策研究[J]. 自动化应用, 2023, 64(8): 153-155.

[5] 陈小薇, 曹红运, 胡贵华, 等. 绿色公路建设典型示范工程调查与评价[J]. 公路, 2022, 67(2): 155-161.

[6] 高杰, 刘庆斌, 孙绍云, 等. "双碳"战略下高速公路管控转型升级探索应用[J]. 科技和产业, 2022, 22(4): 334-339.

[7] 张正一, 王朝辉, 张廉, 等. 中国绿色公路建设与评估技术[J]. 长安大学学报(自然科学版), 2018, 38(5): 76-86.

[8] 李铁军, 张羽. 鹤大高速绿色公路建设施工管理实践[J]. 公路, 2016, 61(6): 6-10.

[9] 王晋, 吉光, 马军. 绿色低碳公路评价指标体系与评价方法研究[J]. 公路, 2014, 59(7): 356-361.

[10] 岑晏青, 宋向辉, 王东柱, 等. 智慧高速公路技术体系构建[J]. 公路交通科技, 2020, 37(7): 111-121.

[11] 王少飞, 谯志, 付建胜, 等. 智慧高速公路的内涵及其架构[J]. 公路, 2017, 62(12): 170-175.

[12] 王小军, 王少飞, 涂耘. 智慧高速公路总体设计[J]. 公路, 2016, 61(4): 137-142.

[13] 张纪升, 李斌, 王笑京, 等. 智慧高速公路架构与发展路径设计[J]. 公路交通科技, 2018, 35(1): 88-94.

[14] 吴建清, 宋修广. 智慧公路关键技术发展综述[J]. 山东大学学报(工学版), 2020, 50(4): 52-69.

[15] 衣倩, 王琰. 公路基础设施数字化标准体系构建研究[J]. 中国标准化, 2023(9): 65-72.

[16] 张毅, 姚丹亚, 李力, 等. 智能车路协同系统关键技术与应用[J]. 交通运输系统工程与信息, 2021, 21(5): 40-51.

[17] 陈超, 吕植勇, 付姗姗, 等. 国内外车路协同系统发展现状综述[J]. 交通信息与安全, 2011, 29(1): 102-105, 109.

[18]《中国公路学报》编辑部. 中国路面工程学术研究综述·2020[J]. 中国公路学报, 2020, 33(10): 1-66.

[19] 武文科. 车联网技术发展与应用综述[J]. 汽车实用技术, 2017(3): 88-91.

[20] 吴冬升. 美国车联网(V2X)发展现状分析[J]. 智能网联汽车, 2019(5): 66-72.

[21] 孙超, 黄愉文, 张永捷. 数字时代全球智慧高速公路发展趋势及建设思考[J]. 公路, 2022, 67(4): 237-242.

[22] 徐华峰, 夏创, 孙林. 日本ITS智能交通系统的体系和应用[J]. 公路, 2013(9): 187-191.

[23] 张玉玲, 朱志强, 林莉贤. 日本ETC发展概况及对我国的启示[J]. 综合运输, 2012(7): 78-81.

[24] 王兴举, 杨磊, 高桂凤. 日本VICS及ETC的发展状况与实施效果[J]. 交通标准化, 2010(15): 65-68.

[25] 周黎明, 何刚, 尹紫红, 等. 高速公路全要素智能建造关键技术及其工程应用[M]. 西安: 西南交通大学出版社, 2021.

[26] 杨晓光, 胡仕星月, 张梦雅. 智能高速公路交通应用技术发展综述[J]. 中国公路学报, 2023, 36(10): 142-164.

[27] 郭王虎. 智能车需要智慧路 国内外智慧公路大盘点[J]. 智能网联汽车, 2020(3): 36-39.

[28] MEHR N, RUOLIN L, HOROWITZ R. A game theoretic macroscopic model of lane choices at traffic diverges with applications to mixed - autonomy networks [J]. Transportation Research Part B. Methodological, 2021, 144: 45-59.

[29] REZAEI D, AGHAYAN I, HADADI F. Studying perturbations and wave propagations by lane closures on traffic characteristics based on a dynamic approach [J]. Physica A: Statistical Mechanics and its Applications, 2021, 566: 1-17.

[30] MAHMOUD N, ABDEL-ATY M, CAI Q, et al. Predicting cycle-level traffic movements at signalized intersections using machine learning models[J]. Transportation Research Part C Emerging Technologies, 2021, 124: 1-30.

[31] ZHEN B H, JACKRIT S. Expressway Information Collection Processing and Control Technology Based on RFID Internet of Things[J]. Journal of control science and engineering, 2022(1): 1-7.

[32] WANG S J, ZHANG Q, DONG Y H, et al. Full-scale site evaluation of ventilation expressway embankments underlain by warm permafrost along the Gonghe-Yushu Expressway [J]. Frontiers of Structural and Civil Engineering, 2023, 17(7): 1047-1059.

[33] MA Q G, LUO X X, GAO J Q, et al. Numerical evaluation for cooling performance of a composite measure on expressway embankment with shady and sunny slopes in permafrost regions [J]. Energy, 2022, 244(Part B): 123194.

[34] ZHANG X G, GAO J P, LIAO L, et al. Expressway lane change in fog environment by dynamic strategic game[J]. Journal of advanced transportation, 2022(9): 1-10.

[35] QI H, YAO Y, ZHAO X H, et al. Applying an interpretable machine learning framework to the traffic safety order analysis of expressway exits based on aggregate driving behavior data [J]. Physica A: Statistical Mechanics and its Applications, 2022, 597: 127277.

[36] SHUAI C Y, WANG W C, TENG X, et al. Short-term traffic flow prediction of expressway considering spatial influences[J]. Journal of Transportation. Part A. Systems, 2022, 148(6): 1-9.

[37] 张纪升，李斌，王笑京，等. 智慧高速公路架构与发展路径设计[J]. 公路交通科技，2018，35(1)：88-94.

[38] 汪子文. 公共体育服务社会治理体系下的信息化系统设计与开发-评《智慧城市视域下浙江城市公共体育信息服务平台的开发与设计研究》[J]. 中国科技论文，2020，15(7)：855.

[39] 张家颖，李晓龙，王少飞，等. 云南高速公路智慧服务区建设总体框架[J]. 公路，2020，65(1)：141-146.

[40] 杨超，曹更永，杨松，等. 智慧高速公路发展路径设计[J]. 中国交通信息化，2023(1)：72-75.

[41] LIU X L, WANG J, LIU T Z. Forecasting Spatiotemporal Boundary of Emergency-Event-Based Traffic Congestion in Expressway Network Considering Highway Node Acceptance Capacity[J]. Sustainability, 2021, 13(21): 1-17.

[42] 王少飞，谯志，付建胜，等. 智慧高速公路的内涵及其架构[J]. 公路，2017(12)：170-175.

[43] 张纪升，李斌，王笑京，等. 智慧高速公路架构与发展路径设计[J]. 公路交通科技，2018，35(1)：88-94.

[44] 贾洪波，叶楠，宋涛，等. 杭绍甬高速杭绍段智慧建设体系的构建与实践[J]. 浙江交通职业技术学院学报，2022，23(2)：12-17.

[45] 岑晏青，宋向辉，王东柱，等. 智慧高速公路技术体系构建[J]. 公路交通科技，2020，37(7)：111-121.

[46] GAO S H, WANG X J, LI H, et al. Heavy metals in road-deposited sediment and runoff in urban and intercity expressways[J]. Transportation Safety and Environment, 2022, 4(1): 40-48.

[47] GUO X Y, PENG Y X, MA C L. Safety Criteria for Selecting a Smart Corridor: Random Forest Approach using HSIS Data from Washington State[J]. ITE Journal, 2020, 90(12): 35-44.

[48] ZHANG G, CHAI W K, KATOS V A, et al. A Joint Temporal-Spatial Ensemble Model for Short-Term Traffic Prediction[J]. Neurocomputing, 2021, 457: 26-39.

[49] ZHANG J, XU K Y, LI G Y, et al. Dynamics of traffic flow affected by the future motion of multiple preceding vehicles under vehicle-connected environment: Modeling and stabilization[J]. Physica A: Statistical Mechanics and its Applications, 2021, 565: 125538.

[50] YANG Z, QI Y N, JI X J. Research on the transition marking between the broken line and solid line of expressway[J]. Transportation research Part F: Traffic psychology and behaviour, 2022, 89(1): 437-455.

[51] 李东毅，苏爱斌，谢茜茜，等. 广西沙吴智慧高速公路架构设计及应用分析[J]. 西部交通科技，2023(4)：170-172.

[52] 韦乐香. 面向沙吴高速公路的北斗高精度地基增强网应用研究[J]. 西部交通科技，2022(5)：170-172.

[53] 杜奕霖. 沙吴路车路协同云管控平台架构设计[J]. 西部交通科技，2022(11)：178-180.

[54] 丁金学，李卫波. 推进智慧高速公路建设[J]. 中国投资(中英文)，2023(Z2)：80-81.

[55] 张伟，卜德江，孙玉柱，等. 山东智慧高速公路建设标准体系研究[J]. 中国交通信息化，2022，276(11)：96-100.

[56] 唐优华，江新宇，刘刚，等. 四川省智慧高速公路标准体系研究[J]. 中国物流与采购，2022，647(10)：52-53.

[57] 杨长华，余玉杰. 智慧高速公路建设标准化的现状解析[J]. 运输经理世界，2020，601(9)：11-12.

[58] 老关. 国内召开首部智慧高速公路技术标准编制大纲审查会[J]. 公路交通技术，2017，33(4)：126-127.

[59] 苏冠群，鹿海洋，王明磊，等. 智慧高速及其标准化建设现状[J]. 中国自动识别技术，2016(2)：70-76.

[60] 郑超. 我国智慧高速公路建设标准化现状探究[J]. 建材与装饰，2016(8)：222-223.

[61] WANG H L, ZOU F M, TIAN J S, et al. Analysis on lane capacity for expressway toll station using toll data[J]. Journal of advanced transportation, 2022(12): 1-12.

[62] PAN J K, LIU J W, HU G P, et al. Long Term Hydrological Effects of Bioretention on Expressway Service Area[J]. Polish Journal of Environmental Studies, 2022, 31(2): 1271-1283.

[63] LI F, XUE W X, RONG Y, et al. A probability distribution prediction method for expressway traffic noise[J]. Transportation research: Part D, 2022, 103: 103175.

[64] LI Y X, QI D, RONG T. Experimental study on impact compression performance of expressway concrete [J]. International journal of materials & product technology, 2022, 65(1): 52-66.

图书在版编目(CIP)数据

长里程高速公路数字化建设与管理 / 冯学茂主编.
—长沙：中南大学出版社，2024.5

ISBN 978-7-5487-5797-9

Ⅰ. ①长… Ⅱ. ①冯… Ⅲ. ①数字技术—应用—高速公路—道路建设—工程项目管理—研究 Ⅳ. ①U412.36-39

中国国家版本馆 CIP 数据核字(2024)第 077344 号

长里程高速公路数字化建设与管理

冯学茂　主编

□**出 版 人**　林绵优
□**责任编辑**　刘颖维
□**封面设计**　李芳丽
□**责任印制**　唐　曦
□**出版发行**　中南大学出版社
社址：长沙市麓山南路　　邮编：410083
发行科电话：0731-88876770　　传真：0731-88710482
□**印　　装**　长沙印通印刷有限公司

□**开　　本**　787 mm×1092 mm　1/16　□**印张** 13.25　□**字数** 350 千字
□**版　　次**　2024 年 5 月第 1 版　□**印次** 2024 年 5 月第 1 次印刷
□**书　　号**　ISBN 978-7-5487-5797-9
□**定　　价**　78.00 元